社区O2O

营销实战手册

周旭阳◎编著

中国铁道出版社有限公司
CHINA RAILWAY PUBLISHING HOUSE CO., LTD.

内容简介

根据目前O2O的发展大势，细分之下的社区O2O，将领跑未来10年，不仅将改变整个互联网的商业趋势，更是未来移动互联网的商业应用重心和商家必争之地。

本书深度剖析了来自社区物业、文娱生活、社区服务、社区电商、家政、生鲜、租房等十个行业的社区O2O成功经验，系统阐述和解读了如何借助社区O2O来重构和改善现有的商业模式，顺利在移动互联网时代实现创新与转型。

本书适合读者：一是与O2O相关行业、产业的公司；二是准备进行社区开发的公司，如房地产开发、物业公司等；三是希望通过社区O2O这个新领域获得第一桶金的投资者、创业者；四是电商人员、淘宝用户，特别是线上与线下有交易联系的商家、用户等。

图书在版编目（CIP）数据

社区O2O营销实战手册/周旭阳编著.—北京：中国铁道出版社，2015.10（2022.1重印）
ISBN 978-7-113-20753-3

Ⅰ.①社… Ⅱ.①周… Ⅲ.①社区－网络营销－手册
Ⅳ.①F713.36-62

中国版本图书馆CIP数据核字（2015）第167318号

书　　名：社区O2O营销实战手册
作　　者：周旭阳

责任编辑：张亚慧　　**编辑部电话：**(010)51873035　　**邮箱：**lampard@vip.163.com
封面设计：MXK DESIGN STUDIO
责任印制：赵星辰

出版发行：中国铁道出版社有限公司（100054，北京市西城区右安门西街8号）
印　　刷：佳兴达印刷（天津）有限公司
版　　次：2015年10月第1版　2022年1月第2次印刷
开　　本：700 mm×1 000 mm　1/16　**印张：**20.75　**字数：**388千
书　　号：ISBN 978-7-113-20753-3
定　　价：58.00元

前言 Foreword

写作驱动

本书紧扣“实战”，从两条线专业、深层讲解社区 O2O，一条是行业应用线，通过精选 20 多个社区 O2O 行业的 130 多个实战案例，向大家展示社区 O2O 赚钱之道；一条是精准营销线，深入剖析社区 O2O 的含义特点、商业模式、现状趋势、独特式生活、平台构建方法、营销方法、传统企业的社区 O2O 之道、社区服务、社区电商、家政 O2O、生鲜 O2O、租赁 O2O 等，帮助读者彻底认识和玩转社区 O2O，探索移动互联网浪潮下的新商业模式。

内容特色

详细具体，通过十大专题讲解：本书体系完整，从理论到实践对社区 O2O 营销进行了专题内容的详解，包括社区 O2O 的产生、未来展望、模式特点、用户体验、营销技巧、商业模式、社区电商，以及家政、生鲜、房产的实际应用，帮助读者彻底认识和应用社区 O2O 营销。

实践性强，渗透 30 个行业领域：书中可能直接地聚焦于社区 O2O 营销的发展实施，讲解了社区 O2O 在传统、新兴、互联网等 30 多个行业领域的应用，内容涉及人们生活与工作的各个方面，如衣、食、住、行、游、购、娱等。

案例丰富，列举了 130 个案例分析：本书全面剖析当前社区 O2O 营销领域中的主要应用，并配以行业应用实例和一线营销人员的独到见解，分析大量的真实案例，共达 130 多个，摆事实讲道理，告诉各位读者轻松玩转社区 O2O 营销的具体方法和技巧。

读者定位

阅读本书的读者：

一是与 O2O 相关行业、产业的公司；

二是准备进行社区开发的公司，如房地产开发、物业公司等；

三是希望通过社区 O2O 这个新领域获得第一桶金的投资者、创业者；

四是电商人员、淘宝用户，特别是线上与线下有交易联系的商家、用户等。

编者

2015 年 7 月

目录 Contents

第4章 玩转社区O2O营销

第5章 传统企业的社区O2O之道

第6章 主打"宅"类人群生活新方式

第7章 电商之变，O2O的终极逆袭之路

第1章

社区O2O的产生及未来展望

在即将逝去的2014年，社区O2O作为下一个万亿级市场的行业和互联网巨头企业们最重视的线下入口，一次又一次被无数物业管理企业、互联网创业团队推向风口浪尖！本章将完整和清晰地介绍什么是真正的社区O2O，它到底有什么价值？

- ◇ 社区O2O：巨头角逐的下一个亿级市场
- ◇ 移动连接一切！社区O2O风生水起
- ◇ 社区O2O的三大关键
- ◇ 社区O2O投资前景分析

1.1 社区O2O：巨头角逐的下一个亿级市场

以 O2O 目前在资本市场受到追捧的趋势来看，越来越多的行业巨头和淘金者都在见机涌入，进行“生死角逐”。传统行业、IT 电商巨头、地产开发商、物流行业等群雄纷纷抢占社区 O2O 入口，如以万科、花样年为代表的房地产商，阿里巴巴等电商公司，以及民生银行、兴业银行等金融机构。马云表示：**生活服务类电商如同早上五六点钟的太阳，将来做起来的希望绝不低于制造业和零售业。**

1.1.1 O2O是什么

O2O 即 Online To Offline，**是指将线下的商务机会与互联网结合，让互联网成为线下交易的前台**，如图 1-1 所示。在广义上来讲，O2O 的概念非常广泛，只要产业链中既可涉及线上，又可涉及线下，都可以称之为 O2O。

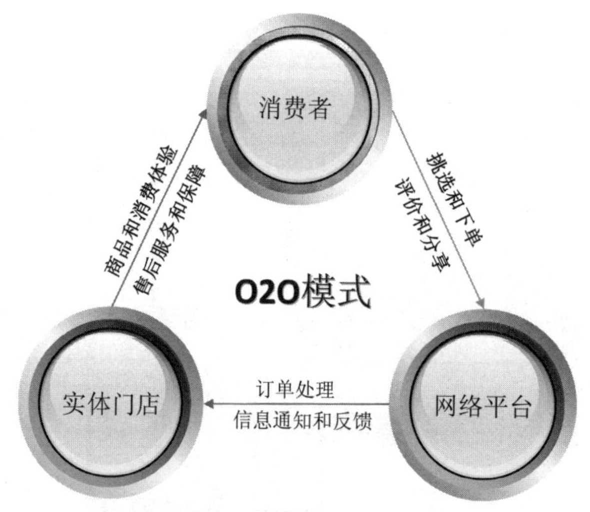

图 1-1 从线上到线下的 O2O 商业模式

一个标准 O2O 模式的流程如下。

（1）线上平台（网站、APP 应用等网络平台）通过与拥有实体门店的线下商家洽谈，就活动时间、折扣、人数等达成协议。

（2）线上平台通过各种渠道向自身用户推荐该项活动，用户在线付款到平台，获得平台提供的“凭证”。

（3）用户持凭证到线下商家直接享受相关服务。

（4）服务完毕后，线上平台与线下商家进行结算，同时保留一定比例作为服务佣金（一般不低于10%）。

TIPS：

O2O 商务的关键是：在网上寻找消费者，然后将他们带到现实的商店中。它是支付模式和线下门店客流量的一种结合（其实对消费者来说，也是一种“发现”线下营销的机制），实现了线下的购买。

O2O 商务本质上是可计量的，因为每一笔交易（或者是预约，比如在艺龙酒店网上预订客房）都发生在网上。这同网上的单纯盈利模式（如淘宝网）明显不同，因为 O2O 支付有助于量化业绩和完成交易等。

1.1.2　社区O2O是什么

社区 O2O 是指在移动互联网和电子商务普及时代，通过线上和线下资源的互动整合，完成服务或产品在物业社区“最后一公里”的闭环。社区 O2O 的核心正是以物业管理社区三维立体空间为中心，构建物业管理企业、社区居民与相关联企业和服务者之间交互连接的平台，如图 1-2 所示。

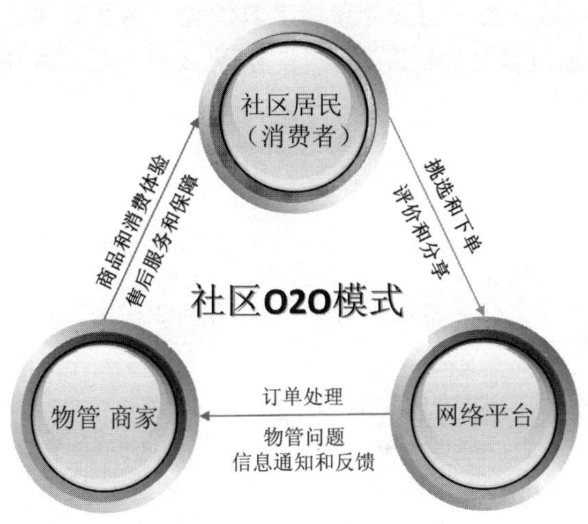

图 1-2　社区 O2O 模式

1.1.3　社区O2O的两大必要因素

社区 O2O 有两大必要因素：一是互联网，二是社区，如图 1-3 所示。

互联网

互联网（Internet）是网络与网络之间所串联成的庞大网络，这些网络以一组通用的协议相连，形成逻辑上的单一巨大国际网络。而移动互联网，就是将移动通信和互联网二者结合起来，成为一体。4G时代的开启以及移动终端设备的凸显必将为移动互联网的发展注入巨大的能量。

社区

社区是若干社会群体或社会组织聚集在某一个领域里所形成的一个生活上相互关联的大集体，是社会有机体最基本的内容，是宏观社会的缩影。

社区的特点：有一定的地理区域；有一定数量的人口；居民之间有共同的意识和利益；有着较密切的社会交往。

图 1-3　社区 O2O 的两大必要因素

社区 O2O 一头是社区消费，一头是商家服务，关键是如何搭建好网络平台，也就是这个“2”。虽说线下企业拥有得天独厚的地理和资源优势，但是社区并不是完全封闭的，在互联网时代，任何一个社区的壁垒都可以通过社交工具打破。线下企业应该摒弃其优势，用互联网的思维来经营社区 O2O，比如通过数据分析客户需求，整合商户，增加客户黏性，最终实现盈利模式的复制。

TIPS:

从各种社区 O2O 发展现状来看，实体商家和物业管理部门天然的近邻优势从线下切入，聚线下社区人流导引线上，建立用户信任，提升用户黏性，才能够完善社区平台生态系统形成强壁垒性的 O2O 闭环。

1.1.4　不断涌现的社区新势力

什么是社区？“社”是指相互有联系、有某些共同特征的人群，“区”是指一定的地域范围。所以“社区”可以说是相互有联系、有某些共同特征的人群共同居住的一定的区域。

在社区这块“净土”上，商业生态正在悄然发生着变化。猫屋、便利店都是那些跃跃欲试者，代表着小、美且敏感的力量。

【案例1】猫屋：物流最后100米的O2O商业模式

猫屋是一个从事“最后一公里”包裹自提和O2O社区生活服务的平台，它通过加盟的方式，已将 1 000 多个社区便利店发展成代理店，如图 1-4 所示。除了 O2O，代理店平时也帮邻居代收包裹，可获得猫屋 0.8 元 / 单的补贴。与京东、顺风等自提点不同，猫屋并不依托自提物流，而是对接了顺丰、四通一达等快递公司。物流公司可将附近区域的快递送至该网点，用户可下班后入店自提。

猫屋提供的社区服务距离用户最近，且社区居民天然密集，消费群体稳定，这个市场如果挖掘出来，后期投入将非常低，且用户的消费习惯一旦养成，其他新的竞争者将很难再进入。

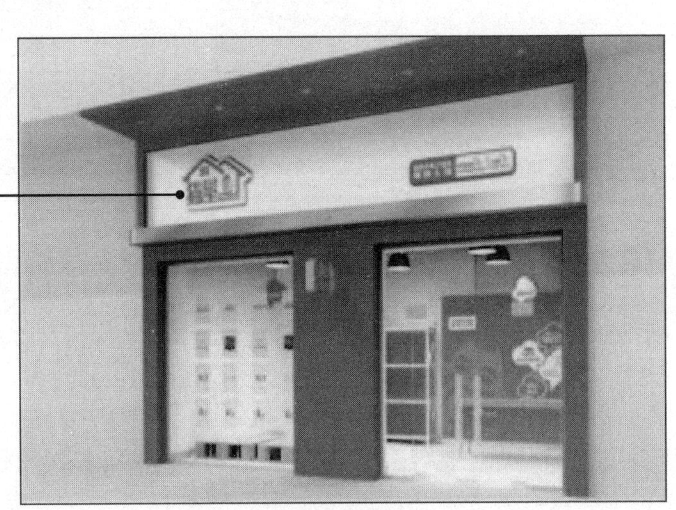

图 1-4 猫屋社区便利店

猫屋主要经营地区为深圳地区，而且其直营店打着深圳电子商务便民工程的旗号。目前，当地政府为猫屋提供了税收及经营铺面等诸多政策优惠及资源。2014 年，猫屋在深圳社区的扩展店计划达到 5 000 家，并向其他城市铺开。

TIPS:

有知情人士透露，猫屋是由天猫高管创办，其标示、名称均与天猫有异曲同工之妙。打开该公司首页发现，天猫、淘宝、菜鸟物流赫然出现在网站首页的显要位置。此前，马云曾在年初的《对话》节目中强调，未来阿里巴巴将打造线下 O2O 模式，而“猫屋”正在为此做试水尝试。

【案例2】万科物业：为社区配套“五菜一汤”式服务

万科将所做的社区配套称为“五菜一汤”，其中“五菜”包含第五食堂（见

图 1-5)、超市、银行、洗衣店、药店五大类与业主生活休戚相关的日常生活服务配套,“一汤”是指“幸福街市”(蔬菜连锁超市)。

所谓“第五食堂”,是指除了学校、单位、商业、居家以外的餐饮食堂,泛指公寓食堂,它实现了厨房劳作的社区化,可以极大地减轻家务负担,显著增加居民的闲暇时间。

图 1-5 第五食堂

2013 年的“双十一”,万科物业借着网购狂欢的节点,推出了第一款针对万科业主的应用程序——“住这儿”。这款 APP 不仅可以满足万科业主申请报修、曝光、投诉、表扬等需求,还专门开辟了一个叫“良商乐”的板块,将万科小区内的所有商家拉上线。

除了在线上推出“住这儿”,这几年万科在线下社区配套方面也做了一系列的探讨和尝试。一个新近的动作是,2013 年底,万科斥资 27 亿元入股徽商银行,以更好地为业主提供领先的社区金融服务。

在这些布局的基础上,万科通过各个社区商铺和服务项目详尽搜集业主的生活开支数据,更通过大数据预测业主的潜在需求,进而调整服务内容和社区商业的业态。例如,万科物业与华为合作成立了万睿科技有限公司,包括“住这儿”APP 在内的一体化科技研发系统在 3 年前就开始收集数据进行实验探索。

【案例3】腾讯地图:互联网地图服务商开始关注社区商业热点

例如,腾讯地图为微信第三方公众账号提供了一套基于地理位置的综合解决方案,开发者可以为社区街景做定制化开发,比如自行丰富新推出的社区楼盘、商户的室内景功能,也可以自定义社区商户标注,如图 1-6 所示。

图 1-6　社区街景地图

1.1.5　抢占社区：小生意，大前景

经历了爆发式增长之后，中国房地产行业前景不明，几乎所有的房地产公司都在考虑转型，下一个十年如何寻找新的盈利增长点？2014 年是中国房地产市场进入拐点的一年，走过一路荆棘的上半年，中国房地产迎来新的调整周期。

例如，全球最大的专业住宅开发商万科集团将转型为“城市配套服务商”。在这个新定位下，万科集团可做的事情很多。比如，经营垃圾场、养老产业等，这些与万科正在推进的“五菜一汤”社区配套有着共同的宗旨，那就是更好地服务业主。

又如，在花样年旗下的物业管理公司彩生活服务集团分拆上市刚满 5 个月之后，2014 年 11 月 29 日，花样年控股集团有限公司主席兼首席执行官潘军在花样年新品牌战略发布会上宣布，公司未来将以社区服务运营为核心，全面布局 8 大业务的战略协同，打造中国最大的社区服务运营平台。

花样年的目标是，到 2020 年，彩生活服务的社区将超过 10 亿平方米，覆盖 4 000 多万人口。潘军算了一笔账：到那时，假设每人每月的社区消费是 2 000 元，一年就是 2.4 万元，4 000 万人一年将消费上万亿元。“如果能拿到 1% 的佣金，就是 100 亿元。若按天猫模式计算，收 3%～5% 的佣金，就是 300 亿元～500 亿元，这是一个多么大的金矿。”潘军说。

“我们不希望物业管理永远成为我们最挣钱的部分，彩生活非常看重中国住宅社区所拥有的业主规模和潜在的消费需求，看重社区经营的商机。”彩生活 CEO 唐学斌表示，彩生活依托互联网搭建的社区平台能够为业主提供多元化的增值服务，而这些消费则为公司带来充足的盈利空间，如图 1-7 所示。

图 1-7 彩生活依托互联网搭建的社区平台

有人的地方就有生意，以“家”为起点的时空延伸，不仅孕育着社区精神，也逐渐被各种商业力量窥视和重构。

TIPS:

有人用“小生意，大前景”来形容与社区居民“衣食住行”相关的生意。不过，要从中赚钱并不容易。通常情况下，社区 O2O 提供的服务都是微利的，在短时间内，要实现盈利不现实。总之，在社区 O2O 模式中，其“价值模式”会先于“盈利模式”表现出来，这也符合我们这个时代的“估值术”。

1.2 移动连接一切！社区O2O风生水起

毫无疑问，世界已经改变，我们进入了移动时代。消费者早已不再受家庭、办公室、传统媒体及零售环境的限制，现在利用手机，他们只要动动手指即可随时随地满足自己的需求。

因此，想要制胜当今的社区 O2O 市场，商家不能仅有移动策略的想法，而是必须付诸实际行动。消费者已经移动化了，商家也应紧跟步伐。要实现社区 O2O 移动化，商家必须对消费者及他们的需求有全面的了解，制定出相应的营销策略并坚定地执行。

1.2.1　移动消费群的兴起，改变未来

如今，我们正身处一场技术革命之中，这场革命比电视和电脑带来的影响更大。商业世界面临着这样的问题：作为营销者，我们怎样掌控移动技术以更有效地服务我们的消费者呢？当然，新兴市场是移动终端的天下，我们要做的只有两个字：改变。

美国网络媒体 *Business Insider* 总编辑兼 CEO 亨利·布洛格特（Henry Blodget）于 2014 年 3 月发布报告《移动互联网的未来》。报告要点包括：Android 已赢得移动平台战争；移动媒体是目前消费时长唯一保持增长的媒介；通信应用、电商应用、移动支付都在呈现迅猛的发展；中国和印度市场将成为智能手机销售量最主要的拉动力量；世界进入“多屏”市场。

随着 4G 网络的普及，以及智能手机的快速发展，越来越多的用户将通过手机获取资讯。无论是在全球还是在中国范围内，“人手一机”的景象马上就要到来，如图 1-8 所示。

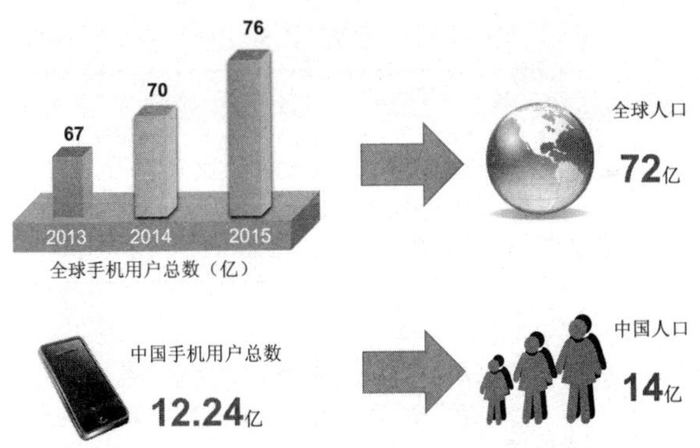

图 1-8　智能手机的普及速度仍在加速

据《2013—2014 年中国手机 / 智能手机市场研究年度总报告》预测，2015 年全球智能手机用户比例首次超过全球人口的十分之一，到 2018 年，全球 1/3 的消费者将是智能手机用户，总数超过 25.6 亿人。2018 年智能手机用户指数代表了全球移动手机用户的一半，这意味着功能手机将成为电子通信领域的少数派。

另外，以智能手表、智能眼镜等为代表的可穿戴设备作为移动智能终

端新兴的发展业态，市场规模持续增长，如图 1-9 所示。可以预见，移动可穿戴设备在未来的数年将成为移动互联网硬件终端领域发展最为迅猛、增长幅度最快的领域。

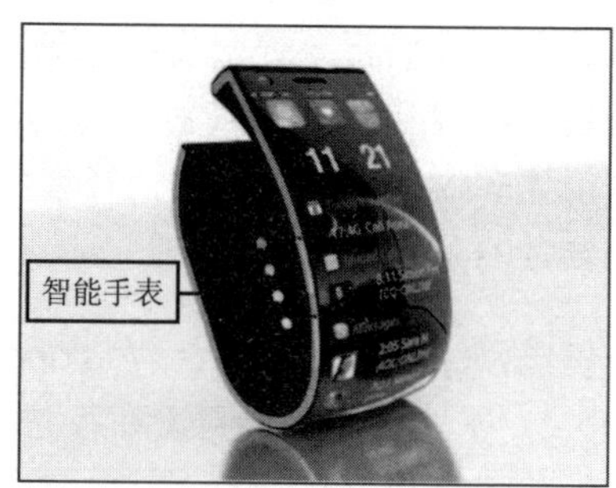

图 1-9 可穿戴设备

在未来数年，我国移动互联网的发展将主要围绕以下几个方面逐步深化，如图 1-10 所示。

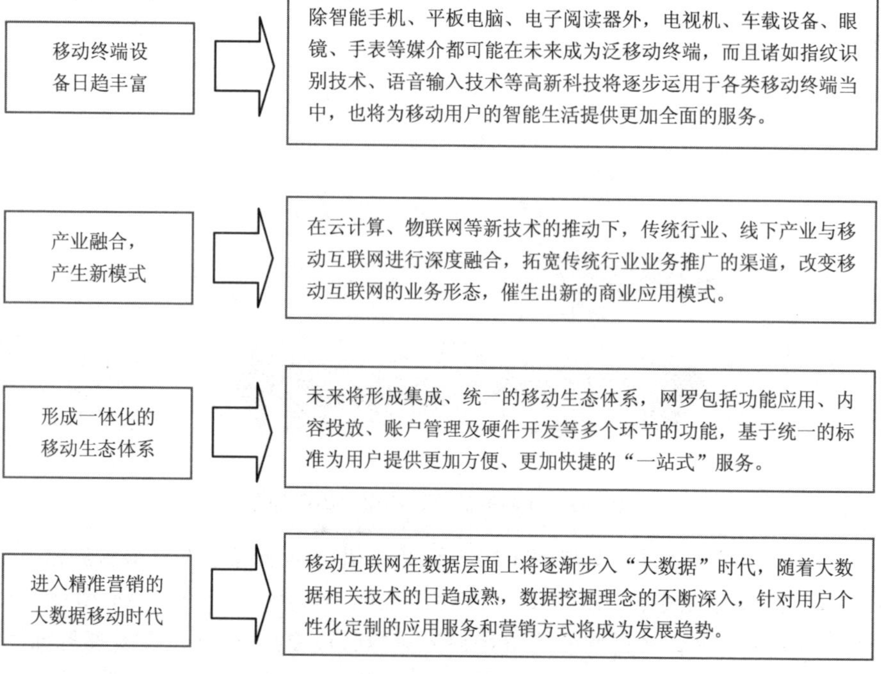

图 1-10 移动互联网的未来趋势

在移动互联网时代，众多行业走出一条全新的发展之路，在国家大力支持移动互联网发展、加快转变经济发展方式的大背景下，移动互联网是大势所趋已成为各行各业的共识，在这样快速变化的移动互联网时代，商机不需要等待和观看，需要的是把握和执行，移动互联网市场更是需要如此。

TIPS:

在我国，顺应全球移动互联网良好的发展环境，结合我国特殊的国情（主要是人口基数大）和经济体制（正处于移动化进程的关键时期），我国的移动互联网市场展现出了强劲的发展势头。艾瑞咨询数据显示，预计到2017年，市场规模将达到6 000亿元。移动互联网正在深刻影响着人们的日常生活。

短短数年，移动互联网已经渗透到了社会生活的方方面面，不知不觉间改变了人们的生活习惯。但我国的移动互联网行业仍然处在发展的早期，存在各种各样的问题，“变化”仍然是行业今后发展的主要特征，革新与突破是其发展的主要趋势。

1.2.2　巨头抢滩！社区O2O登陆战

在社区 O2O 这场决战中，无论是满怀壮志的移动互联网创业者，还是雄心勃勃的知名互联网公司，都看到颠覆传统商业模式的可能。在国外，包括 Uber、Hilburn/Trunk Club、Getaround、Jetsetter、Airbnb 和 Zaarly 在内的一系列公司；在国内，包括阿里巴巴、腾讯、苏宁易购、易淘食在内的一大批公司均积极在 O2O 集兵布营，展开角逐。正如创新工场 CEO 李开复所言，未来 O2O 将改变中国，一旦线上、线下连接起来，将产生巨大的爆发力。

O2O 作为囊括了线下实体商家与线上互联网技术的结晶体，将线上和线下的优势完美地融合到一起，既享受了线下优质的服务，又兼顾到线上支付的方便与优惠。可以说，O2O 在用户数据的收集、品牌宣传的渠道、购买支付的价格以及覆盖与涉及的领域等方面有着得天独厚的优势。

从 2010 年的“千团大战”开始到现在，O2O 市场经历了起步、繁荣、竞争、成熟的过程，曾经由于创新机制的缺乏与互联网技术的停滞不前，经历了一段痛苦的煎熬期。例如，据团 800 数据显示，我国团购网站的数量从 2011 年最为鼎盛的 5 000 余家缩减到现今的不足 300 家，并且 90% 以上的市场规模已经被牢牢地握在以大众点评网为代表的五大团购网站手中。团购的落败，其根本原因如图 1-11 所示。

随着移动互联网的兴起，可以解决 O2O 所面临的这些问题。随着以 BAT 为代表的互联网巨头以移动互联网思维大力布局 O2O 市场（这点从

密集的收购中可知一二)，线下商家开始重新认知 O2O 产业，学会以移动化的思路开展全新的 O2O 探索之旅，O2O 也在全民普及的大背景下正式进入移动互联网时代。

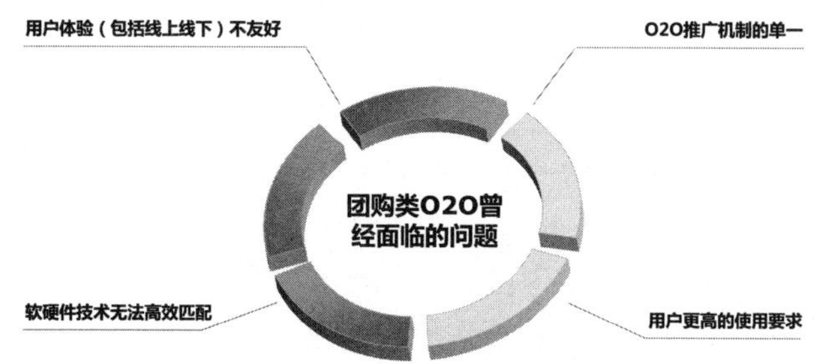

图 1-11　团购失败的主要原因

移动时代下的 O2O 产业链如图 1-12 所示。不同层级的 O2O 利益主体依托自身优势，从各自领域出发，攫取移动 O2O 领域这块巨大蛋糕的使用价值，加速完成在移动 O2O 市场上的战略布局。

	顶层
1	硬件层（智能手机、平板电脑、可穿戴设备等）
2	移动操作系统（苹果、安卓、塞班等）
3	运营商（电信、联通、移动等）
4	零售商（苏宁云商、阿里巴巴等）
	中间过渡层
5	OTT（苹果APP市场、机顶盒等）
6	移动浏览器（UC、QQ等）
7	移动应用（微博、微信、高德地图等）
	底层
8	发布系统（手机助手、豌豆荚等）
9	投放层（亿动广告等）

图 1-12　移动时代下的 O2O 产业链

拨开移动 O2O 产业链条上的细枝末节，以纵向流通环节的不同层级为切入点剖析社区 O2O 市场领域各个环节之间的“隐形登陆战”，能更加明确各层级利益主体在社区 O2O 市场上的着力点，明确社区 O2O 完整的产业链条，何乐而不为呢？

1. 硬件：社区O2O的基石

社区 O2O 产业链下的硬件有着显著的移动互联网特点，智能手机是其主要设备，平板电脑、传感器、移动端 POS 机等作为特殊环境下的终端硬件，丰富着社区 O2O 硬件市场的业态，给予用户更为全面和新颖的硬件接触触点。

2. 操作系统（OS）：社区O2O的大脑

在 O2O 移动营销领域，移动操作系统正经历着典型的寡头竞争格局。目前，谷歌的 Android 系统与苹果的 IOS 系统牢牢占据着智能手机与平板电脑所搭载的操作系统 90% 以上的市场份额，Windows Mobile、黑莓等则瓜分剩余不到 10% 的移动操作系统市场，如图 1-13 所示。程序开发人员对操作系统的不断更新换代，让操作系统能够搭载包括移动定位、用户信息收集等在内的越来越多、越来越重要的功能，让移动 O2O 产业链条的正常运转成为可能。

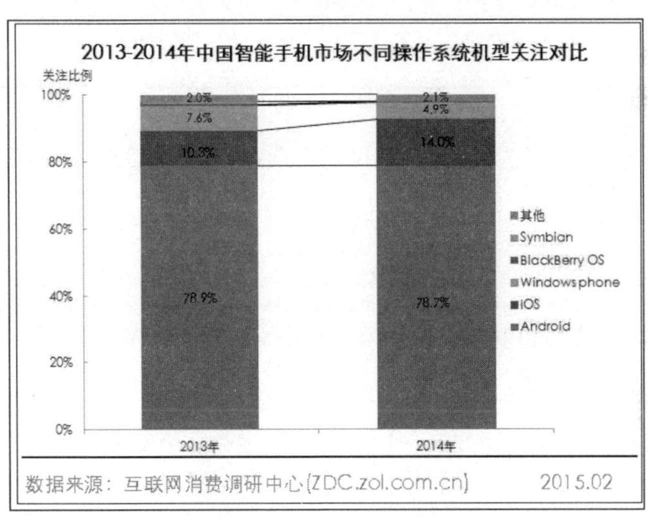

图 1-13　移动 O2O 的操作系统分布

3. 移动运营商：从移动支付环节切入O2O

移动运营商即提供移动网络服务的提供商，我国的移动运营商主要有中国移动、中国联通和中国电信三家。移动运营商们通过不断地提升服务质量，加快 3G 和 4G 移动通信网络建设、降低资费水平，并同时着手布局 O2O 的移动支付市场，通过发布多款支持 NFC 的手机终端、接入中国银联 TSM（移动支付可信服务管理）平台等方式，旨在从移动支付环节切入移动互联网时代下的 O2O 市场。

例如，中国电信与十余家金融机构联合发布了“天翼手机钱包”业务，用户使用该业务可以在乘坐公交、加油站加油、餐厅就餐、商场购物等各种场合实现刷手机付费。"天翼手机钱包"利用移动互联网服务和近场通信技术（NFC），在手机里实现各类卡片的支付功能，如图 1-14 所示。

图 1-14 "天翼手机钱包"的主要功能

TIPS:

用户只要用手机轻轻一刷，就可以在乘坐公交、加油站加油、餐厅就餐、商场购物等各种场合实现刷手机付费。小小的手机得以实现钱包中的现金、信用卡、银行卡、优惠券等多种功能。此外，"天翼手机钱包"还可以在办理登机手续、公司打卡刷门禁时实现身份认证。

4. 零售商：社区O2O的桥梁

零售商作为将商品与服务提供给消费者，搭建生产者与消费者桥梁的中间商，在购买、销售、分发、预装及售后服务环节发挥着重要作用，直接与消费者对接（可以将其理解为传统意义上的小卖部、代理商之类的角色）。

目前，国内开始 O2O 实验的实体零售企业无非采取两种方式：一是基本上依赖于阿里或者腾讯的产品，核心是以客流导入为主要目标的场景和业务设定，注重市场营销层面；二是所有百货零售企业的核心 O2O 体验，在应用场景方面都依赖于平台化的产品，在自然和常识性的体验设计方面有局限性。

随着移动互联网与 O2O 产业融合的不断深化，零售商领域的市场竞争日趋激烈，价格战、服务战此起彼伏（似乎对消费者来说不失为一个好消息），线上与线下零售商的竞争已经进入白热化的阶段，而双方发力的最终目的，都是提前抢占移动 O2O 市场的入口，占据更大的市场份额。

例如，百度整合糯米网、阿里巴巴收购高德地图、腾讯入股京东和大众点评、苏宁并购满座网，巨头们的“剑”招招都指向 O2O；另外，在腾讯战略入股不到一周内，京东商城也确认正式签约万家便利店以发力零售业 O2O。

线上零售商线下推广与线下零售商线上布局是移动 O2O 时代到来时移动零售领域最为显著的特点，巨头们的这些并购与入股行为都是希望能够尽快搭建打通线上线下渠道的零售生态圈，用更加全面的渠道、更加贯通的服务瓜分市场，这也是未来移动零售商突围发展的必经之路。

5. 应用商店（OTT）：争夺市场份额的有力武器

OTT 即互联网公司越过移动运营商，发展基于开放互联网的各种视频及数据服务业务。随着 iPhone 的流行，苹果通过“iOS + App Store”重新定义底层结构，所有的 APP 应用都需要通过应用商店的发布才能送达最终用户的手机上。因此，手机用户开始学习使用本地 APP 连接丰富的网络服务。随着 Android（Google Play）的跟进，应用商店成为用户接入移动互联网的第一层入口。

谷歌的 Google Play、苹果的 App Store 等以其开放性的特点，在移动互联网时代背景下，OTT 正逐步代替原来由基础运营商、增值运营商提供的基础性业务。

OTT 的功能不仅由原来的应用仓库发展到移动增值服务，在产业意识形态上的创新也是各个企业争夺市场份额的有力武器。例如，互联网机顶盒（国内种类繁多的各类“盒子”）、智能电视等都是 OTT 为移动互联网时代下的 O2O 营销所提前布下的棋子，意在给予用户更好的体验和更多渠道的触点，如图 1-15 所示。

图 1-15　小米盒子

6. 手机浏览器：争夺入口级流量的“战场”

桌面互联网，浏览器一直是争夺最激烈的入口阵地，从 NetScape 到 IE、Safari、Firefox 和 Chrome，都想在这里成为王者。但是，由于移动应用的“碎片化”特征，导致了手机浏览器并不像互联网浏览器那样风光。每个应用都在做自己独立的 APP，而无须像互联网那样通过浏览器才能访问网站。

移动场景下的浏览器是指为移动设备（如智能手机、PDA 等）设计的网页浏览器。手机浏览器作为移动用户接触世界、了解 O2O 商品信息的线上载体，让移动用户接触信息、享受服务成为可能。

例如，UC 浏览器作为手机浏览器领域覆盖人数、市场规模等处于领先地位的浏览器产品，顺应移动 O2O 市场的需要，通过内部产品的更新换代（跨平台扩展、自主内核研发等）和与互联网巨头的强强联合、双管齐下的方式，在这场移动浏览器领域的份额争夺战中占据一定的先发优势，如图 1-16 所示。

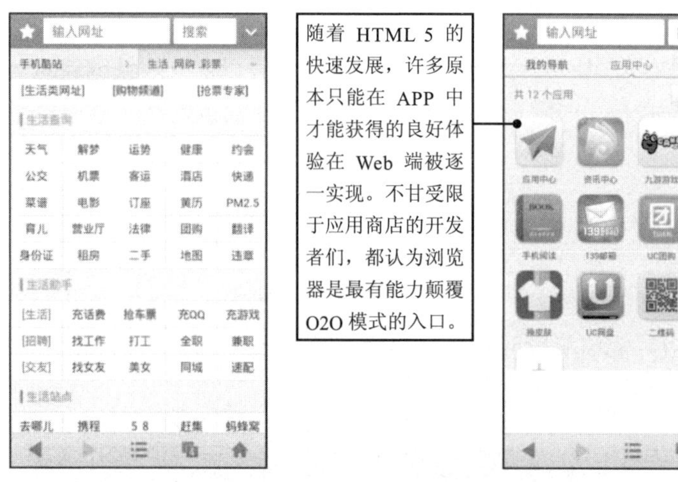

图 1-16　UC 浏览器

随着手机浏览器市场规模的增长和用户的增加，国内的互联网巨头也开始在移动浏览器领域发力和布局，意在为移动 O2O 的发展提供入口级流量，依托浏览器庞大的使用人群迅速积累移动 O2O 的前期用户。百度宣布全面推进“轻应用”产业的发展、阿里巴巴董事长出任 UC 董事、QQ 浏览器和 360 浏览器的问世等，让手机浏览器成为兵家必争之地，对入口级流量的争夺不断升级。

不过，移动浏览器更多的行为还来自用户对桌面互联网访问习惯的继承，但最主要的信息流动已经不再围绕 Web 站点展开，浏览器被边缘化也是必然。国外移动应用统计平台 Flurry 的数据显示，智能手机和平板用户使用设备 80% 的时间都在应用程序上，只有 20% 用于浏览器。从流量来看，浏览器产生的流量也已远低于 APP 的总流量，并且使用时长和流量占比都呈现下滑趋势。

7. 应用（APP）：面向用户的"第一眼产品"

APP 是智能手机的应用程序的简称（也称手机客户端）。APP 即为依托在移动智能终端上的第三方应用程序，主要为用户提供各类功能。

APP 安装方便，使用简单，可以结合图片、文字、音频、视频、游戏等方式生动展现品牌和产品信息。APP 与传统 PC 桌面上的互联网图标快捷方式类似，以图标的形式为用户提供服务，这种服务既包含面向个人的个人级服务（衣食住行），也包含面向企业的企业级应用（移动医疗、教育、定位、遥感等）。目前，APP 在营销过程中的主要用途如图 1-17 所示。

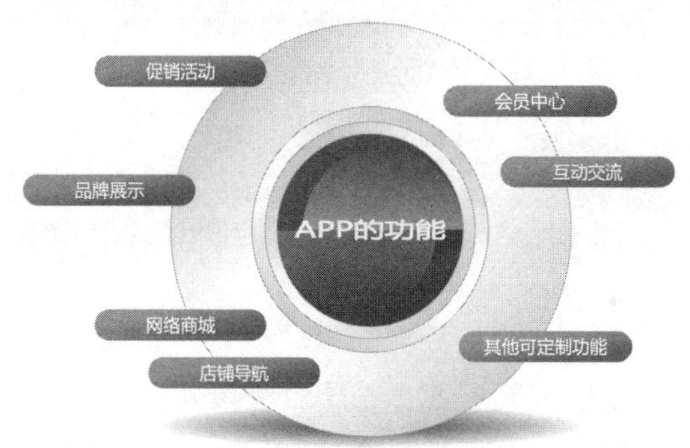

图 1-17 APP 在营销过程中的主要用途

当互联网进入移动互联网时代，众多企业与个人开发者希望从中掘金。2014 年整个 APP 生态圈中占比较重的开发市场规模将超过 500 亿元，全国数百万企业网站潜在的 APP 开发需求呈爆发式的增长，而目前国内 APP 开发年营收综合不到 20 亿元。由此可见，企业级 APP 定制开发将是移动互联网中孕育着巨大商机的新兴项目之一。

APP 最初只是作为一种第三方应用的合作形式参与到互联网商业活动中去的，随着互联网越来越开放化，APP 作为一种萌生于 iPhone 的盈利模式开始被更多的互联网商业大亨看重，如淘宝开放平台、腾讯的微博开发平台、百度应用平台等都是 APP 商业化的具体表现，一方面可以积聚各种不同类型的网络受众；另一方面，借助 APP 平台获取流量，其中包括大众流量和定向流量。

在移动 O2O 产业链条下，APP 作为面向用户的"第一眼产品"，在移动互联网技术的推动下，正逐步朝着集成化、平台化、功能多样化的趋势发展，给移动互联网市场环境下的社区 O2O 产业提供更多的服务形态，为社区 O2O 产业未来的发展带来无穷的可能性。

8. 发布系统：系统级入口价值的肯定

移动时代下的内容发布系统主要是指自动向拥有不同移动内容获取需求和移动应用获取方式需求的用户提供服务的系统，最为典型的例子就是豌豆荚、360 手机助手等内容发布系统。如今，发布系统已经成为巨头们争夺的焦点，如图 1-18 所示。

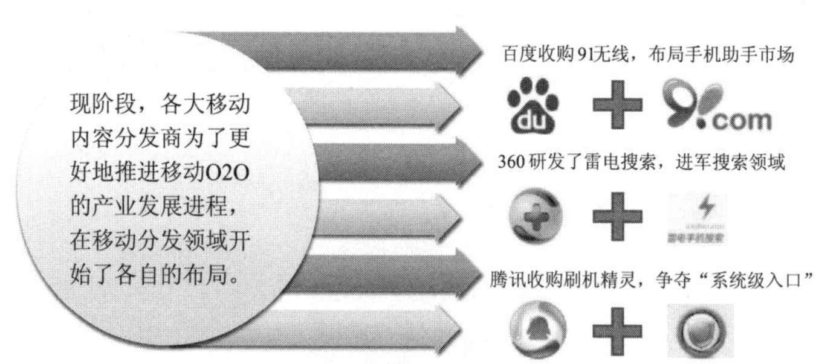

图 1-18　巨头们争先布局内容发布系统

巨头们的这些动作，无一不是在诠释着移动内容发布系统对移动 O2O 在预装层面和内容分发层面上所能发挥的巨大引导作用。

9. 投放：移动广告进入O2O时代

移动 O2O 产品的投放者是指移动数字广告的提供商和移动营销的服务商，旨在解决移动 O2O 产品的推广、宣传以及品牌建设与传播等方面的问题，帮助企业线上的 O2O 产品迅速积累人气以及快速产生市场效益。

1.2.3 移动互联网让社区O2O更精彩

移动互联网行业最大的魅力就是边际成本很低，属于轻资产运作。现在投资 O2O 项目较多，这些项目的共同点就是都缩短了供应链环节。例如，开会、租房、做头发，甚至是企业招聘，都可以通过手机软件更轻松地进行。

品途网创始人兼 CEO 刘宛岚表示，没有一个词比“O2O”更形象地表达出线上与线下融合，O2O 指的是在企业的每一个经营环节利用移动互联网经营用户，加深与客户的关系，实现线下销售最大化。

移动互联网之所以与 O2O 产生良好的组合效应，其根本原因在于双方都能弥补另外一方的短板，并同时放大另外一方的核心竞争力，真正做到技术的共同进步和产业发展的双赢。

从最初的 LBS 签到模式起，O2O 就已经在移动互联网上显现雏形。通过线上签到赚取的积分和勋章，便能够在线下商家店铺中获取到折扣奖励。目前在国外，O2O 与移动互联网的碰撞所激发的火花，让服务性消费中 O2O 模式的未来价值更加明晰起来。

【案例4】摇摇免费：图文并茂、单品呈现身边的免费赠品信息

例如，“摇摇免费”是一款基于移动互联网位置服务的智能手机 APP，把商家传统派发的免费赠品放到手机上供更多的消费者去摇取，如图 1-19 所示。这样一方面可以帮社区商家快速聚集周边人气，并把品牌或产品深入传播到消费者心中，另一方面消费者摇中后去商家那儿免费领取，带来巨大的欢乐与惊喜。

图 1-19　“摇摇免费”APP 界面

“摇摇免费”以当前最新的技术手段实现公平、公正、多劳多得，可信、完全免费等！不仅可以获得免费奖品，还可以与周边好友一起“PK 手气，PK 人品”。

- 可信：奖品由个人自主摇取，而不是由官方统一开奖。中奖人、中奖时间、摇奖次数、领奖人、领奖时间等都对其他人公开。

- 公正：中奖号码事先告知，用户每次摇出的号码由随机数产生，只要摇出的号码同中奖号码一样就中奖。

- 公平：每个人每天都有一定的摇奖次数限制，老在当天摇奖次数用完了却还没摇中，则明天可以继续摇。

- 多劳多得：消费者可以参与相关的一些任务，来提高中奖概率，如图 1-20 所示。例如，参与回答商家的一些问题，可以大大提高中奖概率。向朋友分享摇奖信息，可以马上增加一些摇奖次数。

- 完全免费：摇中奖品后无须其他额外付费或者隐形消费。如图 1-21 所示，为奖品的详情介绍。

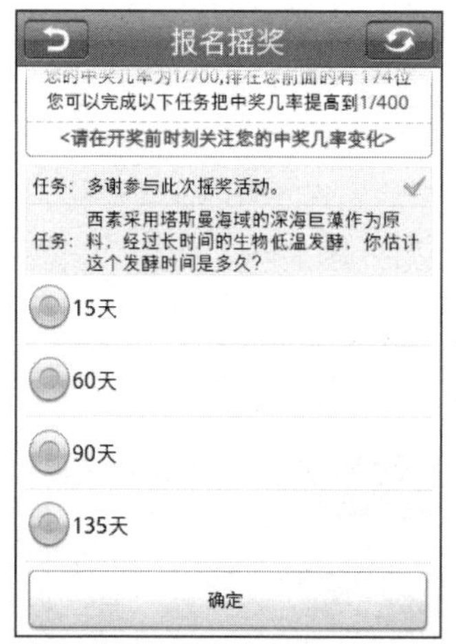

图 1-20　参与摇奖任务

商家经常砸大笔钱去为产品做广告，而摇摇免费就是建议商家与其砸那些钱出去，不如直接把他们的产品拿几个出来供用户免费摇取，同时让用户知道他们的产品到底有多好。

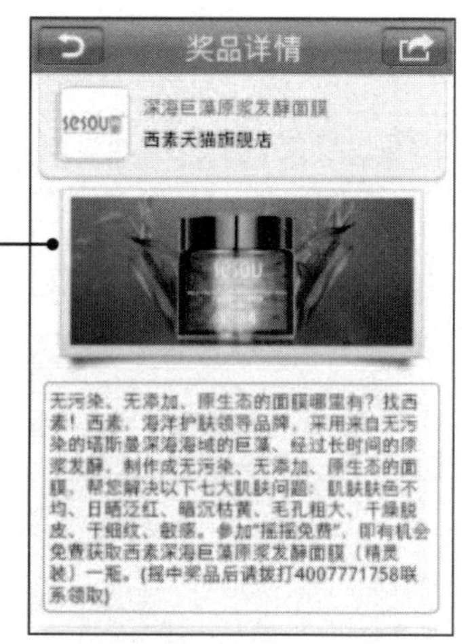

图 1-21　奖品详情

对于 PC 端来说，最难以逾越的是移动端的 LBS 位置服务与社区消费的天然相关性。据统计，有 72% 的用户利用移动终端查看地图信息，有 64% 的用户会使用移动终端，而餐饮和位置正是社区 O2O 平台向网民提供的关键信息。移动端的 LBS 功能使得用户能够随时随地寻找身边的消费项目。与 PC 端相比，移动端消费更像是一种生活情景式的消费，能够随时随地满足用户基于所处位置的生活需求。与此同时，由于用户基于位置的选择往往对价格敏感度不高，因此移动订单还能进一步保证社区 O2O 平台的利润率，可谓一举两得。

笔者认为，与传统的 PC 互联网相比，移动互联网具有用户基数更大、更贴近市场和消费者的特点。

因此，移动化的电子商务运营模式更适合 O2O 的商业应用，未来移动终端机制下的 O2O 将成为推动 O2O 模式融入更广泛商业生活的主导力量，引发最大的商业价值迁移。

1.2.4　盘点社区O2O服务商业模式

社区 O2O 可以看作是电子商务运营模式的延伸，它将线上巨大的用户流量资源通过与线下社区实体商家的合作导入线下，用线下所收集的用户数据信息更好地指导线上用户流量的引导，实现行业体制内部的良性循环，实现线上流量的变现。

传统的社区服务通常由中小型的服务个体及物业来完成，其中可能存在效率低下、服务标准不统一等问题。如何解决服务标准化的问题，是社区 O2O 创业者的第一要义。

例如，在腾讯科技《企鹅智酷》近期开展了一项覆盖 19 694 名网友的调查，其中只有 24% 的用户认为自己是勤快人，不爱做家务或者对于家务活拖沓的用户占据 76%，如图 1-22 所示。

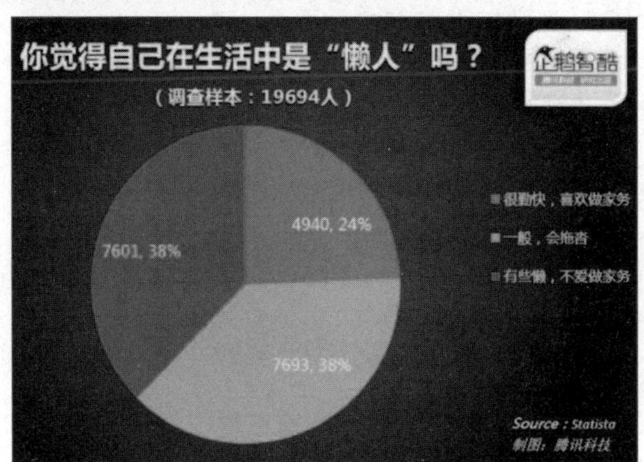

图 1-22　腾讯科技《企鹅智酷》相关调查数据

在移动互联网科技的强势推动下，潜藏于人类天性中的“懒惰”因子被彻底激活，“懒人”们终于可以真正实现“衣来伸手 饭来张口”的终极梦想。帮助他们实现这一梦想的社区 O2O 模式是最重要的途径之一。

要实现个性化代劳服务，O2O 模式是一个合适的商业手段。O2O 提供的是定制化的个性服务，而非简单的线上线下互连，如此才能体现该模式真正的价值，比如上门美容、理发、医疗等，这种针对性极强、个人专享式的优质体验服务模式，才是真正的 O2O。

笔者认为，对于社区 O2O，找到服务的切入点比任何概念都更实际。如图 1-23 所示，为社区 O2O 服务的一些商业模式。

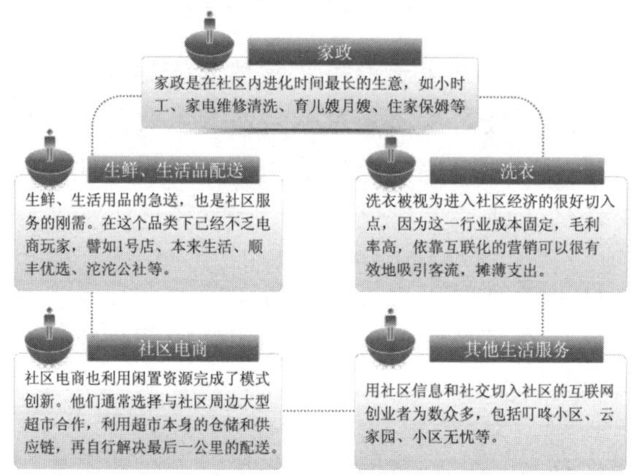

图 1-23　社区 O2O 服务的一些商业模式

总之，社区 O2O 的制胜核心之道是做个性化专享式服务，如何聚集散落各处的服务对象到一个统一的平台上，是一个重要前提。满足这个前提之后，需要考虑的事变成了所能提供的服务的丰富性、服务的响应速度、服务标准、利益分享机制和服务对象对服务价格的承受能力。

TIPS:

各大互联网巨头在移动互联网背景下的 O2O 市场上的战略布局均围绕着 O2O 产业的关键要素“扬长补短”，用最为直接也最为有效的收购和入股方式，在最短的时间内构建自己企业生态体系内的 O2O 产业链条，结合自身优势定制风格各异、特点鲜明的 O2O 营销机制，实现移动互联网时代体系下 O2O 产业的商业价值。

1.2.5　BAT巨头们的“O2O圈地战”

移动互联网在流量入口的争夺已成定局。随着消费者整体生活水平的提高，以及普通商家对移动互联网接受程度的提高，移动互联网已经进入了新的“卡位战”——发现每一个细分行业的机会，改造并融合。尤其是在社区这块新版图上，目前比较活跃的仍是创业者团队，但是互联网巨头也同样盯上了这个市场。

2014年，BAT在O2O领域的"圈地战"正式打响。三大巨头分别从支付、社交、地图和生活信息4个维度展开了"圈地运动"。BAT巨头们通过投资和并购，加速在O2O版图上的布局，如图1-24所示；创业者也在努力寻找下一个有待改造的传统经济业态。

图1-24　BAT在O2O领域的"圈地战"

综观三大BAT巨头在O2O市场的布局，无不围绕着O2O的基础结构展开，如表1-1所示。

（1）阿里巴巴：旗下的支付宝是国内用户最多的支付工具，淘宝也是国内最大的电子商务平台，其布局也紧贴支付流和信息流，涉及场景也最为广泛。阿里巴巴是全方位布局，投资领域涉及地图、社交、工具、金融等多个领域。

（2）腾讯：最引以为傲的当属其在社交平台的成就，借助"搜搜"搜索引擎助理，围绕微信等社交平台展开的布局，包括支付工具和场景，在未来的移动互联网时代，社交是不可或缺的一环。腾讯的目标最为明确，包括大众点评、华南城、乐居等投资，多以围绕其微信所带来的社交红利进行构建。

（3）百度：拥有国内最强大的搜索引擎撑腰，同时有百度地图助力，虽然目前的布局规模相较于阿里巴巴和腾讯稍有逊色，但手握地图和搜索两大引流渠道，依然可以坐得很稳。相比之下，百度虽然相对低调，但收购的脚步也并未停歇，通过收购糯米网，百度的 O2O 步伐在不断提速。

表 1-1　BAT 巨头在 O2O 市场的布局

对比		阿里巴巴	腾讯	百度
引流	地图	高德地图	搜搜地图	百度地图
	搜索	淘宝、天猫	搜搜	百度
	社交	新浪微博、来往	微信、QQ	
转化	团购	美团、聚划算	QQ 团购、高朋网	糯米网、百度团购
	电商	淘宝、天猫	易迅、QQ 网购、微信小店、京东微店	百度汇
	生活信息	淘点点、口碑网、丁丁网	大众点评	百度地图
	打车	快的打车	滴滴打车	百度地图
	旅行	淘宝旅行	携程网	去哪儿网
支付工具		支付宝	财付通、微信支付	百度钱包
合作商家		银泰、美宜佳便利店等	王府井百货、新世界百货、海底捞等	地图上有餐饮、酒店等商家
应用场景		餐饮、服装、百货、便利店、打车、电影、旅游、生活服务、生鲜	餐饮、服装、百货、打车、电影、旅游	餐饮、酒店、打车、电影、旅游

随着行业内收购加剧，百度、阿里巴巴、腾讯的O2O投资策略日益显现。不过，目前在社区 O2O 领域内，互联网巨头并没有表现出太多的“直接优势”。造成这一现象的主要原因，是社区的用户密集并且稳定，先行进入的创业团队具有一定的先发优势；同时，社区里的生意大多是脏活累活，对线下的运营能力要求更高，这并不是互联网巨头的优势所在。

1.3　社区O2O的三大关键

当 O2O 服务越来越多地渗透到用户的生活，有着天然空间距离优势的社区则成为更好的入口。用户越来越“懒”，社区 O2O 的机会则越大。而目前盈利模式不清晰、线上线下服务内容容易偏差、难以实现标准化复制则是目前社区 O2O 的主要问题。正如笔者前面所言，社区 O2O 知易行难，是“苦活累活”，需要盘活线下商家，聚拢线上流量。

1.3.1　社区O2O成房地产售后市场主战场

在房地产领域，历史的演进大致可以分为四步，如图 1-25 所示。

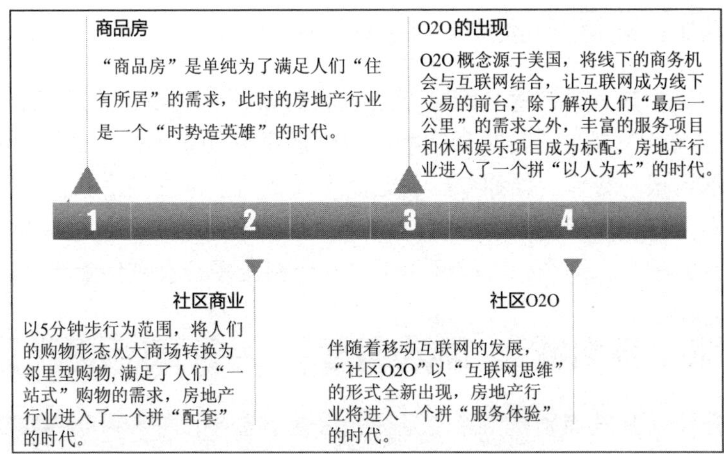

图 1-25 房地产领域历史的演进

2014 年对于中国房地产而言可以说是变革的一年，社区是支付场景和体验场景最多的地方，可以说房地产商才是离用户最近的企业，在这个"用户为王"的互联网时代，房地产或许可以凭借这个天然的优势重塑自己的江湖地位。

在移动互联网时代，房地产与互联网之间的区隔正快速消失，并衍生出一个比房地产开发更具前景的行业——社区 O2O。对于开发商来说，房子只能卖一次，而社区服务可以做 70 年。万科之所以将自己定位为"城市配套服务商"正是看到了这一点。目前，一线房地产企业都是自有物业，他们有大量的线下资源，这是互联网企业可望而不可即的。

要想在这场社区 O2O 大战中胜出，房地产企业应该提升物业服务在公司战略中的地位，甚至与地产开发主业并列，如图 1-26 所示。

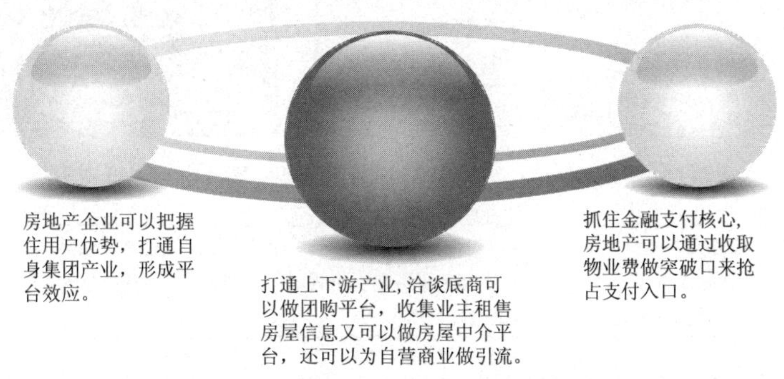

图 1-26 房地产企业的社区 O2O 战略

【案例5】易居中国：“实惠”APP

例如，中国领先的房地产全产业链服务商易居中国已开始在上海布局进入社区 O2O 领域。易居旗下社区增值服务集团推出的“实惠”APP 将与上海本地报刊合作，据称拿出了近亿元开展回馈读者的活动，如图 1-27 所示。易居中国曾经的同行信义房屋，也在首个房地产开发项目中引入了社区营造的概念，同样想以社区为平台，吸引更多社会群体参与开发。

【案例6】嘉凯城：“城市客厅”公共行政服务产品

另外，在开发商领域，除了万达、宝龙这些早已耕耘社区 O2O 多年的开发商外，参与新型城镇化建设的龙头企业嘉凯城，也将社区 O2O 布局在长三角千强镇的店口镇，并利用一款名为“城市客厅”的公共行政服务产品，争夺消费者，如图 1-28 所示。在 2013 年底，嘉凯城从住宅开发商悄然转型城镇生活服务平台，此后在长三角多个城市拿地布局城市客厅，位于浙江店口镇的“城市客厅”项目也意味着其首个城镇生活服务平台正式运营。

“实惠”APP 中的福利社、优惠券、微团购三个板块就占了三个黄金位置，以优惠作为切入点，不失为社区产品 APP 前期没有用户、没有物业服务的上上之策。另外，首屏上的黄金位置还有物业服务、群组、动态等功能。

图 1-27 “实惠”APP 界面

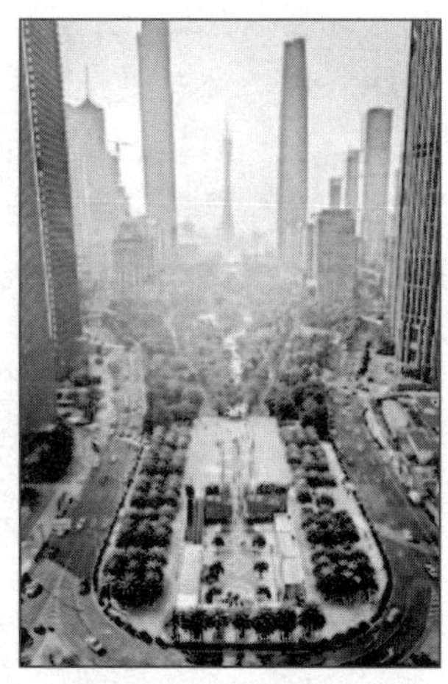

图 1-28 “城市客厅”规划图

“城市客厅”项目一方面将设立 O2O 专区提供商业空间为电商提供服务，促进线上线下的进一步融合；另一方面，还计划在城镇居民与电商及政府之间搭建一个线上服务平台，从而构建线上线下双平台的格局，为提供增值服务和开展大数据业务创造条件。

互联网企业同样在寻找社区 O2O 的商机。无论是阿里巴巴、京东这样的巨头，还是新创立的互联网企业，都渴望在这个市场拥有自己的消费端。不过，传统的互联网巨头优势在于线上流量，但由于舍弃了“邻居”这个天然关系，其撮合的交易并非最优，线下壁垒、社区经验壁垒、社区物理边界都是 BAT 们难以有效逾越的障碍，因此社区 O2O 也带给新进者更多的机会。

在这场社区 O2O 大战中，地产商的先发优势最明显，这是因为社区 O2O 的成功关键在于用户黏性，这取决于用户与社区内其他用户、配套、物业服务的沟通与互动，物业公司作为社区管理者，掌控着社区的最后一公里，很多外来的社区服务要进入住宅小区，都需经物业公司同意，这是地产商区别于竞争对手的最大“护城河”。

因此，社区 O2O 必将成为开发商房地产售后市场的主要战场，是房地产后服务时代新纪元的开始；是从社区 Online 到 Offline 有机化的组合与落地化的转化；同时也是一场蓄势待发的社区商业变革。

1.3.2　把互联网思维植入传统社区物业服务

社区 O2O 的机会就是把（移动）互联网思维植入传统社区物业服务中，通过解决社区消费者的痛点加上行业的痛点，现实社区的痛点，创造一个全新的、颠覆性的社区商业模式。

电子商务的快速发展让人们看到互联网思维对传统商业模式的颠覆性。社区 O2O 项目如何获得消费者的芳心、赢得市场，充当下一个颠覆者成为行业关注的焦点。

【案例7】“拍到家”：京东首个战略级O2O项目

例如，京东社区 O2O 项目“拍到家”日前正式上线。该项目通过微信公众号、独立APP等形式提供超市到家、外卖到家、鲜花到家三项服务。虽然该项目目前只支持京城四环以内及通州等地，但京东的野心已表露无遗。

2015 年 3 月份，京东“拍到家”APP 在苹果应用商店正式上线，据悉该应用将向用户提供 3 公里范围内生鲜及超市产品的配送及鲜花、外卖送餐等各类生活服务项目，并基于移动端定位实现 2 小时内快速送达，如图 1-29 所示。

"拍到家"已可提供以生鲜及商超商品为主的上千种商品及部分服务。京东通过与线下零售商深度合作，将传统零售商已经积累的优质资源与京东的互联网技术、供应链管理优势相结合。传统零售商的触网将使他们更广泛地触达用户、扩大业务规模，而京东将借助O2O业务为消费者提供更卓越的用户体验，提升用户黏度。

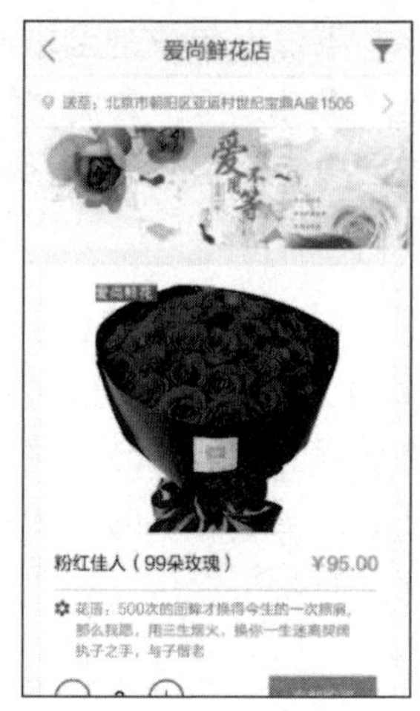

图 1-29 "拍到家"APP

据悉，"拍到家"作为京东CEO刘强东亲自负责的项目在内部被寄予厚望。京东方面也明确表示"拍到家"未来将进一步整合各类O2O生活类目，提供一站式到家服务。

TIPS:

京东进行社区O2O的主要优势如下。

（1）**物流配送能力强**。京东有很多以社区为中心的配送人员，大社区必有商超，两者之间的地理位置有一定的重合度。因为地理位置上的重合，京东配送人员可以从线下商超，或者鲜花店、外卖店取货，然后送货上门。因为位置重合度高，可以在短时间内送达。

（2）**互联网用户基数大**。京东是仅次于阿里集团的第二大电商入口，目前DAU（Daily Active User，日活跃用户数量）约为6 000万。当线上流量达到瓶颈时，电商大佬们迫切需要获取线下流量导流到线上平台，在BAT纷纷布局O2O的大势下，京东必然要出新招以紧随趋势。

【案例8】天攀网络：E3智慧社区服务平台

天攀网络研发的E3智慧社区服务平台是国内首个以社区现代服务行业聚合及服务产品整合为基础，以电子商务为基础、以O2O运营为模式，建立一个城市社区完整的虚拟服务市场平台，如图1-30所示。

E3智慧社区更倾向于物业服务、社区周边服务，且服务品类更多，实现服务的提供（物业、运营商、商家、业主）与需求（物业、运营商、商家、业主）交互、咨询、线上线下交互、服务流程、社区管理、社区商圈、第三方支付等功能，涉及行业为家政、教育、物业、购物、酒店、生活服务、餐饮、宠物、休闲娱乐、社区交友、社区通知、社区活动等众多领域，具有参与群体的多元、网络技术的多元、功能的多元、价值的多元的组合特点。

社区业主与居民通过手机、平板电脑等登录移动终端，即可足不出户享受社区周边的各种购物与服务，极大地便捷了社区业主与居民的生活，满足了社区居民日常的生活需求。如图 1-31 所示，为 E3 智慧社区的“物业管理”界面。

图 1-30　社区频道主页

E3 智慧社区以社区为中心，紧紧围绕居民的衣、食、住、行、娱、购、游等生活需求提供服务，构建了一个生态圈。业主只需指尖一点，物管费查询、物业公告、附近商家优惠、家政教育等都能马上知晓，方便、快捷、省时省力，业主还可和客服人员在线交流。

图 1-31　E3 智慧社区的“物业管理”界面

总之，E3 智慧社区是能实现所有传统物业服务的一个平台，通过这个平台，可以加强物业与业主之间的交流，让物业公司能更好地为业主提供服务。如果业主有投诉建议，通过平台就可以文字或图片轻松反映问题；如果需要在小区内做大量的问卷调查，通过平台也可以轻松搞定。

另外，对于物业公司而言，通过广泛采用智能化技术，能够提高物业服务工作的效率，降低人员编制，从而降低人力成本和综合成本，一方面可以提升物业服务质量，提高物业公告等信息覆盖率；另一方面，可以节约人力成本，还可通过商家模块，获取一定的经济效益。

笔者认为，E3 智慧社区从根本上颠覆了传统社区服务模式与流程，提升与加速了服务商的运营与营销进程。显然，随着移动互联网的进一步发展，传统服务被重新定义的趋势将越来越明显。E3 智慧社区不仅是对传统物业管理与服务模式的变革与颠覆，也是对整个物业管理与社区服务行业发展的有益探索与尝试。

TIPS：

中国经历了房地产发展的黄金十年，已经积累了海量的存量住户，用互联网思维对传统物业进行改造，可以爆发一个千亿级的新市场。

1.3.3 立足社区居民的“核心需求”

社区 O2O 必须立足社区居民的“核心需求”，为客户“量体裁衣”的系统解决方法；不能讲故事、不能粉饰概念、不能追求时髦；没有任何捷径可走、没有巧食可吃、没有浮财可捞，它必须是一项长期的、艰巨的、既伟大而又精细的系统工程。

对于竞争白热化的O2O企业，选择高频低价的行业细分业务切入市场，再延伸至低频高价的其他业务成为众多企业的选择。目前，多元平台化已经成为社区 O2O 行业的发展趋势。

【案例9】E洗车：便民洗车的智能手机应用

例如，日前拿到 A 轮 2 000 万美元融资使 E 洗车扩张起来更有底气。E 洗车创始人张晶表示，E 洗车未来将向低频高价的汽车维修、保养、改装甚至汽车保险、汽车金融等业务拓展。

E 洗车由北京微积分网络科技有限公司研发，是中国首款便民洗车的智能手机应用，E 洗车为车主和洗车店量身定做，车主可以通过手机应用快捷方便地洗车或者预约洗车。洗车店也可以通过手机应用接生意，E 洗车现已覆盖北京 200 个洗车网点，是国内人气洗车平台，如图 1-32 所示。

图 1-32　E 洗车平台

"E 洗车"APP 是一款基于 LBS 地理位置的 O2O（线上到线下）洗车应用，主要面向车主和洗车店，如图 1-33 所示。车主可以轻松查看周边洗车场，并通过应用对比各家洗车场的价格和服务。

另外，微积分公司还推出了"E 洗车商户版"APP，是专为合作商户开发的一款独立的移动应用客户端，商家可在该应用上进行提现申请、交易查询、面对面收款等操作，如图 1-34 所示。

E 洗车颠覆了传统洗车行业的服务运行模式，车主仅需划动几下手指，即可轻松享受专业上门洗车服务；它还可以自动定位车主位置并智能推荐周边洗车场，方便车主直观对比各家洗车网店的价格和服务质量，给车主带来了方便快捷的洗车体验。

图 1-33 "E 洗车"APP

图 1-34 "E 洗车商户版"APP

TIPS:

"E 洗车商户版"APP 的功能特色如下。

（1）快速提现：商户不用到银行即可直接在手机上进行提现申请操作。

（2）面对面收款：用户可通过扫描商户版专属二维码实现消费支付，同时支持第三方合作伙伴客户服务兑换。

（3）实时查询：商户可实时查询交易记录、提现记录和收支汇总。

E 洗车平台的核心优势如下。

（1）多：E 洗车的洗车师傅和合作门店数量多，提供给车主的选择也非常多。

（2）快：E 洗车全面支持微信公众号及 APP 客户端注册，车主只需动几下手指，即可轻松搞定预约、查询、支付等环节。

（3）好：E 洗车统一行业标准，设置高标准服务流程，并对所有洗车师傅和合作门店进行背景调查和面试，确保车主全程无忧。

（4）省：充值返利常态化，E 洗车以超低的价格为车主提供洗车服务。2014 年 E 洗车推出洗车补贴方案，使用 E 洗车并用微信扫码支付的车主可直接获得 50 元洗车补贴。

在社区服务中，洗车肯定是一个高频的需求。用户在洗车店倾向于用会员卡的方式，但实际上，多数用户都是用不完办卡的次数的，有时洗车的时候着急，结果又去了别的地方洗，过年还不能用会员卡洗，一年算下来用不了几次，算下来反而不划算。

微积分公司经过仔细分析考察发现，洗车是广大车主的刚需，仅北京就有至少 500 万辆车，平均每辆车一年洗 20 次（保守估计），每次洗车平均约 20 元，就是一个 20 亿元的市场。如果计算全国市场，据有关部门预测，2015 年国内洗车行业市值将突破 300 亿元，因此这是一个极具发展潜力的大市场。

张晶判断，洗车是进入汽车后服务市场的最好入口。而要成为入口起码需满足三个条件，即高频、低价和基本的标准化服务。从洗车本身的产品特性来讲，其完全具备这三个条件。

微积分团队认为：互联网时代归根结底是用户时代，只要赢得了用户，就赢得了市场；用户是很容易流失的，特别是“烧钱”买来的用户，如何留住“烧钱”买来的用户，最终要落实用户体验上。

例如，为了给车主提供更优质的服务，在车主等待洗车时还可以使用免费的无线 Wi-Fi。虽然有人批评这些细节的服务不会提高用户体验，但只要让车主感觉更舒服一点，E 洗车就认为值得做，并且未来 E 洗车还要做更多的提升用户体验的工作。

在新的融资进入之后，E 洗车的一个重点方向是增加无人值守的自助洗车机，在一些人流密集的场所设点，用户可以在微信支付后，洗车机门自动打开，洗完之后烘干，用户开走即可，完全不需要人工，如图 1-35 所示。

图 1-35　自助洗车机

与腾讯微信的战略合作再次打开移动互联网生活工具类软件新舞台，将 E 洗车推上历史新高度，作为首个接入微信的移动洗车应用，E 洗车带来的变革并不只是简单的洗车方式的改变，更多的是移动互联网 O2O 模式被大众的认可和支付。

【案例10】河狸家：从美甲服务切入的上门O2O项目

河狸家是一个从美甲服务切入的上门 O2O 项目，欲单点突破，横向挖掘女性这个特定人群的需求点，打造美业 O2O 平台。河狸家的商业模式极其简单：为美甲师提供平台，然后美甲师为顾客提供上门美甲服务。如图 1-36 所示，为“河狸家”APP。

“河狸家”APP 具有以下三大特点：

（1）实惠——门店价格的 5 折起。

（2）舒适——美甲师上门，用户在家里躺着即可做美甲。

（3）丰富——中国最大的 APP 美甲店，数百位美甲师，款型最多。

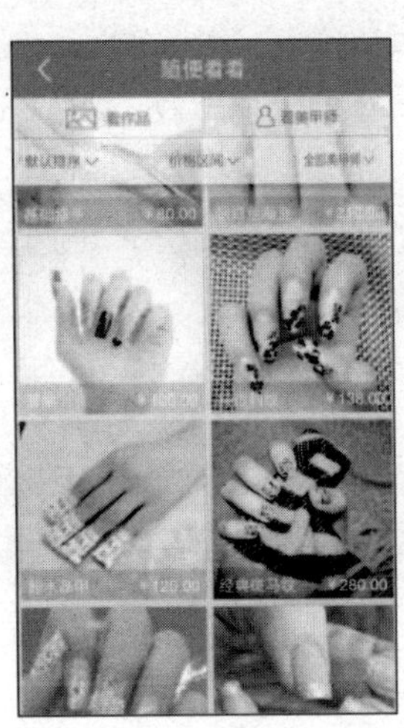

图 1-36　“河狸家”APP

河狸家的商业模式就是一个美甲业的 O2O。不同于传统的美甲店，河狸家与美甲师之间不存在雇佣关系，孟醒说“他们更像进驻我们平台的商家。”

不同于传统的美甲门面店，河狸家没有实体店面，美甲服务在用户指定地点进行，可以是用户的家中、单位附近，或者是现在推出的美甲车。免去了实体店的租金等费用，将优惠直接让渡给了美甲师和用户。

河狸家推出了两辆移动美甲车，顾客可以在车里直接美甲，如图 1-37 所示。美甲车主打可爱温馨牌，除了车身全部呈粉色外，车内还配备了舒适的沙发和靠枕；车内还装有电视，并提供进口饮料和甜点，顾客在美甲

的同时也能享受轻松时光，如图 1-38 所示。据悉，顾客仅需向美甲师支付美甲服务的费用，“出动”美甲车的费用则由河狸家负责。

图 1-37 移动美甲车

可爱的萌系设计让每个进入这辆车的人都有被宠爱的感觉，车里提供各种饮料，还提供有高端定制甜点，让用户在享受美甲的同时更享受美食。

图 1-38 车内环境

河狸家上线不到一周年，已完成了三轮融资。2015 年 2 月 18 日凌晨，河狸家创始人孟醒在个人微信公众号文章里宣布了河狸家完成 C 轮近 5 000 万美元的融资，此轮融资公司估值近 3 亿美元。

正是有了风投的资金做支持，河狸家可以有底气不向美甲师抽取佣金；同时，河狸家还为美甲师免费培训、发放补贴以及缴纳部分社保。这些措施，都可以防止美甲师转投其他的应用和平台。

如此快速地烧钱扩张规模，孟醒认为这和河狸家美业平台的定位有关。能跑多快就跑多快，先把盘子做大再说，并且做平台能“活下去”是小概率事件。孟醒说：“河狸家志在美业，以后可能会上线美容、美发、摄影等上门服务。其服务延展的思路大致是：女人相关；美丽相关；中高价位的、有较高技术含量的服务业。”他还透露，日后一些商家进驻的话，可能会与平台按一定比例分成。

目前，河狸家已吸引近千位美甲师进驻，日接单量将近 2 000 单。河狸家渐渐火起来，有赖于其明确的目标客户定位和对服务细节的重视。中国目前有数量庞大且继续蓬勃增长的中产阶级人群，他们在生活品质上追求精致，在服务上要求挑剔，但也不吝啬花钱。河狸家的用户定位也恰恰是针对这一点。

1.4　社区O2O投资前景分析

在移动互联网经济逐步成为主流的时代背景下，云计算、互联网金融、移动互联网、大健康产业、环保产业、生态农业成了主导未来趋势的六大产业，而社区 O2O 将站在移动互联网的“风口”上，成为串接六大行业趋势的重要项目。

1.4.1　云计算：引领互联网的新浪潮

云计算（cloud computing）是基于互联网的相关服务的增加、使用和交付模式，通常涉及通过互联网来提供动态易扩展且经常是虚拟化的资源，如图 1-39 所示。云计算将庞大的数据库整合进来，它基于互联网的相关服务的增加、使用和交付模式，是通过互联网来提供动态易扩展且经常是虚拟化的资源。

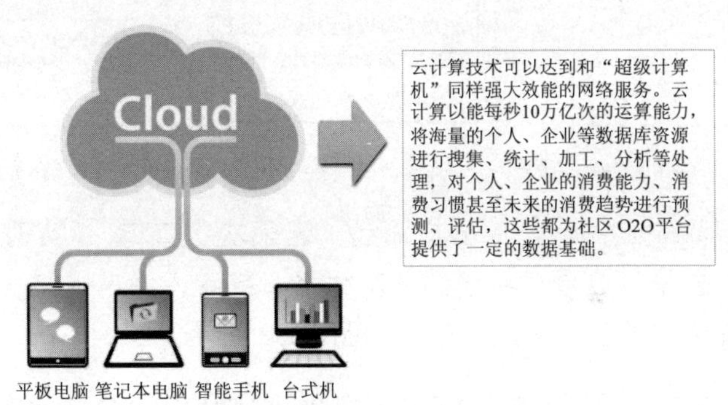

图 1-39　云计算

云计算可以对大数据进行深入分析与动态挖掘，由于数据样本足够大，将形成大量反映事物本质和原貌的规律，这些规律将“复盘式”地反作用于数据的产生过程，并为传统行业提供前所未有的深度优化与智能决策，直到形成运营方式与产品的“颠覆式”质变。

【案例11】腾讯实时公交：体现“人性交通”

例如，腾讯推出的“实时公交”就是这样的一个“云计算＋大数据”的“落地”应用，如图 1-40 所示。有了这个应用后，用户再也不用怕错过搭乘，还可以很悠闲地吃着早餐前往站台。

随时随地获知车辆实时信息，缓解等车焦虑，如图 1-41 所示。“实时公交”在深圳是与深圳市交通运输委员会在公共交通领域进行深度合作，目前实时数据处于试运营阶段，实时信息覆盖大部分路线，能够满足约 70% 的出行需求，并且正在逐步提高覆盖度。

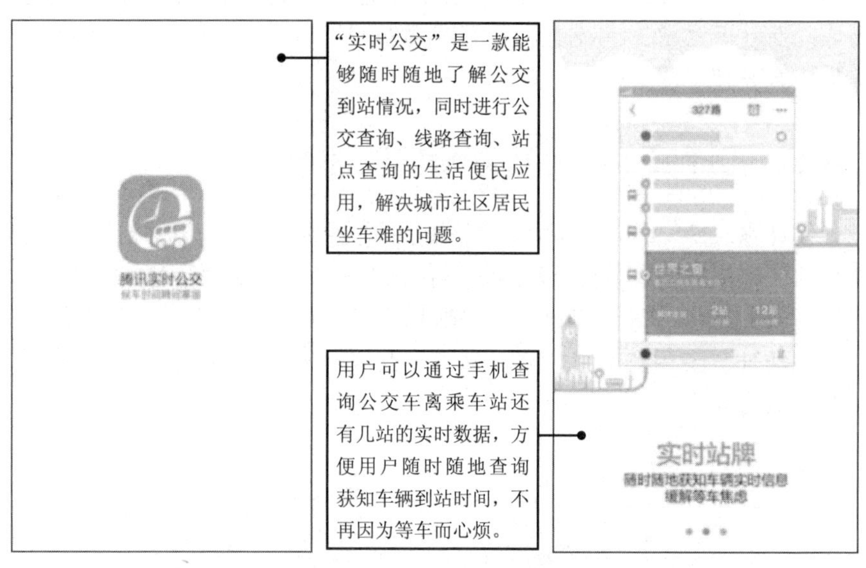

图 1-40 “实时公交”APP

图 1-41 车辆实时信息

用户可私人定制自己的公交路线，无须次次查询。“实时公交”可以根据用户位置推荐方便、经济的公交线路，或者将用户平时常用的和感兴趣的公交线路收藏在“关注”中，如图 1-42 所示。

使用“地图定位”功能，公交车和“我”在哪里，一目了然。打开“关注”界面，会显示出用户收藏的乘车线路，每条路线公交车进站的时间、距离及时显示，并能进入地图查看车站和车辆的具体位置，从而使得用户实时、快速、准确地掌握所需公交车的相关信息，如图 1-43 所示。

另外，腾讯“实时公交”增加了报错的功能，用户如果发现了线路数据错误，如票价错误、多了一个站点或少了一个站点等问题，可以从该路线详情页面的更多菜单里选择报错，借助大家的力量让公交路线更准确。

“实时公交”还可直接使用 QQ、微信登录，登录后可将关注线路同步到云服务中，也可以将自己搭乘的公交车路线分享给好友，大家见面更加方便。

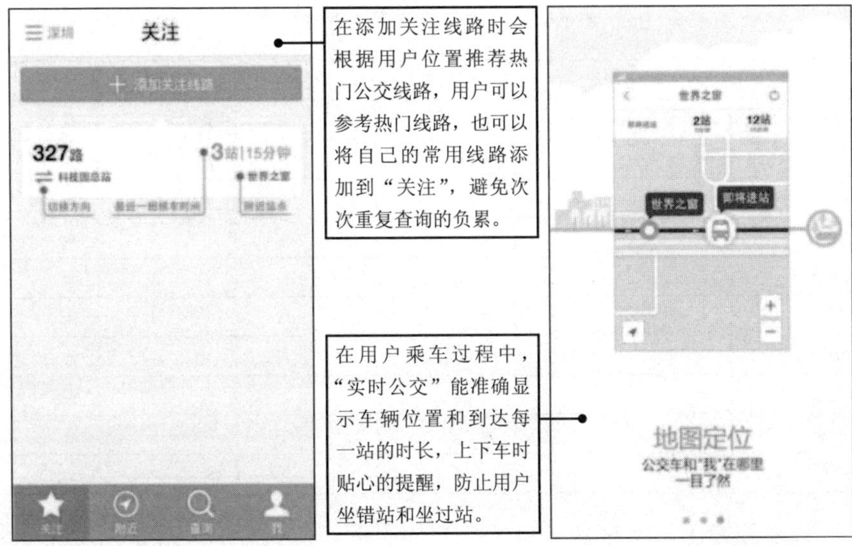

图 1-42 “关注”界面　　图 1-43　地图定位功能

从“实时公交”应用可以看出，云计算就像是一个“精准地图”，使用者和受益者可通过云计算轻松地找到精准客户，准确切入到精准客户的消费需求，甚至绑定客户未来的消费，这也正是云计算彰显其巨大威力之所在。

同时，若想在社区 O2O 中发挥其真正效力，云计算作为虚拟化资源，本身无法产生威力，这张“精准地图”必须要与实体经济，尤其是终端客户相结合，“实时公交”应用就很好地做到了这一点。

1.4.2　互联网金融：中国金融的颠覆与重建

互联网金融是指以依托于支付、云计算、社交网络以及搜索引擎等互联网工具，实现资金融通、支付和信息中介等业务的一种新兴金融。当电子商务发展到一定程度，就必然聚集大量小微企业和创业者，他们有庞大的融资需求。正是这张需求的存在与膨胀，使互联网金融应运而生，它能实现资金融通、支付和信息中介等业务。

互联网金融格局中，创业公司要与大公司一起共舞竞争，这个行业的大公司和巨头很多，可以分为互联网大公司、金融机构、A 股或传统行业公司等几类，它们之间本身存在相互竞争，但又有些许合作，在金融上面的出手力度很大。如表 1-2 所示为大公司的金融业务分布图。

表 1-2 大公司的金融业务分布图

范围	阿里巴巴	腾讯	百度	京东	平安
支付	★	★	★	★	★
贷款	★	★	★	★	★
理财	★	★	★	★	★
保险	★	★			★
证券		★			★
银行	★	★			★
征信	★	★			★
担保	★			★	★
基金	★	★			★
众筹	★			★	★

线上和线下，本来是一个 O2O 的逻辑，但细心的人可能会发现，现在如火如荼的互联网金融，很多其实也是在走 O2O 的业务和客户逻辑，其中最主要限于国内的社会信用环境和线上征信数据、约束力不足以及线下市场较为广阔，短期内仍将成为互联网金融主要的业务规模增长点的特点。

在此背景之下，创新的 O2O 理财模式成为互联网理财的发展新方向。O2O 理财是将互联网金融与线下服务无缝对接，形成线上 / 线下一体化的服务平台。最明显的例子就是 P2P 了，由于信用管理体系的缺失，借贷人信用、P2P 公司信用都无法得到保障，P2P 理财仍然存在一定的风险。

相反，如果是做线上资金和线下 B 端项目的对接，嫁接了传统金融机构的风控和信贷审核手段，那么效率反而会因为大项目审核而提高，规模也会在短期内做大。另外，O2O 互联网理财模式将正规理财产品、正规服务人员和理财客户引入综合的线上 / 线下服务体系，提供了一个可控、严格、安全的金融服务平台，代表了互联网金融行业的未来趋势。

因此，互联网金融的蓬勃发展依然需要与实体产业结合，需要更多有融资需求的个人、企业参与。换句话说，终端客户依然是互联网金融必不可少的因素。

【案例12】社区e服务：北京农商行试水社区金融O2O

思创银联是诞生在北京云基地的一家企业，主要是做金融互联网和金融传统设备。从 2013 年开始，思创银联的整个业务在向互联网业务转型，经过半年时间的打造，与北京农商银行一起合作，推出了一款专门为社区居民和周边商户量身定做的移动互联网金融产品——“社区 e 服务”，主要是为了能够打造这样的一个社区周边的线上和线下的服务，如图 1-44 所示。

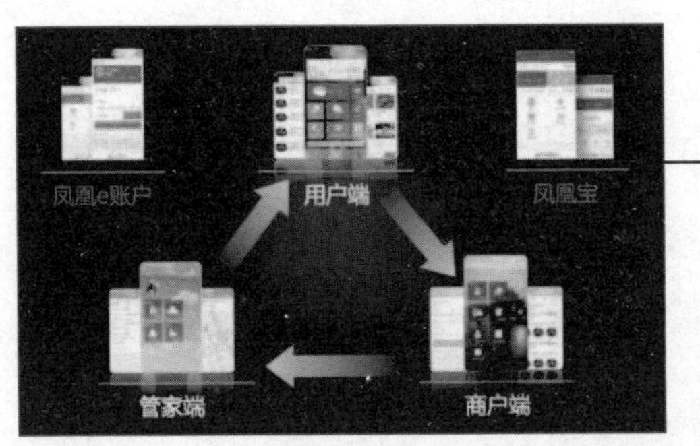

“社区 e 服务”包含用户端、商户端、管家端三个手机 APP，用户端供社区居民使用，商户端供周边商铺使用，管家端供市场推广及物流业务员使用。

图 1-44　“社区 e 服务”的组成

“社区 e 服务”是一款安装在智能手机上的金融产品，为社区周边小微商户提供免费的网上平台。小微商户可将自己的店铺直接开在移动互联网上，通过“社区 e 服务”平台展示，营销自己的商品和服务，如图 1-45 所示。

目前，“社区 e 服务”支持电子地图和手机定位，可为客户筛选社区周边 2 公里内实体商铺的产品服务。

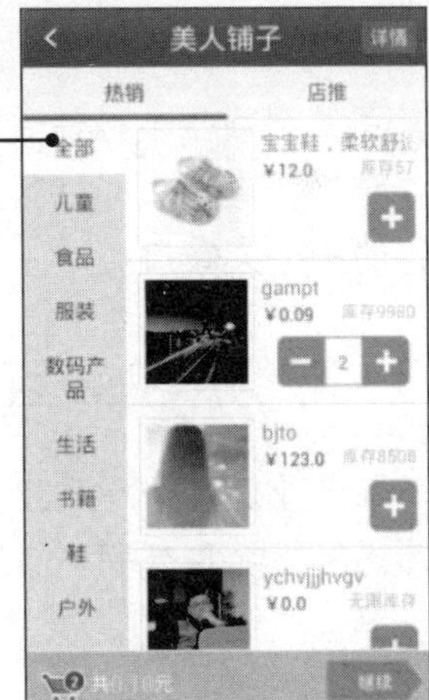

图 1-45　“社区 e 服务”商户平台

使用“社区 e 服务”需要首先开通北京农商银行的“凤凰 e 账户”，该账户支持现场自主注册、在线充值、在线支付，免除了用户往返银行营业网点的麻烦，实现了无时间、无地域限制的便捷开通，还可为用户提供

线上支付、账户查询、余额理财、缴费充值、定期存款等多种增值金融服务，如图 1-46 所示。

图 1-46 “凤凰 e 账户”金融平台

社区电商 O2O 模式的价值相当于当年的阿里巴巴，可以说是中国互联网金融的又一新起点。在互联网大潮冲击下，城市商业银行面临的机遇与挑战并存，用互联网金融手段抵御互联网金融冲击，是中小型银行目前最好的选择。

真正的互联网金融最终比拼的仍是金融业务创新能力，从这个角度来说，传统银行通过布局社区 O2O 来提升用户的增值体验，或许是目前中小银行的一个突破口。

1.4.3 环保产业：互联网与环保产业日渐亲密

环保产业是一个跨产业、跨领域、跨地域，与其他经济部门相互交叉、相互渗透的综合性新兴产业。因此，有专家提出应列为继“知识产业”之后的“第五产业”。

党的“十五大”以来，国家加强了对城镇污水、垃圾和危险废弃物集中处置等环境保护基础设施的建设投资，拉动环保产业的市场需求。据悉，我国环保产业投资未来 5～10 年每年增长 10% 以上。其中，环保服务和环保产品在工业领域用于前端治理的发展空间会最为广阔，国内环保工程服务市场也面临较好的发展机遇。

根据《"十二五"节能环保产业发展规划》预测，到 2015 年，我国节能环保产业总产值将达到 4.5 万亿元，环保服务业产值超过 5 000 亿元，形成 50 个左右年产值在 10 亿元以上的环保服务公司，产值年均增长率达到 40%，服务业在环保产业中的占比达到 30%，这也表明我国的环境服务业发展更具潜力。

【案例13】中能泰可：国内首个环保产业O2O平台

O2O 电子商务的浪潮开始席卷环保产业，2015 年 1 月，国内首个环保产业 O2O 平台——中能泰可正式落户苏州吴中出口加工区，将倾力打造集环保产业的 O2O 全球展示交易、环保会展服务、环保技术交流、环保综合服务、电子商务运营、人才培训、仓储物流、金融服务及其他配套服务于一体的大型一站式环保产业 O2O 平台，如图 1-47 所示。

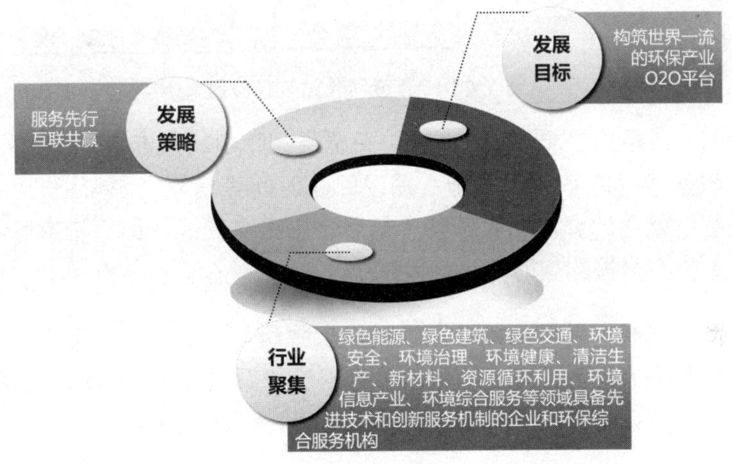

图 1-47 中能泰可环保产业 O2O 平台的整体规划

据悉，有来自全国近 50 家环保企业达成了初步意向，预计到 2015 年 7 月份，入驻的环保企业将达到 2 000 家左右，并于 2015 年 7 月正式开园。我国的环保产业和环保产品门类众多，单打独斗往往难以满足服务需求，这一平台给众多环保企业以"抱团取暖"的机会，让消费者能够进一步得到个性化的服务和需求。

【案例14】"百度回收站"：大数据解决环保问题

2014 年 8 月 18 日，联合国百度大数据联合实验室在北京成立，利用

百度强大的技术创新实力，助力联合国解决环保、健康等人类发展问题。实验室同步发布了第一个环保解决方案——“百度回收站”轻应用，旨在搭建消费者处理电子垃圾的一站式平台，如图 1-48 所示。

“百度回收站”是电子废弃物处理的线上解决方案，目前电器回收范围覆盖了电风扇和国家补贴的 5 类电器——电脑、电冰箱、电视、洗衣机和空调。与百度对接的 TCL 奥博环保发展有限公司为电子废弃物处理提供线下解决方案，负责电子废弃物的物流和拆解。

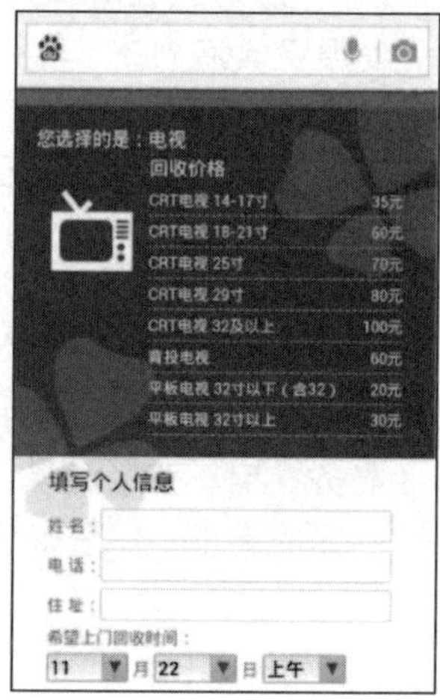

图 1-48 “百度回收站”轻应用

例如，如果用户想要回收电脑，只需要用手机将废弃的电脑拍照上传，输入电脑型号、联系人、地址、期望回收时间等信息，单击下一步，“百度回收站”就自动弹出回收价格，最后单击提交完成，即可在家等着回收电脑的工作人员按约定时间上门取货了。

环境保护部对百度回收站表示了极大的认可和支持。环境保护部宣教中心主任贾峰表示：这是百度利用大数据优势解决环境问题的一项创新之举，为电子垃圾回收这一环保问题提供了新的解决思路。

在这场互联网浪潮中，互联网思维带来的新技术被广泛地应用于技术创新和企业管理，深刻地改变着各种传统行业，同时也正以排山倒海之势“颠覆”着环保产业。信息时代的互联网极大地冲击着传统产业，环保产业自然无法避免。只有踏上互联网快车道，环保才能依托巨大的优势推动行业的极大发展。

1.4.4 大健康产业：O2O是最具潜力的投资渠道

健康产业的趋势，也与社会发展、人们生活水平的普遍提高，以及人类生活方式的改变、健康产品的总需求急剧增加有关。“大健康”是根据时代发展、社会需求与疾病谱的改变，提出的一种全局的理念。它围绕着人的衣食住行以及人的生老病死，关注各类影响健康的危险因素和误区，提倡自我健康管理，是在对生命全过程全面呵护的理念指导下提出来的。

中国科学技术战略研究研究预测，至 2020 年，我国生物医药产业将形成约 8 万亿元的支柱产业。按此估计，2020 年整个“大健康”产业市场将突破 10 万亿元。在医疗支出方面，我国医疗人均支出为 139 美元，日本是中国的 22 倍、英国是中国的 30 倍。由此可见，中国的“大健康”产业拥有巨大的市场。

【案例15】蒙恩齿科：手机微医疗平台

例如，蒙恩齿科的微医疗平台可以帮助医院发布医院简介、海报、分院等医院资料，如图 1-49 所示。医院开发了微信预约挂号系统，不只是简单地选择科室、医生挂号，还能看到每个医生的详细资料、照片、开诊时间，挂号订单处理、预约挂号资料配置，让挂号系统更加人性化、完善化，将医生详细的资料展示给患者，让患者挂号更加清晰明了，如图 1-50 所示。

图 1-49　蒙恩齿科的微医疗平台　　　　图 1-50　微信挂号

通常大医院都会有分院，蒙恩齿科也在微医疗平台中添加了“微门店”功能，让患者知道还有其他地方的分院可以看病，如图 1-51 所示。用户可通过微医疗平台实现在线挂号、内容设置、预约查询、预约统计的一整套服务体系，能够有效解决患者挂号难、排队累、就医不方便等一系列难题。

> **TIPS:**
> “大健康”是整个医药行业的追求，医药行业可以尝试社区 O2O 模式，将医院与移动互联网结合起来，让互联网成为药店的前台。社区消费者可以通过手机直接购买、成交、结算，还可以通过药店实行就近配送等模式。

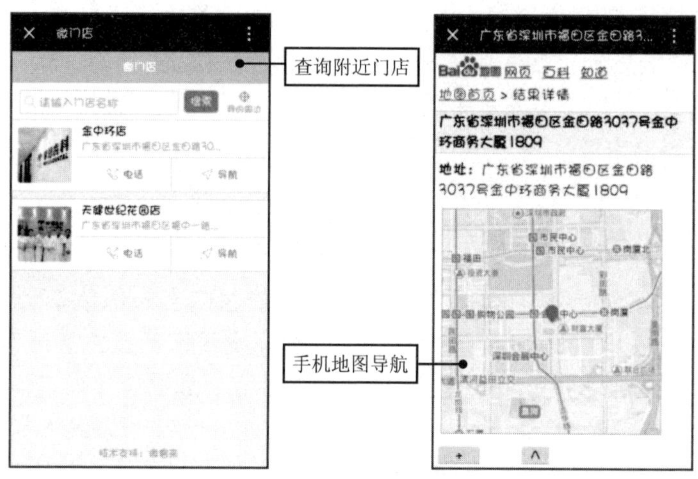

图 1-51　微门店导航

1.4.5　生态农业：与O2O电商实现无缝对接

生态农业简称 ECO（Eco—agriculture 的缩写），是按照生态学原理和经济学原理，运用现代科学技术成果和现代管理手段，以及传统农业的有效经验建立起来的，能获得较高的经济效益、生态效益和社会效益的现代化高效农业。

未来，随着人们生活水平的提高，越来越高的生活理念和生活追求就会催生生态农业的市场，人们越来越愿意为健康的生活理念付出相应的成本。

互联网思维是当下最热门的话题，而 2014 年又一致被认为是传统行业的变革元年。农业作为最传统的行业几乎未变，又应该怎样拥抱互联网呢？笔者认为，将 O2O 商业模式引入生态农业中是一个最快的途径。

【案例16】食品溯源：“二维码身份证”

俗话说：“民以食为天，食以安为先。”在生态农业中，食品安全关系到经济建设和社会稳定，关系到人民的健康和幸福，关系到国家的稳定和强盛。当前我国的食品安全形势严峻，如何建立健全食品安全监管体系和长效机制，确保食品安全监管的常规性和长效性，是亟须探讨和解决的问题。

解决这个问题的根本是要从源头监管食品生产，而二维码就可以有效进行产品的防伪溯源。

例如，在武汉某超市的蔬菜销售区，人们可以看到有些称重包装好的蔬菜，价签上除了有单价、总量、总价等信息，还有一块黑色的小方块，这便是蔬菜的"二维码身份证"，如图 1-52 所示。

图 1-52　包装好的蔬菜带有二维码标签

消费者只需用智能手机扫描蔬菜上的二维码，即可获取包括品种、产地、种植日期、管理人员及施肥情况等相关信息，如图 1-53 所示，甚至还可以进一步查看实景图片和视频。

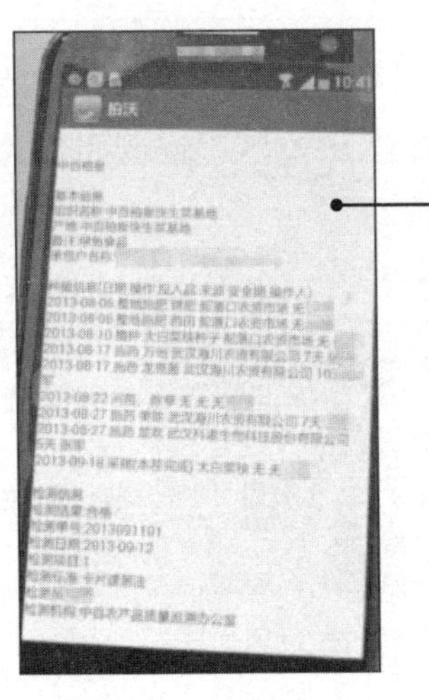

除新兴传媒、电商等行业外，二维码在农产品的追溯应用上，可谓"还原生产全过程"。只要消费者扫描二维码，就能看到产品的生产源头，从养殖、采收、包装入库，再到销售，都可无缝串联。当超市的每一棵蔬菜都打上二维码后，就如同是贴上了"身份证"，追查食品安全问题将变得越来越容易。

图 1-53　产品的生产信息

【案例17】宝苞网：绿色生活O2O电子商务平台

作为中国互联网——新农业的创业者，广东荣晖农业股份有限公司切实感受到互联网极速发展的时代背景下，农业创业的乐趣和机遇，创造性地把 O2O 商业模式引入到生态农业当中，由此诞生出一个新奇又富有想象力的创意生态农业项目——宝苞，其核心要素如图 1-54 所示。

图 1-54　宝苞 O2O 核心要素

宝苞网充分考虑线上推广和线下服务特点，特此构建了一个充满自然气息和人文特色的大型网络社交平台，由网页版“宝苞 .com”（见图 1-55）和同名 APP 组成，两者间实现数据互通，并可以与 QQ、微博、微信等各大社交平台实现互通，具备大范围覆盖面和全方位服务功能。

图 1-55　网页版“宝苞 .com”

另外一款产品“耕地宝”，如图 1-56 所示，即宝苞私人定制农场，以私人定制方式，以一分地（66 平方米）为单位长期租用农地。用户可以完全按照个人意愿耕作，采用对环境无害的方式生产，收获归农场主人所有。

图 1-56　宝苞网推出的“耕地宝”产品

通过宝苞网的 O2O 战略（见图 1-57），用户能在线上认识更多志同道合的朋友，线下相约见面共游宝苞农场，彼此间相互认可，相互信任，感情不断增进，同时对于企业的好感和评价也不断上升。

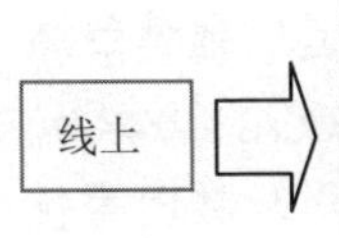

操作方式：宝苞社区网站将城市中来自不同领域的、具有共同爱好的人聚集一起，形成一个大型在线生态文化社交平台，为用户综合提供了商品购买、虚拟农场、体验预约、社区互动、田间作物管理等线上体验服务。
战略意义：这种开放、自由、包容又低成本的在线互动方式，将会成为中国生态农业未来发展的重要手段。

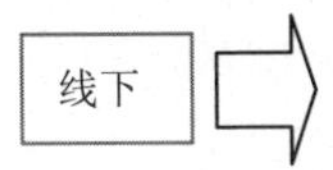

操作方式：宝苞为消费者提供如无公害蔬果、手工屠宰土猪等高优品质产品，或直接将消费者带到现实的农场当中，为他们开辟专属的私家菜园，自留地内消费者可自行选种育苗，耕田施肥，亲身感受当“城市农夫”的田园乐趣。
战略意义：形成良好的用户体验，建立健康绿色、自然阳光的企业形象。

图 1-57　宝苞网的 O2O 战略

最后，在线上环节，宝苞农场主要通过官方网站和微信小店（见图 1-58）来运营销售，与线下体验式生态旅游相结合，走出了一条 O2O 农产品电商的道路。

宝苞运营团队表示，宝苞把生态农场、品牌供应商、电商、物流和旅游等各大类别资源无缝对接，以示范性生态农业基地为起点，提供从田头到餐桌，从温室到办公桌一站式用户互动体验。

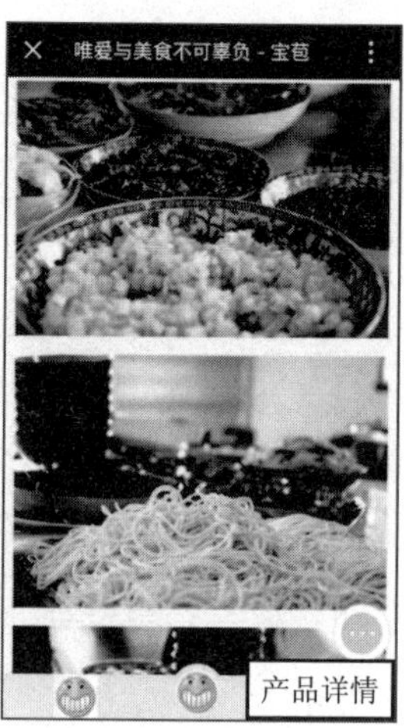

图 1-58 宝苞微信小店

TIPS:

对于企业来说，微信平台是利用社交媒体的传播，推广企业产品和品牌形象的最佳途径。另外，微信朋友圈能够实现社交媒体与客户的在线互动，有效吸引消费者眼球，最大限度地挖掘目标和潜在消费者。

笔者认为，"O2O 农业"这一新兴商业模式的主要作用是增强消费体验，促进销售，但最根本的是，产品本身才是塑造企业品牌最核心的竞争力。农产企业在保证产品高优品质的前提下，更应充分利用互联网及其自身优势，向产品多样化、服务人性化和宣传一体化方向发展。

消费者在使用产品的过程中会对产品质量产生最直接的直观体验，从而影响二次购买，甚至是多次购买行为。该影响在网络飞速发展的时代更会以用户为中心，呈病毒式传播的形态以几何级数的速度扩散开去。

1.4.6 移动互联网：整合资源，创新模式

移动互联网的巨大优势就在于，它整合了国内广大终端客户的资源。随着人们对移动数据业务的需求增加和移动智能设备的普及，移动端的互联网网民会继续保持较快增长，互联网将从 PC 端渐渐转入到移动端，移动互联网发展进入全民时代。

社区 O2O 将站在移动互联网的风口上，成为串接云计算、互联网金融、移动互联网、大健康产业、环保产业、生态农业六大行业趋势的重要项目，

其内在联系如图 1-59 所示。

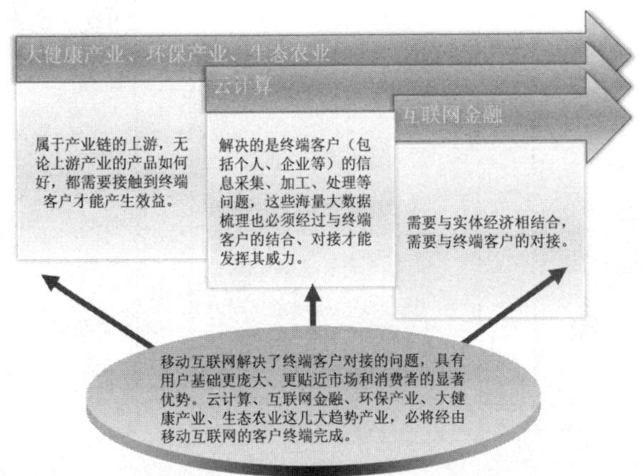

图 1-59　六大行业趋势的内在联系

移动互联网从诞生到现在区区几年，但已经极大地改变了中国网民的消费习惯。在 2014 年国家广告研究院召开新闻发布会发布的《2014 年中美移动互联网调查报告》中，两国用户在移动终端上的广告互动频率都超过半数，呈现较高频率，如图 1-60 所示。

图 1-60　移动终端上的广告互动频率

在移动互联网的趋势下，社区 O2O 广受欢迎。而基于移动电子商务和线上线下（O2O）结合的商业模式会持久发力，有望成为新的经济引爆点。

全国各地每个城市都有不少社区，或者说是城市小区，市场需求和前景都非常乐观，不过前提是把小区周边的实体店放到手机上。例如：开发一个关于餐馆的手机应用，通过这样的应用社区居民可以快速找到餐馆的地址，并且在应用上展示实体店的各类美食，如图 1-61 所示。与在微信上开店铺是一样的，这样可以便于社区居民随时随地查看店铺和商品信息，或者可以直接在微信店铺上付款购买。

附近餐馆

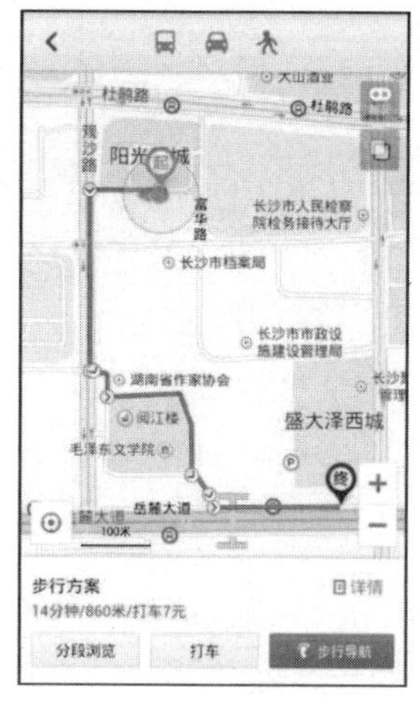

具体路线

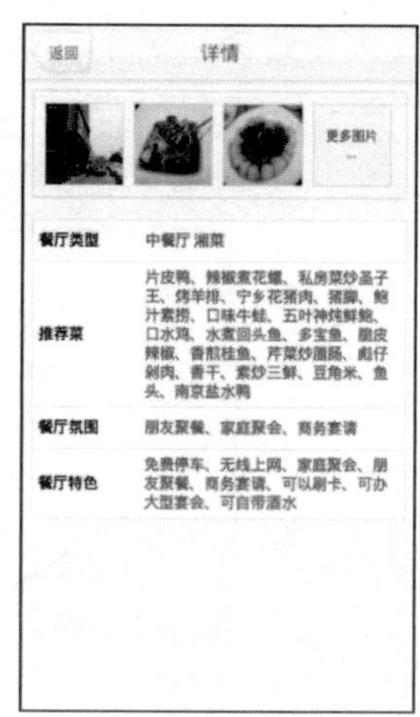

餐厅详情

图 1-61 通过手机寻找附近餐馆

社区 O2O 的最大优势就是社区内用户的强大黏性，而且社区居民相对固定，更容易进行线下的互动。饮食、服装、生活用品等，社区内的居民都需要这些基本的日常商品，现在欠缺的就是这样的一个社区O2O平台，把各个行业的商家连接起来，为社区居民提供更多的消费服务。

同时，社区 O2O 平台也将成为串接未来六大行业趋势的桥梁。届时，无论什么产业，其产品、服务都可以在社区 O2O 平台上进行推广；另外，社区 O2O 可以通过线下的社区活动、物流配送、线下体验等方式将社区居民的各类消费渠道长期锁定，更有利于云计算、互联网金融的数据采集，以及大健康产业、环保产业和生态农业的下游整合。

第2章

社区O2O带来的独特式生活

从BAT大佬到创业者，从传统相关行业到互联网各方相关势力，都在社区O2O抢滩。但本地O2O不像打车软件，而是很脏很累的活，更不能一蹴而就，每个社区的资源整合和后期掌控都是一步步跑出来的。所以，这才有本地创业者和传统行业等玩家的机会，多方力量一起改变社区生活方式。

2.1 干货：社区O2O如何“冷启动”

“冷启动”是指企业初期在没有融资、商家甚至用户的情况下如何快速切入市场。这也是所有社区 O2O 创业者获得融资之前不可避免的问题，本节将抛砖引玉，探讨一下社区 O2O“冷启动”的几条切入路径。

2.1.1 互联网思维，传统企业转型O2O的关键

2015 年，“互联网＋”正式出现在政府工作报告中。其中写道：推动移动互联网、云计算、大数据、物联网等现代制造业相结合，促进电子商务、工业互联网和互联网金融健康发展。图 2-1 所示为中国互联网概况。

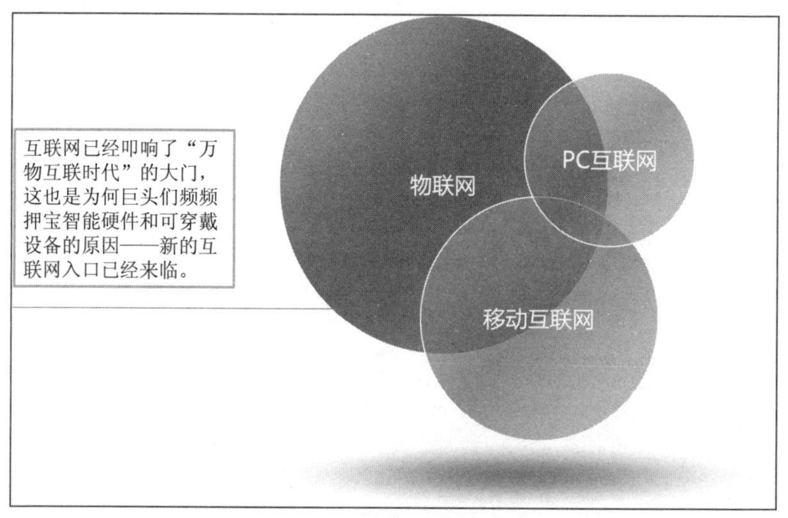

图 2-1　中国互联网概况

如今传统行业可谓是黔驴技穷，纷纷转向互联网操作模式，互联网正在不断与越来越多的传统行业融合，如图 2-2 所示。当不少企业对 B2B、B2C、C2C 等模式还没有完全进入状态时，O2O 模式又悄然而至，并将对企业运营产生全新而广泛的影响。O2O 的核心是线上线下互动融合，注重用户体验。缺失线下体验的 O2O 是不完整的，甚至导致整个模式失效。

与传统互联网相比，移动互联网在 O2O 领域有着很多先天的优势。生活中对移动互联的依赖越来越多，移动互联无疑是未来市场上的最大蛋糕，而 O2O 无疑也成为众多传统行业转型的福音，如图 2-3 所示。

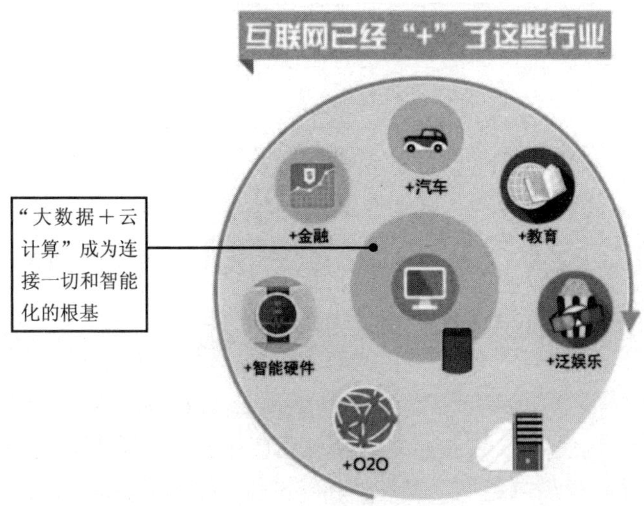

图 2-2　传统行业与互联网的融合

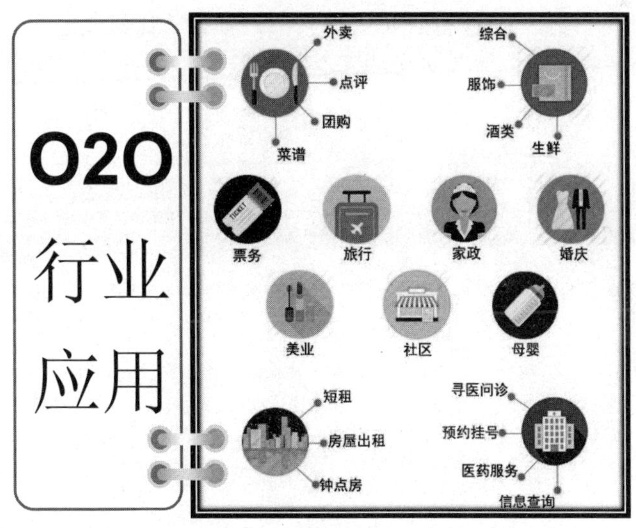

图 2-3　O2O 成为所有传统线下行业的福音

需要注意的是，O2O 自身也是互联网其中的一个环节，所以对于 O2O 转型也不要拘泥于所谓闭环，要结合企业自身的情况进行判断和选择。

在笔者看来，O2O 最为关键之处在于，销售的产品是否拥有一个清晰、被认可的标准和规范。其实，传统行业走向互联网最大的困难就在于企业家思维的转变，这直接会影响企业对线上业务的支持力度，隐藏在背后至关重要的因素其实就是消费者线上需求有没有想象中的那么大。

除了房产和汽车等传统商品，其他的产品哪些适合做 O2O 呢？笔者认为，娱乐休闲、餐厅美食、加油站、美容美发、健身房、生活服务等领域都可以做 O2O。

可想而知，O2O 模式的诞生会促进很多新兴的互联网公司专门提供这样的服务，尤其是团购类的网站，或者是本地的信息生活类平台。对于一些传统的行业来说，和这样的互联网平台合作无疑是最好的选择。

2.1.2 C2B：有用户参与的产品更有市场

C2B（即消费者对企业，英文全称 Customers to Business）反向定制模式大家并不陌生，这是用户需求驱动的产品生产模式。百度百科对其的解释是，消费者根据自身需求定制产品和价格，或主动参与产品设计、生产和定价，产品、价格等彰显消费者的个性化需求，生产企业进行定制化生产。

C2B 的确是一种创新的商业模式，但其操作比较复杂。在 C2B 模式的运营过程中，用户需要掌握如图 2-4 所示的关键点。

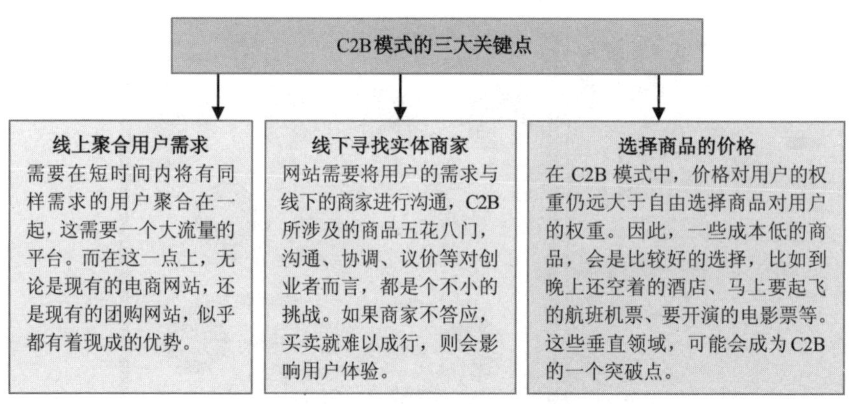

图 2-4　C2B 模式的三大关键点

国外最早的 C2B 模式网站是 buy withme.com，它的反向团购方式不是从零开始的，它是在已有的团购上邀请消费者一起参与，如果邀请成功则可以跟商家拿到一个更低档次的团购，并不用消费者直接发起团购，或许国外这种独特的反向团购模式也可以给中国的先行者们带来新的发展思路。

【案例1】聚想要：C2B＋O2O电商模式的产品

聚想要是乐贴网旗下基于用户消费需求搭建的 C2B 平台，是新型

O2O 方向的电子商务模式，致力于颠覆千万用户传统消费习惯，促进更加透明化简单化的反向消费模式平台，如图 2-5 所示。

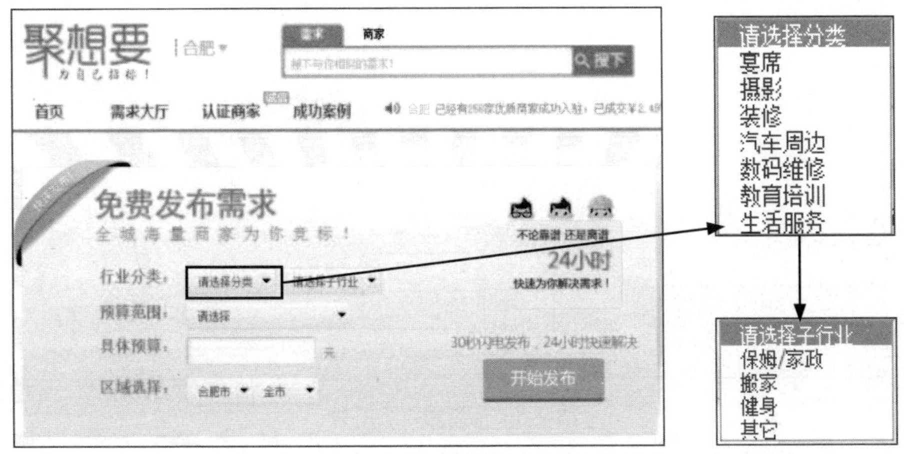

图 2-5　聚想要线上平台

聚想要的操作过程为：用户发布需求→商家竞标、报价→用户选择“意向中”商家→用户与商家沟通→用户确认中标商家→用户线下交易并付款→完成交易。相比传统电商网站，用户可以在聚想要中获得更优惠的价格，而相比其他电商网站，用户则可以自主选择想要购买的商品。

笔者认为，聚想要是一种先收集需求再生产的 C2B 预售模式。这时企业实现收集的不是用户的个性化需求，企业只关心用户有没有这样的需求，有就先下单交钱。这样做的目的既可以提前一步得到货款，又可以最大化降低库存，甚至还可以通过控制预售规模做饥饿营销。当然，团购其实也是这样的模式，先组织大规模订单，商家为此进行备货、生产或者服务准备。

【案例2】卡当网：让生活因定制更多彩

卡当网成立于 2006 年，秉承“让生活因定制更多彩”的理念，致力于打造全球最大的 C2B 平台，如图 2-6 所示。卡当网在个性礼品定制行业处于第一品牌的优势地位，并保持销售额增长率连续数年高达 300% 的纪录。卡当网的产品线囊括了时尚饰品、珠宝手表、鞋包配饰、杯子餐具、家居饰品、时尚文具、印刷品、T 恤、照片冲印等数十个大类超千款单品，全网商品支持一件起订，80% 的定制产品实现 24 小时发货。

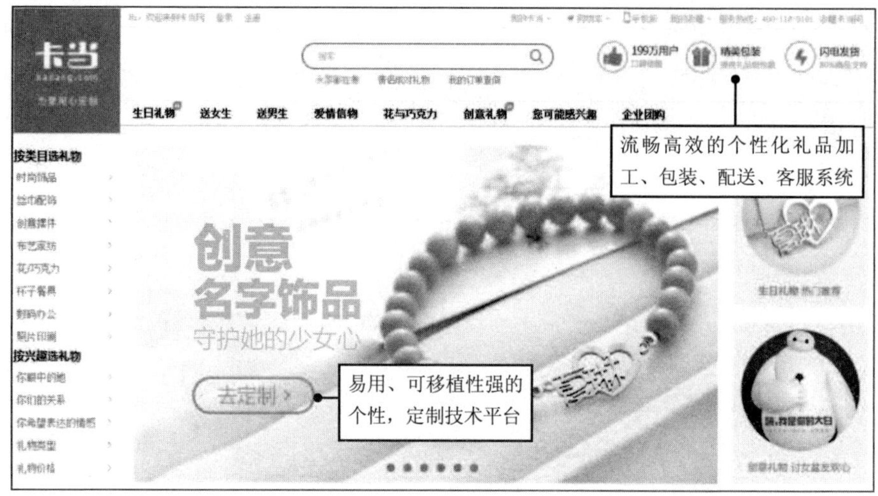

图 2-6 卡当网线上平台

卡当网的个性定制平台提供了初级互联网用户都会使用的“DIY 工具箱”，实现了真正的所见即所得，其开放性和模块性又让其拥有了强大的可移植性，能在 24 小时内为合作伙伴搭建个性定制服务。

TIPS:

这些定制均是以满足用户的个性化需求为首要目标，而个性化与规模化之间往往是矛盾的。同时，会增加成本。如果厂商需要为每个人制作一个特定的产品，必然带来生产成本的大幅提升，一些浅层的定制例如名称雕刻，由于有成熟的技术尚能应付，但一些复杂的定制就只能在单品利润很高行业才能实现，如家居行业。

卡当网有自己的生产车间和品控团队，所有产品均经严格品质控制，绝大多数产品由自己生产；卡当网拥有稳定可靠的物流服务，并承诺客户在订单确认后 5 个工作日内收到货物；另外，卡当网建立了行业内专业的客服，每位客服代表都经过客户服务礼仪、产品知识等专业培训。

笔者认为，卡当网是典型的“C2B 模块化定制”模式，即可通过成熟的模块组合快速形成个性化的方案，而这些个性化方案可以满足一个群体的需求，基于此实现了一定的规模化。此前，已经有一些电商卖家在天猫进行这样的尝试，用户下单时可以选择一些组合，厂家据此进行生产。这样的 C2B 定制，用户能够按照自己的意思定制的并不多，厂家的想法也是在短时间内收集一定数量的某类需求快速进行生产满足，这对供应链要求较高。

2.1.3　小而美，提高产品核心竞争力

“小而美”的中心观念，起源于马云先生在 2009 年 APEC 峰会上《未来世界，因小而美》的演讲，在近年来的研究实践中不断充实，逐步完善，如图 2-7 所示。正是由于电子商务从技术和商务层面带来的变革，我们在社会宏观和组织战略层面上都出现了重新构造。“小而美”论其本质，是某种意义上的生态多样化和可持续发展。

图 2-7 “小而美”的中心观念

在诸多行业的 O2O 创业中，存在不少误区，首当其冲的一点就是“简单的堆积资源”。一般情况，O2O 离不开链接商户和用户的 APP，但不少 O2O 项目只是开发一个 APP，通过线上导流量的方式为线下商户增加用户。

这种做法显然是错误的，O2O 考量的是创业者对实业的理解，其重点应该还是在线下，没有对线下业务的理解，创业者无法把控服务的质量，这对企业发展非常不利。O2O 本质上还是需要做好线下服务，仅仅通过为线下导流量的方式，是不可持续的。因此，O2O 创业企业不要做大平台，而是要做小众市场。将小众市场串联起来特别符合互联网的本质。

在以前，一个小众市场无法养活一个企业，但现在，通过移动互联网将各地的小众市场聚合成一个大市场被证明是可行的。创业者不做大平台，能够避开 BAT 的竞争，所以，O2O 创业者要做“小而美的市场”。

【案例3】叫个鸭子：满足你对鸭子的一切幻想

2014 年 3 月，曲博跟他的小伙伴开始筹备“叫个鸭子”，5 月开始试运行，如图 2-8 所示。7 月，“叫个鸭子”估值 5 000 万元，7 月底完成了 600 万元的天使轮融资。上线不到半年，微信“叫个鸭子”个人号粉丝就超过 5 000 人，回单率达 60%，日订单量过百，按“单飞套 145 元、双飞套 288 元”的

价格计算，单日流水约两万元。

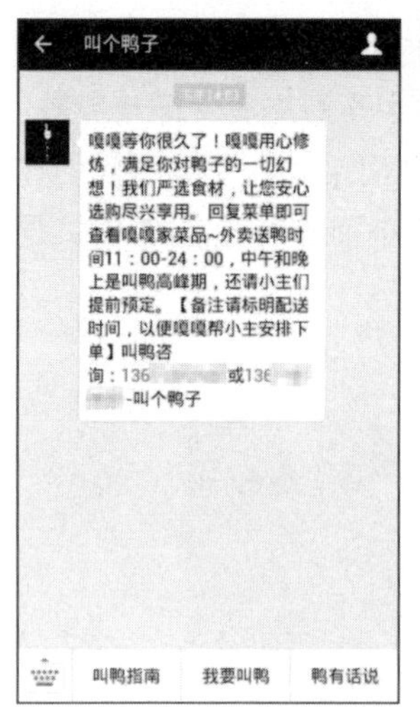

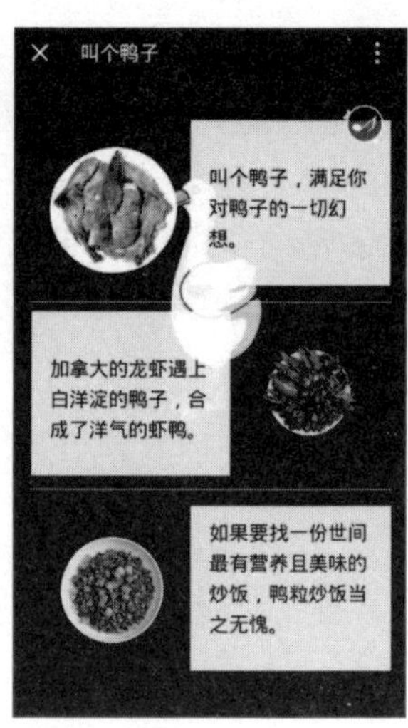

图 2-8 “叫个鸭子”微信公众平台

“叫个鸭子”由数名从事互联网及媒体行业，热爱传统美食的 85 后、90 后发起创建，主要以自制秘方烹制的鸭子为主打产品，亦囊括鸭子周边的美食，目前仅覆盖北京。该品牌的特色产品是秘制鸭子，口感特色香而不腻，它并非传统烤鸭的做法及吃法，而是取材河北白洋淀无催化的生态鸭，无须复杂的卷饼蘸酱，通过秘制腌制高温加热而成。

曲博表示：“用互联网思维去做传统产业在未来是一个趋势，所以想借着这个机会做些事情。选择鸭子，我是北京人，北京烤鸭在国际上也是一个很有名的产品，它是一个很好的背书，而且它也有话题性。我们也考虑过串儿啊什么的，但是它送上门也不好吃，解决串和解决鸭子送上门好吃是一样的问题，我们就选择了做鸭子。”“叫个鸭子”的名字很有自传播性，在很大程度上利用人们的潜意识想象进行炒作，这种制造话题式的营销宣传手段和独特的产品定位也是餐饮 O2O 界一大新视角。

从“叫个鸭子”的案例可以看出，通过 O2O，“小而美”的品牌可以跳出价格战的泥潭，获得良性的发展。并且，随着对用户需求、性格和喜好等信息的深入了解，发展 C2B 也是水到渠成的事情。这些，通过纯粹的线下店铺，或者只是电商都是难以做到的，只有通过 O2O 才可以做得比较完美。

TIPS:

曲博于 2003 年 9 月成立了孙燕姿北京歌迷俱乐部，在不到半年的时间里，“燕姿北京”成为中国内地最具影响力的姿迷网站，那一年，他只有 18 岁。2004 年初，曲博加入百度，任百度贴吧的第一届管理员，贴吧产品助理，贴吧在线管理主管，有着非常丰富的社区运营经验，其使用的 id:“du 熊”创造了贴吧神级管理员称号，获得用户好评及追捧。因其想不断地挑战自我及尝试新领域的东西，后转战百度大市场体系，全面负责百度大事件及节日营销，百度核心用户体系搭建，专注于互联网品牌、产品传播创新。曲博的思维敏捷，富有很强的洞察力，紧抓市场机遇，为百度产品、品牌方面做出了重要贡献，其为百度策划的节日及事件营销案例多次获得国内外大奖。“叫个鸭子”就是曲博用互联网思维做新“小而美的鸭子市场”的典型案例。

2.2　社区O2O行业的两大模式

如果说电子商务颠覆了人们的购物习惯，微信颠覆了大众传播的轨迹，互联网盒子颠覆了人们的客厅。那么下一个被互联网颠覆的将是什么？答案只能是拥有近万亿市场的社区服务行业，也就是所谓的社区 O2O。按本地服务的介入程度，社区 O2O 可以分为垂直社区 O2O 平台和社区 O2O 综合服务平台两类。

2.2.1　垂直社区O2O平台

由于线下服务业的标准化及规范化程度低、从业人员 IT 水平低、业务定位随时间和市场改变等因素，导致了垂直社区 O2O 平台的出现。垂直社区 O2O 平台提供的服务介入程度较深，例如安居客、美餐、神州租车、到家美食会等。

垂直社区 O2O 平台的优势包括对服务体验有较强的控制和保障，在商家合作中有较强议价能力，很快收到佣金，能提供个性化服务，而且不易被复制。垂直社区 O2O 平台面临的挑战主要包括实体资产比重大、规模化难度大、推广有较大限制、团队构建难度高。

【案例4】神州租车：O2O模式助业绩高增长

例如，2013 年 12 月，一直坚持只开直营租车分店的神州租车启动全新区域扩张战略——“百城千店”加盟计划，宣布在 66 大直营城市之外，将通过加盟的方式覆盖三四线城市，核心是地级市和全国百强县，准备在2014年3月1日前发展400～500家加盟店，并利用这个网络来做成一个覆盖全国的二手车买卖O2O平台。

一开始，神州租车采用直营店的模式，很难覆盖所有的城市，管理难度比较大。因此，神州租车随后发布了云战略，即以“云概念”和“云计算”为基础，通过规模化采购车辆和铺设密集的服务网点，建立丰富的资源池，利用高科技手段充分共享车辆资源，从而精准地向客户提供“随时随地、应有尽有、按需付费、简单便捷”的用车体验，如图2-9所示。

图2-9　神州租车线上平台

移动互联网快速发展的今天，神州租车正通过互联网信息技术平台打造中国最大和最高效的O2O平台，也在改变租车这个传统行业，如图2-10所示。神州租车移动端的客户预订比例快速增长，手机预订的订单比例从2013年第一季度的6.4%迅速增长到2014年第一季度的24.4%。

图2-10　“神州租车”APP

从线下看，神州租车已是中国最大的租车公司。2015 年 3 月 12 日，神州租车发布了其上市后的首份年报。年报数据显示，2014 年神州租车营收达 35.2 亿元，同比增长 30%；毛利润 12.4 亿元，同比大增 97%；短租的平均日租金从 2013 年的 246 元增至 272 元，单车日均收入从 2013 年的 142 元增至 170 元。

在笔者看来，租车行业是重资产，是一种基础的生活服务行业，其最核心特质应该是"本地化"。本地服务的便捷性，是租车服务中不逊于价格的另外一种核心体验。重视线下，立足本地化，提高地理渗透率，将服务推到客户身边，是租车 O2O 公司目前突破价格战困局的唯一选择。

笔者认为，在短时间内，或者说较长一段时间内，互联网巨头们基本上无暇顾及一些小城市，他们基本上都把火力集中在"北上广深"等一线城市，所以二、三线城市的垂直型 O2O 服务对创业者来说会有一定的空白期，若能利用这个机会发展起来，即使日后互联网巨头们的"手"伸到了二、三线城市，本地的创业团队也是有实力与其抗衡的。

2.2.2　社区O2O综合服务平台

互联网的本质是带给人们更加便利及快捷的服务，目前有四大基本形态：门户及搜索等信息平台解决人与信息的关系，SNS 等社交平台解决人与人的关系，电子商务平台解决人与商品的关系，而本地生活消费平台即 O2O 解决人与服务的关系。

社区 O2O 综合服务平台提供的服务介入程度浅，例如大众点评、布丁优惠券、美团、摇摇招车、易到用车等，它的优势是资产相对较轻、网络型应用、易于跟踪数据、流量购买相对容易、团队构成单一、文化冲突较少。

社区 O2O 综合服务平台面临的挑战是对服务体验缺少真正的控制，容易进入同质化竞争，初期商家合作中议价能力较低，佣金获取面临一定挑战。

【案例5】大众点评网：打造"O2O购物线路图"

例如，大众点评网的触角延伸到线下的传统商铺，开始涉足线下商品的 O2O 团购，如图 2-11 所示。大众点评的 O2O 服饰团购用户，可在店内试穿后通过手机扫描二维码进入点评团页面在线购买。

TIPS:

从本地生活消费来讲，服务的对象就是消费者和店家，而消费者有三大需求：找信息、找优惠和享受服务。移动互联网对大众点评最大的价值在于，它是形成 O2O 闭环的关键。这就好比物流对于电子商务的意义，电商和 O2O 都是连接“买卖”双方，电商是“零售＋物流”，物流把商品带到消费者家里；O2O 是“服务＋移动”，即“移动把互联网带到了服务中”。

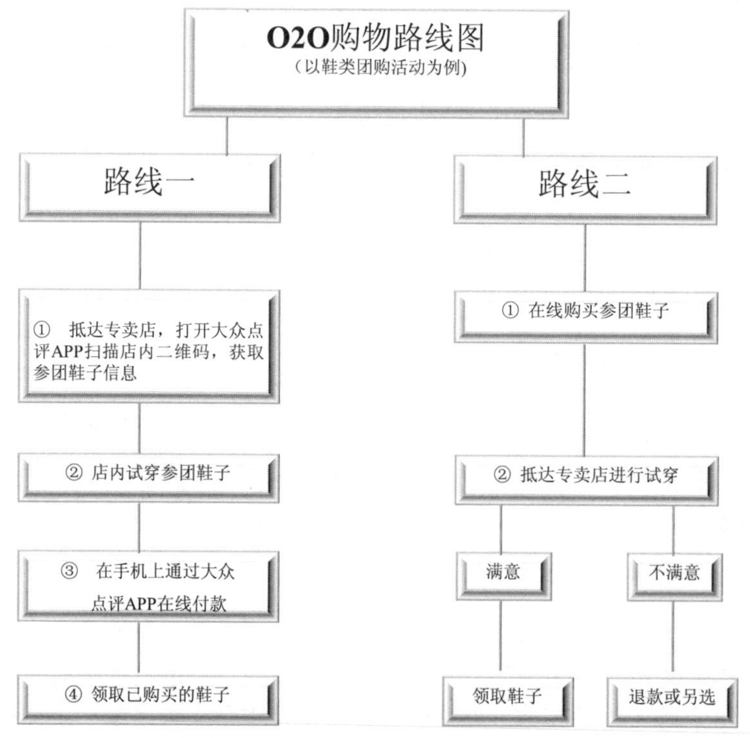

图 2-11 大众点评的 O2O 团购线路图

大众点评的 O2O 团购实际上与虚拟团购业务没有什么本质的区别，只是把虚拟业务换成了穿戴这类的实物，并且让消费者主动来到店铺。想象一种场景，当某个消费者来到一个台球室，掏出手机开始团购这个台球店铺的团购券的时候，同样可以立刻购买，立刻体验。

大众点评的做法对传统商家而言，最直接最明显的是为其减少了物流配送环节的费用。商家可以把这部分节省的费用分摊到店铺的租金成本上，进行打折。

【案例6】畅享生活：让用户与自己喜欢的生活不期而遇

“畅享生活”是由北京悦海讯通信息技术发展有限公司研发，定位为综合性服务的社区平台，涵盖的服务包括洗衣、家政清洁、缴费等，如图2-12所示。

集百姓特供、我要洗衣、我要缴费、邻里互动、呼叫物业、社区公告、一键缴费、服务电话、代办事务、设备报修、投诉与建议、我的积分等为一体的生活实用助手，汇聚社区居民生活的点点滴滴。

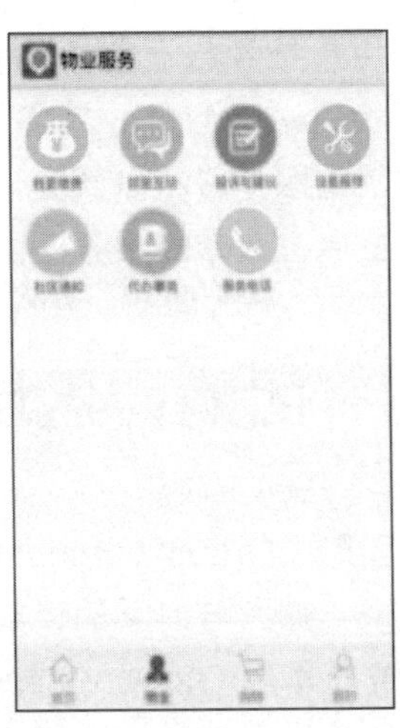

图2-12 “畅享生活”APP

在推广方式上，“畅享生活”采用与物业+周边商家+知名服务提供商合作模式。除了传统的互联网推广手段，“畅享生活”一方面和物业合作进行地面推广，同时与精选知名服务提供商商家合作以及周边大家喜爱的商家整合一起推广。目前，“畅享生活”已经签订物业88家，接入小区周边的服务商，覆盖用户达到30万。

在产品的形态上，“畅享生活”几乎囊括了社区这个空间概念下几乎所有的服务类型。“畅享生活”通过收集业主的一些及时性、特殊性的公共需求，通过平台来满足业主日常生活的衣食住行所需，如一键缴费、设备报修、社区交流、一键订餐搬家等。“畅享生活”和这些商家签订战略合作协议后，商家成为社区服务的供应商，业主打电话或登录畅享生活，就可以享受相应的服务。其实，这些服务的提供者并不是“畅享生活”，而是入驻在“畅享生活”的便民公司、快餐连锁店、家政服务商、增值服务商、自来水燃气公司等。

目前，“畅享生活”的业务线主要分为三大类：物业、便民、购物，这三大服务目前切入的深浅程度不一，但是不难看出，“畅享生活”的整体就是围绕业主，提供他们的日常生活所需，但是在便民、购物这一块即使

不是居住在小区的住户，只要下载“畅享生活”APP，一样可以享受到相关的功能。

作为综合性平台，“畅享生活”不仅注重线下服务，也注重线上体验，在“畅享生活”首页不再显示传统电商平台的限时优惠、打折信息等，而是由用户推荐自己喜欢的商品，赞同关注的人数多的时候，“畅享生活”再开始引进该商品。笔者认为，“畅享生活”改变人们原来的生活模式，将线下的服务转移到线上，使传统的服务商、物业管理公司，变成线上可供业主自主选择的服务提供者。

2.3 团购：区域性社区O2O生活服务

团购（Group purchase）就是团体购物，指认识或不认识的消费者联合起来，加大与商家的谈判能力，以求得最优价格的一种购物方式。以团购为先行军的O2O，在传统电商之外，给了人们新的思路。但国内服务业现阶段的发展水平很可能让线上和线下时常出现不一致的情况，因此如何去统筹兼顾线上交易与线下服务，是社区O2O模式发展的重中之重，服务质量的保障才能让社区O2O妙笔生花。

团购模式从被正式引入中国，就瞬间爆发式扩张至千家网站，而且仅仅用了不到一年时间。快速膨胀的背后动因除了本土山寨文化的强大外，还受益于中国服务业的互联网化需求的驱动。年轻的网上消费群体对于高性价比的消费和商家对营销的需求导致行业爆发式增长。因此，未来整个团购服务模式有可能发生变化，但是传统服务业的互联网之门由此已经正式开启，并保持快速的成长。

在团购市场依旧如火如荼之时，O2O概念随之火热起来。O2O虽然是未来的方向，但团购本身并不等于O2O，只是O2O其中的一种表现形式，如图2-13所示。其中，社区O2O被视为线上线下的进一步融合，线下服务商家利用网络线上揽客，消费者通过网络筛选并结算服务，而团购则进一步推进了社区O2O这一模式。

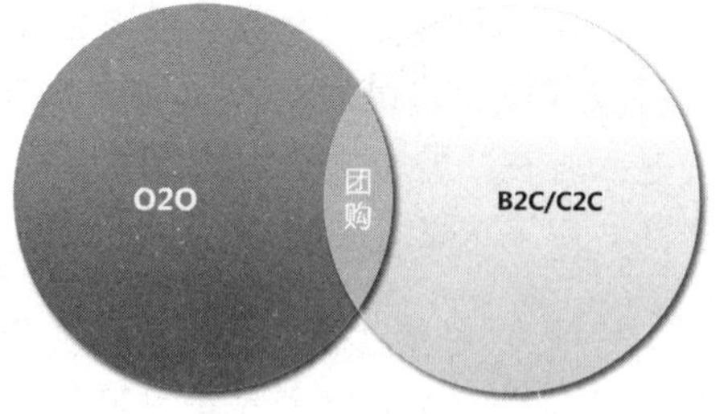

图2-13 团购与O2O的关系

2.3.1　团购特点1：社区O2O的本地化优势

生活服务类商品能够通过团购平台被消费者普遍接受，从事实上证明了这种在线支付购买线下服务，再到线下去享受该服务的模式的可行性。因此，以团购为入口，深化对本地生活服务的运营应当是大部分团购网站的定位。未来本地化的生活服务平台商会突破团购的限制，为用户呈现更加灵活丰富的业务形态。

回看中国团购市场发展，团购网站从一天一款团购产品到一天多团，从一款产品只卖一天到一款卖多天，从一个城市辐射到全国各地区，团购的服务品类也日益增多。因此，团购作为特殊的电子商务形式，或应更加趋向商品多样化发展，并走上本地化生活服务类折扣商城之路，O2O 也能从这种趋势中得以快速发展。

目前，笔者认为团购网站的价值和定位已经在发生明显分化。团购网站也在探索新的 O2O 模式，即以社区本地化为切入口的大部分团购网站已经在逐步转型。其中包含 3 个基本方向，如图 2-14 所示，即以团购为切入点，打造综合电子商务服务的站点，如拉手网；以深入本地化为代表的本地化生活服务类团购网站，如窝窝团；还包含聚美优品类型的实物类 B2C 商城。

图 2-14　团购网站的基本方向

【案例7】满座网：本地化服务与互联网进行互通

例如，满座网与中粮悦活、好邻居三方达成战略合作，消费者可以通过网上下单，通过好邻居便利店提取悦活产品。此举可视为国内团购网站在社区 O2O 模式上的新尝试，在这其中，社区 O2O 大大降低了传统长线物流运输的成本，达到三方共赢的目的，如图 2-15 所示。

图 2-15 满座网与中粮悦活、好邻居合作的 O2O 模式作用

从该案例可以看出，很多不能像普通商品被塞进箱子快递到消费者面前的本地化服务，并没有被地域限制住。相反，如果将这些本地化服务与互联网进行互通对接，则会让这个市场兴盛起来。

以团购网站为代表的社区 O2O 模式主要采用“电子市场＋到店消费”模式，与传统电子商务的“电子市场＋物流配送”模式是存在一定差别的：消费者在网上下单并完成支付，获得极为优惠的订单消费凭证，然后到实体店消费。的确，将支付模式和客流引导相结合，推广效果便于检查，每笔交易可跟踪，就是 O2O 模式的最大优势，而这种优势在本地化的服务市场得以充分施展。

笔者认为，目前本地生活服务团购企业的竞争，首先是对用户资源的争夺，其次是对优质商户资源的控制，最后是服务的创新能力的竞争。

在团购网站中，目前以本地化生活服务为核心，并具备较强竞争力的网站主要包含窝窝团、美团、大众点评团、满座网、24 券、糯米网等。由于本地化运营能力的价值日益凸显，原来的仅以流量和成交量等指标为主的衡量企业竞争力的体系将进一步得到完善。团购企业未来的核心竞争力应该体现在对于本地化业务运营能力方面，可以分 3 个维度对业内团购企业的本地化运营实力进行评价，如图 2-16 所示。

图 2-16 团购本地化运营的 3 个维度

团购行业正在经历理性的行业洗牌，只有真正做到为消费者贴心服务，提供精品的团购网站才有机会存活下来。笔者相信通过行业整合，团购网站可以“摆脱严冬找回春天”，更希望团购行业回归理性化、常态化的竞争，做好社区 O2O 的本地化服务，让社区居民真正受益，团购行业才能蓬勃发展。

TIPS:

其实，O2O模式绝非新生事物，除团购外，携程网的酒店、机票预订服务，就可以看作是国内 O2O 模式的雏形。团购的爆发加速了 O2O 模式的演进，使 O2O 模式获得了进一步的挖掘与完善。不过，目前团购网站的 O2O 模式也有减弱征兆，当一些团购网站忙于实物类团购以及向 B2C 转变，便开始与 O2O 背道而驰。同时，团购网站对于商家的服务把控能力有限，与商家的关系不够紧密，所以时常在服务类团购方面出现问题，损伤消费者的积极性，阻碍本地化社区服务的发展。

2.3.2 团购特点2：社区O2O的专业化服务

社区 O2O 作为电子商务发展的方向，基础是专业化的商务服务，也就是可以为最终埋单的社区居民提供独特的需求满足。社区 O2O 就是一个虚拟的生活社区，社区里的文字介绍就是门面，有商品或服务就能开店。网购的兴起见证了百货行业的衰退，社区 O2O 的兴起将见证门面的锐减。

社区 O2O 产品可以聚集核心的社区用户群体，便于口碑传播，好的都会口耳相传，当然坏的也一样，同时带动周边商业圈良性发展，线下商家一心做好服务，拉起一批忠实用户就是硬道理。

例如，对于高档保健产品的订单企业来说，没有订单，企业不敢生产；没有真实性和品质保证，消费者又不敢下订单。作为电子商务平台，就应该帮助供应商实施供应链管理以保障产品质量；建立用户体验评价体系来提供有效导购。传统营销中的经验是先有好的产品，再创建渠道让目标市场用户体验。然而，在基于社区 O2O 平台的团购商业模式中，实质上是提供产品深度信息（溯源、评价、比价）吸引消费者下订单，从而支持线下供应商的生产计划以及配送商的物流计划。

团购的本质是广告，一种创新型广告，采用 CPS（按销售额付费）模式，面向本地商家，是一种非常出色的社区 O2O 体验式营销方式。

【案例8】汽车之家：用O2O进入汽车“前后市场”

以汽车产业为例，数据显示，2014 年我国累计生产汽车 2372.29 万辆，同比增长 7.3%，销售汽车 2349.19 万辆，同比增长 6.9%，产销量保持世界第一。汽车数量庞大，其必然结果就是后市场潜力无限。其中，汽修装饰、修理、保养、配件等产业就是最直接的受益者。据相关数据显示，汽车后市场是产业链中最稳定的利润来源，占总利润的 60%～70%。预计未来几年我国汽车售后服务占汽车经销商净利润的比重将逐渐上升，售后市场规模仍将保持 20% 左右的增速。到 2015 年国内汽车后市场规模达到 8 000 亿元以上，5 年内将超过 1 万亿元。

但是，国际市场上汽车单纯销售收入只占产业链的 1/5，而国内占到近 1/2；国际市场上汽车服务占 1/3，而国内目前水平只有 1/10。不难看出，相比于竞争残酷的整车销售，汽车后市场更加广阔。因此，造成很多汽车厂商和相关产业商户不断涌入汽车后市场，但大部分企业都处于粗放式管理，各项服务内容品类和名目繁杂。不正规的汽车服务企业鱼目混珠，严重扰乱了市场秩序，汽车后市场也就形成了“散、乱、差”的局面。而且市场上大多是单兵作战的小型企业，很难得到用户信任，从而促成了今天 4S 店蓬勃发展的局面。

汽车服务商与汽车消费者之间的信息不对称，便给长期专注汽车全产业链的垂直网站带来了机遇。例如，盛拓传媒旗下垂直网站——汽车之家推出了汽车服务商项目，如图 2-17 所示。

图 2-17　汽车之家服务区的主页

汽车之家的服务区项目主要针对汽车后市场中的美容（打蜡、封釉、镀膜、内饰清洗、座椅清洁等）、轮胎（购买和更换轮胎、四轮定位）、保养（更换机油机滤、更换机油三滤）三大类别项目展开，以O2O的方式连接规模大、服务佳的商家与车主，为车主提供比4S店更便宜也更便捷的服务。另外，用户还可以通过“地图找商家”功能找到距离自己最近的商家，如图2-18所示。

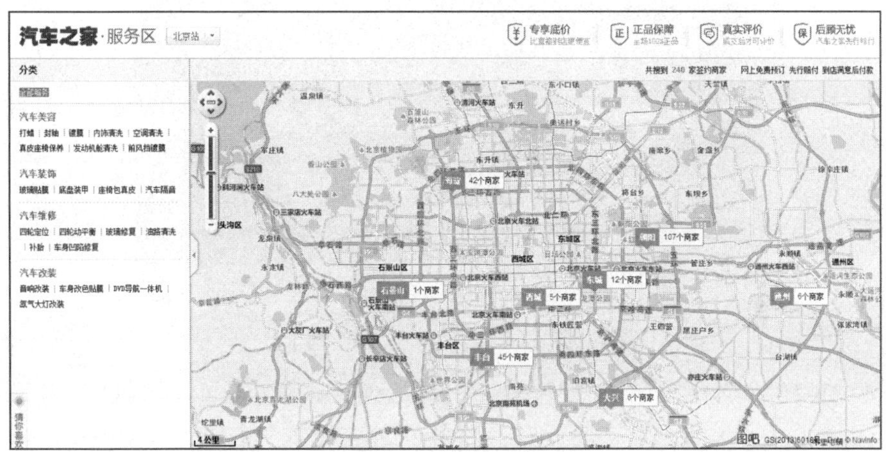

图2-18 “地图找商家”功能

与此同时，为揽住更多的消费者，各大电商采取不同的定价模式。汽车之家统一付定金的方式，在线下试驾、议价后完成汽车交易，定金则在活动结束后陆续返还。另外，汽车之家采取线上搜索预订的方式，使服务商能合理地进行安排，省去用户排队等候的无效时间，使服务商成本控制获得了优化。伴随着团购、服务商频道等项目的发展，汽车之家正在一步步深入汽车全产业链。

据悉，在2014年双十一当天，汽车之家订购总量37 117辆，订购总金额60.54亿元，其中，全款销量为2 488辆，全款销售额2.23亿元，如图2-19所示。当大部分汽车电商平台还停留在集客阶段时，汽车之家在2014年双十一已经实现了在线销售，真正完成了交易。

汽车之家是第一家也是唯一一家推出全款售车的汽车电商平台。大部分网站在2014年双十一的玩法依旧以零定金或者少量定金的形式，吸引用户参与，对他们而言，双十一更像是一场吸引眼球的营销活动，从本质上还是营销。对于汽车之家而言，不管采取B2C还是O2O的方式，汽车

电商平台想要实现真正的汽车电商必须要解决线上线下的对接问题。2014年双十一期间，汽车之家和经销商之间实现了信息流和资金流的对接，通过真实库存和真实价格，确保用户的交易效率和提车体验都得到根本性的提升。首次和全国 6 000 多家经销商绑定支付系统，达到财务对接，从而实现了真正意义上的资金流对接。

图 2-19　汽车之家双十一疯狂购车节

2015 年 1 月，汽车之家推出“养车之家”APP，希望该 O2O 服务平台为数以亿计的车主提供数据信息服务。“养车之家”APP 为车主提供最全面的汽车美容保养服务，包括洗车、小保养、大保养、钣金喷漆等十余项精细分类服务信息，如图 2-20 所示。

很明显，“养车之家”APP 也是汽车之家布局 O2O 产业链上的一款战略级产品。它瞄准了汽车后服务市场的巨大潜力，并完成了对用户用车周期的全覆盖服务。

图 2-20　“养车之家”APP

毫无疑问，O2O 模式是适合汽车后市场的。从产品属性来看，汽车后市场相关服务产品必须让消费者到线下进行体验服务；从资源整合来看，汽车后市场服务行业可以利用 O2O 模式整合线上和线下资源，提供各式各样的售后增值服务，同时也能够利用 O2O 模式里的评价、留言等相关功能衡量线上渠道的价值；从消费者需求来看，O2O 模式能够给用户带来的是便捷、优惠。

笔者认为互联网对传统行业的渗透，在房产、汽车、旅游、招聘这 4 个行业的程度都差不多，都是在线上产生销售线索，在线下去完成销售真正的转换。而且这个服务必须通过线下来完成。互联网企业是在这个传统行业打破了其中的价值链，进而改变这个传统行业，并占一席之地。

TIPS:

对于社区 O2O 团购模式来说，能够彻底转变传统消费行为中因市场不透明和信息不对称而导致的消费者弱势地位。消费者可以通过参加团购，更多地了解产品的规格、性能、合理价格区间，并参考团购组织者和其他购买者对产品客观公正的评价，在购买和享受服务过程中占据主动地位，真正买到质量好、服务好、价格合理、称心如意的产品，达到省时、省心、省力、省钱的目的。

2.3.3 去中心化时代，逆向社区O2O崛起

人的时间分配和习惯正在跟随移动互联网和社交网络而变化。从线下商圈购物到线上购物，从 PC 购物转为手机下单，从固定的购物时间地点演变至随时随地的碎片化购买，消费者的购物决策和路径都在发生变化。

如今，电子商业正逐渐演变成两极并存的局面，一种是以天猫、京东等传统电商平台为代表的“中心化”电商，另一种则是“去中心化”的移动电商入口，比如口袋通、口袋购物和拍拍微店等，如图 2-21 所示。

去中心化也适用于具有明显社交特性的社区 O2O 领域。在 O2O 细分化愈演愈烈和移动互联网高速成长的背景下，社区 O2O 突破了传统的线上思维。在去中心化时代，社区 O2O 领域不但要突破传统的电商思维，更要抓住社区服务的痛点与需求。甚至可以与 C2B 团购相结合，采用逆向社区的 O2O 模式，从线下向线上发力。

图 2-21 “中心化”电商与“去中心化”的移动电商

其实，笔者认为只有“知己知彼，才能百战百胜”，而线下服务作为电子商务发展的瓶颈之一，就是传统服务行业最好的“反攻武器”。因此，传统社区服务行业通过自身努力建立完整的线下服务系统，反向出发，通过收购，招聘成熟的互联网人才，从线下到线上建立 O2O 服务，或许是中国电商发展的可行性趋势。

线下到线上的主要优势体现在，传统行业在开业多年后都有了一定的客户基础，实体店的矗立也更好地建立起客户对于商家的信心，而通过网络招募会员可以进一步扩大卖场的影响。PC 互联网和手机移动互联网成为一个线上销售平台，而线下实体店则作为具体的服务地点，让用户对售后服务有一个更直观的认识。

【案例9】iTaxi Media：线下移动APP Store连锁店

例如，iTaxi Media 公司携手盛大游戏推出国内首个线下移动 APP Store 连锁店，该连锁店的最大特点是可在出租车内使用 Wi-Fi 下载游戏应用。iTaxi Media 公司在蓝色联盟旗下所有运营出租车内搭载全新 3G 智能触屏，并全线开通 Wi-Fi 功能，如图 2-22 所示。盛大游戏表示，双方将依托出租车内的设备，共同打造一个移动互联网游戏分发平台。

图 2-22　出租车内的 3G 智能触屏

据悉，在搭载相关 App Store 的出租车内，乘客只要在智能触屏上选择 iTaxi 游戏频道，就可以欣赏盛大游戏的 MV，更能够抢先体验游戏。乘客如果对游戏有兴趣，可以通过 iTaxi Wi-Fi 将游戏下载至手机，实现 O2O 转化。

笔者认为，线下线上由竞争转化为整合，是完善消费者体验的实际需求，传统线下渠道与线上电商平台，各自满足了消费者不同需求及体验。总之，线上线下商业走向融合，也是商业模式创新的需要。微 O2O 可以用移动互联网的方式改造传统企业的生产关系，但微 O2O 领域既要有传统产业（线下）的基因，又要有移动互联网（线上）的生产关系，才有可能成功转型。

2.4　优惠券：社区O2O里的黏性营销玩家

在社区市场上，已经很难找到没有竞争的商品或者服务，而且它们还越来越相似、同质，甚至价格也接近，因此社区居民的选择也越来越多。

因此，企业永远都要思考这样一个问题：在完全相同的消费条件和选择条件下，如何让自己的老客户在选择天平上，自觉地倾向于自己那一端？

如今，大部分社区商家都广泛采用为顾客积分或者发放优惠券的销售手段来留住老客户，甚至连一个小餐馆都有会员卡，如图 2-23 所示，通过积分优惠吸引顾客持续长久消费。这样，商家获得了客流，而消费者则得到了实惠，达到双赢的效果。

图 2-23　会员积分卡

在社区 O2O 模式中，积分优惠策略执行得当，同样可以大力提升已有客户的忠诚度，提高对新客户的吸引力，具有很强的“黏性营销”效果。

> **TIPS:**
> 积分营销作为提升会员忠诚度的主要手段，越来越受到企业的重视。积分是指顾客购物后根据顾客购物金额赠送顾客一定数量的积分，顾客积分累积之后可以兑换礼品或下次消费可以抵算部分购物金额。

2.4.1　【案例10】实惠：“最后一公里”生活服务

“实惠”APP 是易居中国联合新浪网、新浪微博、分众传媒、申通快递共同推出的定位于写字楼（社区）的移动生活 O2O 服务平台。“实惠”APP 利用易居中国在房地产行业深耕的优势，依托新浪网的媒体影响力、新浪微博的社交账号、分众传媒的数字化传媒以及申通快递的物流平台，将社区住户与各类服务商连接起来，提供最适合社区住户的各类“最后一公里”生活服务。

（1）初次进入“实惠”APP，会通过 LBS 功能进行定位，并要求用户选择所在社区，如图 2-24 所示。

（2）在新打开的社区页面中，即可看到“实惠”APP 推出的各种社区优惠活动，如免费抢福利、幸运老虎机、品牌大乐透、实惠闪购、周边商户等，如图 2-25 所示。

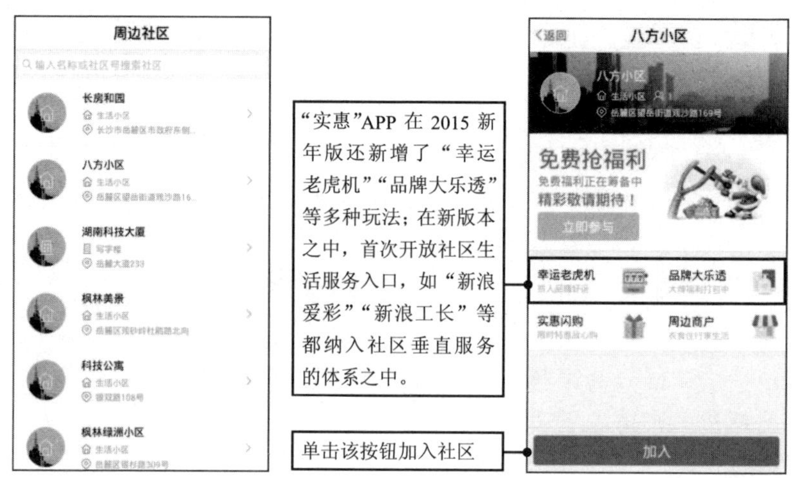

图 2-24 “实惠”APP“周边社区”界面　　图 2-25 “实惠”APP 社区页面

 **TIPS:**

“精准的客户群体，高消费能力的用户，长期性的客户关系管理”，能提供这三点的只有社区 O2O，社区 O2O 定位于社区，以写字楼、小区为点提供精准服务。“实惠”APP 从上线就围绕着这三个点以及免费来设计产品，加入小区功能、免费抢福利模块、企业公众号服务，第三方企业可针对不同社区投放免费福利用于品牌营销并积累精准粉丝。

（3）单击“加入”按钮，即可加入该社区，并在底部显示相应的菜单，如图 2-26 所示。

（4）在“生活”界面中，“实惠”APP 为用户提供了餐饮美食、生活服务、休闲娱乐、购物、丽人、房产、家居、公共服务等贴心功能，如图 2-27 所示。

“实惠”APP 在 2014 年 7 月上线后，推出“摇一摇，免费抢福利”的活动，如图 2-28 所示。在活动期间，“实惠”APP 官方联合商家在上海、北京区域已经送出 285 万份，总金额 6 亿多的各种福利。并在 2014 年 7 月到 8 月期间，在京沪指定 1 500 栋写字楼开展免费送早餐、午餐的活动，据悉，活动累计送出 100 万份午餐以及 18 万份早餐。

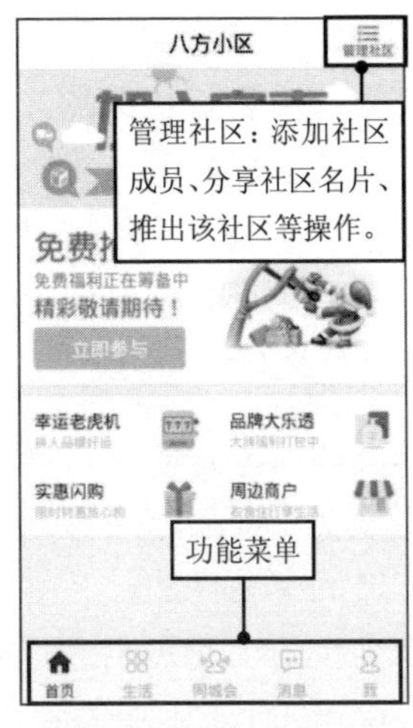

用户在“实惠”APP 上可得到两大类社区服务：

（1）领取实惠及商家提供的实惠优惠礼品，便捷选购围绕自身周边的生活服务和便利商品，并享受送货上门的服务。

（2）兴趣或乐趣社区，如亲子、拼车、宠物、二手货品交易等，基于写字楼或社区的邻里社交属性的再缔造。

图 2-26　加入社区

图 2-27　“生活”界面

加入社区后，在社区首页进入“摇一摇 抢福利”→摇手机参与即可。每天抽奖的时间为上午 8:00 到下午 15:30，每人每天最多有 3 次摇奖机会，每人每天最多中奖 1 次。中奖后，取消该用户剩余摇奖机会。中奖用户只需填写所在社区的收货地址，即可获得免费午餐。

图 2-28　“摇一摇，免费抢福利”活动

截止到 2014 年 11 月底，“实惠”APP 在北京、上海市场联合各大商家送出了 100 部 iPhone 6、35 万份午餐、17 万份早餐以及价值 5 000 万元左右的其他福利，精准用户数 170 万，估值从 1 亿变成 10 亿。由此可见，“实惠”APP 的做法就是“用钱砸市场，内容与用户并驾齐驱”，在这方面，O2O 的其他同人深谙此道，滴滴打车、百度外卖也不例外。

“实惠”APP 从一开始就明确一个点：“免费是社区 O2O 的切入点，通过这个口子撕开社区服务。”所以，伴随着第一版的发布，“实惠”APP 在零用户的情况下毅然推出了送免费午餐、免费早餐以及 iPhone 6 的活动，宣传推广也在同时进行。

“实惠”APP 的商业逻辑也不仅仅局限于互动传播。商家在实惠平台上发放的福利商品，还将进一步通过到店体验、定点发放、物流快递的方式让用户亲身深度体验。另外，“实惠”APP 还通过优惠券、闪购等方式，进一步帮助商家锁定精准消费人群，为商家导流。同时，“实惠”APP 提供的商家订阅账号，也为参与福利活动的用户与商家之间搭建了桥梁。商家未来免费的福利活动，优惠、闪购等信息可以通过订阅号及时告知用户。

时代赋予了 O2O 优质的连接基础，随着移动互联网与智能手机不断深入民众之中，社区 O2O 的未来也是可预见的。“实惠”APP 基于移动互联网的精准社区营销商业模式已经初步成型，其打造的有黏性的社区生活类服务平台已经向前迈出坚实一步，能给用户带来实在的福利和实惠，同时也能为更多品牌及社区商户搭建更好的精准服务平台。

2.4.2 【案例11】豆角优惠券：生活服务，尽在掌握

“豆角优惠券”是一款集快餐、优惠券、电影票、团购、商家优惠信息于一体，基于地理位置提供一站式生活优惠服务的社区 O2O 手机应用。

“豆角优惠券”按照餐饮美食、休闲娱乐、生活服务、电影票、摄影写真、酒店住宿等生活需求进行了归类，如图 2-29 所示。每个分类下面都有详细的介绍及用户评论信息，比较有参考价值，同时也可以按照周边、优惠、搜索、团购等方式进行查找，如图 2-30 所示。

图 2-29 首页

“豆角优惠券”通过手机 APP 帮助人们简单方便地获取和使用城市生活消费优惠信息，基于位置周边、目的地定制满足人们的及时消费需求。

图 2-30 “周边”界面

“豆角优惠券” 和其他优惠券 APP 不同的是，它在创办初期 “轻线下资源”，更为注重的是将线上资源整合。“豆角优惠券”APP 有收藏、喜欢、分享等功能，将人的因素加进去，突出社交化，让人们表达自己的倾向，如图 2-31 所示。同时，用户可以将喜欢的商家活动直接通过手机发送给好友，更为方便结伴而行。

“豆角优惠券”APP 处于创业初期，巧妙地运用了数据聚合这一方法，采取和各大线上平台合作的模式，将所有的商家数据、优惠信息、团购信息聚合在一起，并大力推广商家主动上传的模式，经编辑审核后进行数据补充，从而使得豆角优惠的数据量成为众商家信息的聚集库。在把数据做完聚合后，他们会进一步做好分类、去重、优化、排序等工作，从而更加方便用户查找。

“豆角优惠券”APP 目前的版本中在团购或优惠券的显示界面中都对用户的社交网络分享需求进行了特殊支持。该界面底栏右边 2 个按钮均专为用户的快速分享而设定，用户可以点触分享按钮将优惠信息在新浪微博、腾讯微博中发布，或通过短信的方式告知好友。底栏中最右边的微信按钮还支持用户通过目前流行的微信将信息告知别人。

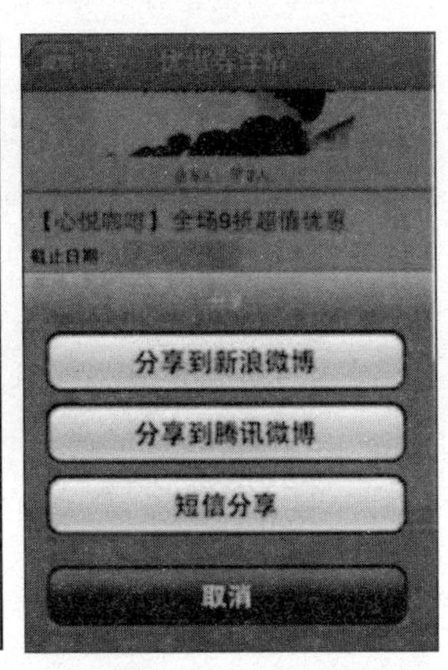

图 2-31　“豆角优惠券”APP 完善的社交功能

当 “豆角优惠券”APP 在各大市场提交上线之后，他们将推广阵地主要投向了社会化媒体，通过微博引爆、论坛营销、微电影营销等多重手段引导用户去体验，在用户体验过程中赢得了良好的口碑，从而达到圈子引爆的效果。

基于 LBS 功能，“豆角优惠券”APP 和微信一样有 “摇一摇” 功能。当用户不知道吃什么或者不知道玩什么的时候，“豆角优惠券”APP 引入了 “摇一摇” 功能，随机向用户推荐美食娱乐优惠信息，如图 2-32 所示。不过，此功能是基于用户的周边推荐一些其可能感兴趣的地方，不同于微信可以摇出几千里的微信好友。

图 2-32 “摇一摇”功能随机向用户推荐美食娱乐优惠信息

“豆角优惠券”APP 采取的是两大运营模式，一个是传统的互联网平台，一个是手机客户端平台，这是根据不同用户习惯决定的，并且二者是一致的。现在，“豆角优惠券”APP 在搜索方面极为细分化，包含的范围也很广，未来“豆角优惠券”APP 将会更为垂直化。

“豆角优惠券”APP 运营团队虽然并没有特别多的费用去送 iPhone、iPad 等大礼，但是他们会通过不同的活动主题吸引新用户，维护老用户，有更多的老用户逐渐养成了每天签到、分享、表达喜欢、晒省钱数目等习惯。为此，豆角优惠运营团队特设立了地方达人、签王之王等奖项。

据悉，“豆角优惠券”APP 在多次采取口碑营销的基础上，积累了大量的活跃用户，在短短一年内的时间就赢得了一千万的使用用户，而且 60% 以上的用户都极其活跃，从而实现了一种良性的循环。其中一些用户在使用“豆角优惠券”APP 的同时，主动和其运营团队申请上线自己的店铺在“豆角优惠券”APP 上面进行推广，从而成为“豆角优惠券”APP 的优惠信息合作商家。

在笔者看来，移动和非移动的互联网服务将向低频次消费和高频次消费两极分化，你在电脑上会进行一些也许一生只做一次的查询和购买，而手机应用则解决吃饭娱乐等天天发生的事情，这就使得利用移动设备寻找优惠券优势凸显。但这并不意味着把纸质优惠券电子化放入手机就顺理成章地建立起了商业模型。

目前，手机优惠券的实质是缩短信息在商户与消费者之间的流通时间，优惠券分发企业的利润来自于之前信息不对称对商户造成的额外成本，比如效果不佳的宣传费用、非高峰期的上座率等。

因此，只有使商家、平台和顾客三方受益的营销方式，才能成为商户的常规运营手段。在目前看来，团购需要商家让利太多，因而不在此列；优惠券折扣适中，未来能让三方都满意。但目前的市场状况却是优惠券分发企业收入甚微，要改变局面，则需完善用户发现、决策、到店消费、分享的优惠券使用完整 O2O 闭环。

另外，从数据角度来讲，顾客一旦使用优惠券或积累了积分，很自然地帮助 O2O 平台收集到大量消费数据和行为轨迹，这让后续的精准营销变得顺理成章。

2.4.3　【案例12】丁丁优惠：让省钱变得更简单

2011 年 4 月，丁丁网推出“丁丁优惠”APP，主营生活服务领域的在线优惠券业务，如图 2-33 所示。由于使用方便、商户众多，“丁丁优惠”APP 一经推出，其用户增加速度就迅速超越丁丁网其他业务。“丁丁优惠”APP 在移动生活服务平台的发展也引起了包括阿里巴巴在内的众多投资者的注意，仅阿里一家在 2011 年后就两次对丁丁网进行投资。

“丁丁优惠”APP 整合了当前城市大多数的优惠折扣信息，目前支持包括北京、上海、广州、深圳等 40 个城市（更多的城市会陆续添加），它会根据用户所在的地理位置查找附近最实惠的美食、休闲娱乐、购物、酒店等优惠券和折扣信息，共计有 15 万余张优惠券。丁丁优惠可根据用户当前定位的地理位置，展现出周边的各类优惠券，包括美食、休闲娱乐、购物、酒店等优惠券和折扣券。

图 2-33　“丁丁优惠”APP 的优惠列表

丁丁优惠的主要功能如图 2-34 所示。例如，如果想在自己所在位置周围查找餐饮、休闲场所的优惠信息，只要进入“附近”界面，即可锁定所在位置一公里内的所有优惠信息，只要将手机上显示的优惠信息出示给店家就可以使用了。

优惠券

海量优惠券遍布全国 40 个城市的 15 万余家品牌商户，支持定位自动查询附近优惠

超值热购

丁丁优惠已经开通支付功能，单击“购买”按钮，优惠产品即刻到手

“云”口袋

支持“云”口袋，实现多设备优惠券同步，在无网络的情况下也可正常使用

热门活动

每周都有激动人心的热门活动，动动手指就能拥有免费电影票、提货券、免费试吃机会

手机点单

直接点单，在线支付，到店就可以吃

会员卡

获取商户 VIP 会员卡，到店使用次数越多，等级越高，优惠特权越给力

图 2-34　丁丁优惠的主要功能

另外，丁丁网还推出了“丁丁优惠 - 商户版”APP，宣称能够让全国任何一家具备营业资质的商户免费、快速发布商户信息与优惠券，并可以随时随地批量管理各大分店的优惠券信息，如图 2-35 所示。

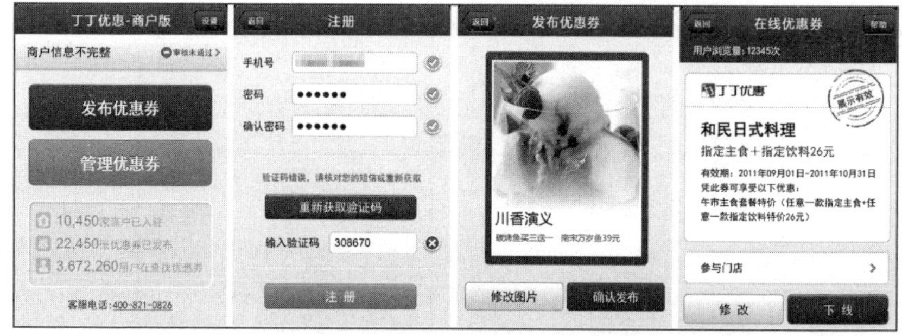

图 2-35　“丁丁优惠商户版”APP

“丁丁优惠 - 商户版”APP 是针对需要在丁丁优惠平台发布优惠券信息的商户推出的产品。商户登录该版本，可免费自行发布自己的优惠券信息，并在丁丁优惠个人用户前端获得展示。

例如，丁丁优惠携手“肯德基”推出史无前例的 33 款热门手机优惠券，这是继麦当劳、德克士、真功夫等品牌店之后，又一家知名快餐店支持手机优惠券，如图 2-36 所示。作为丁丁优惠两周年纪念日之际重磅推出的优惠券，与肯德基的合作，也宣告了纸质优惠券时代的渐行渐远。

手机优惠券的好处就在于，消费者可以随时随地找到身边的优惠券，无须下载亦无须打印，再也不用因为没有拿到肯德基优惠券而发愁了，此举最大的受益者必然是广大消费者。

图 2-36　手机优惠券

丁丁优惠一直致力于为消费者提供更加便捷的省钱方式，也是都市人出门消费的必备 APP。据悉，丁丁优惠已经拥有超过 2 500 万用户，覆盖了全国 38 个城市，超过 10 万家商户优惠券信息。

尽管“丁丁优惠”APP 瞬间火了，但是却遇到了经营的问题：作为平台，丁丁优惠无法知晓下载了优惠券的用户最终是否进行了进店消费，丁丁优惠给商户带去了可观的客源流量，却无法向商户收费。

怎样让丁丁优惠成为一个生活服务电商平台，而不是优惠券展示平台？对此，丁丁优惠引入了在线支付系统，并最终决定在线下投入实体的丁丁优惠验证机来衔接线上信息到线下的流通，如图 2-37 所示。

图 2-37　丁丁优惠验证机

验证机铺设在使用丁丁优惠的签约商户店中，优惠券用户进店消费时需要通过验证机验证优惠券。此时验证机会记录用户的行为，包括进店的时间、所用消费券、消费金额、消费频次等，并将这些数据双向同步到店家的 CRM 系统和丁丁优惠的数据后台中。

此时，丁丁优惠就能够准确掌握线上用户的线下行为，建立起了 O2O 闭环。这个 O2O 闭环对丁丁优惠的最大意义在于能记录下丁丁优惠实际带给商户的消费者人数和消费金额，这让丁丁优惠按销售效果收取佣金成为可行的商业模式。

笔者认为，丁丁优惠能够以一种最简单最直接的方式将本地海量的折扣或是优惠信息提供给用户，并且用户只要向商家出示手机中的对应页面，即可能够享受优惠服务，如此使用机制就目前来说是门槛最低，也是效率最快的。此外，多元的活动专题及信息检索功能无疑让用户成为一个地地道道的"生活帮"，哪里有物美价廉的好东西，只要打开应用便了如指掌。

社区 O2O 为什么能成为一个独立的自成体系的模式？大众点评、丁丁优惠、美团都能够存在壮大，其原因到底是什么？笔者认为就在第二个"O"上，对线下商户的控制、和商户的关系，怎样让消费者在线下感觉更舒服，这些都是需要花时间去做和积累的。社区 O2O 是一个自成体系的平台和盈利模式，所有互联网三巨头都只有第一个"O"（Online），没有第二个"O"（Offline）。当丁丁优惠的验证机覆盖到足够多的店，积累了足够多的用户数据并产生了足够精准的分析，当其他人觉察到这些东西的厚度的时候，社区 O2O 闭环的火候就到了。

TIPS:

笔者需要提醒的是，从用户体验角度来看，这类应用还是有很大的改进空间，无论是针对某几个城市在餐饮或者其他某一个领域做精做强，还是面向全国主流城市提供全方位的生活优惠资讯，用户体验很大程度上就决定了一款应用的生死，现在市场上同质化的应用这么多，用户体验不好的话完全就可以转向其他相同类型的应用，所以如何在众多同质化应用的竞争之中找出一条适合自己的创新发展道路，也是这类应用需要面对的又一个问题。

2.5 在线预订：把社区民众搬到网上

谈起社区 O2O，很多创业者一窝蜂地去构建平台。然而社区 O2O 本质上是一种思想，是如何应用互联网工具为传统商业服务的方式。例如，在线预订就是一种不错的社区 O2O 方式，它能快速地把社区民众"挪"到互联网上来。

2.5.1　【案例13】来一火：火锅外送行家

2013 年 2 月，“来一火”火锅外送创业团队成立，正是抓准成都人生活习性和行业空白点，创业团队刚成立就获得上海中路集团数百万元天使投资。“来一火”是火锅品类外送服务平台，为消费者提供火锅相关产品及体验式服务，用户可以通过“来一火”的网站、微信、APP 等渠道预订火锅。

例如，在微信上关注“来一火”（微信号：laiyihuo_weixin）公众号，进入其公众平台，单击“点火锅”按钮，根据提示单击进入火锅外卖，如图 2-38 所示。进入网页平台后，用户可以选择“外卖”、“一个人的火锅”等服务，如图 2-39 所示。

在各种平台化电子商务中，最缺的不是商家，而是消费者。哪里有人，哪里就有商业，哪里就有盈利空间。消费者才是商家追逐的目标，人的数量决定了财富的数量。“海量用户打底＋高端用户定位＋关系链二度挖掘”，微信的强社交属性让“来一火”等商家看到借助微信迅速崛起于移动互联网的机会。

图 2-38　“来一火”微信公众平台　　　　图 2-39　网页平台

TIPS:

在渠道拓展上，“来一火”除了搭建自身网站、微信号、手机 APP 和电话点餐系统外，如今还引入了淘点点和大众点评等平台，利用其庞大的引流能力吸引顾客。

选择相应的服务后，进入“确认用餐地址”界面，要求用户设置所在地址，如图 2-40 所示。设置完外送地址后，系统即能自动匹配周边火锅商家，当然用户也能选择远距离的其他任意合作火锅商家，在线支付餐价和配送费后，订单便同时发送至火锅商家和“来一火”的配送员手机，商家立即配菜，配送员则迅速抵达门店外送，如图 2-41 所示。

图 2-40　设置地址

通过“来一火”的自有物流配送系统的整合优化，从客户下单到送上门，一般耗时 1 小时，最快 45 分钟。此外，如果用户身边没有现成灶具，配送员还能顺带背上电磁炉和锅具，供顾客免费使用，待餐后再择期上门回收。

图 2-41　配送员

 **TIPS:**

好的运营模式，还要搭配好的用户体验，才能真正抓住消费者。为了实现从用户下单到送火锅上门在 1 个小时之内的配送体验，“来一火”目前共在成都东、南、西、北、中设立了 7 个配送站，30 多名配送人员平时就分布在 7 个配送站内，就近前往附近火锅门店、就近配送上门。

要外送火锅，第一件事就是与火锅店形成合作“联盟”。目前，“来一火”在成都的合作火锅商家已有近 80 个品牌，共 300 家门店，日均订单达到 100～200 单。

餐饮是刚需，吃火锅没理由不是刚需。不过火锅外送就像外卖一样是刚需之下的一类细分需求，很多人会因为懒、忙、喜欢安静的环境等各种理由而需要火锅外送服务，这是从用户角度出发来说。现代都市年轻人生活节奏快，他们不愿或没有时间去火锅店排队，“来一火”做的还是基于社区 O2O 的“懒人经济”。

说起外送，很多人都会想起中餐，可火锅外送比中餐外送更有市场和盈利空间。火锅外送实质是配送半成品，半成品食材不会在运输途中损坏或变冷、变质。传统火锅门店受制于厅堂面积和翻台率，而“来一火”通过自身物流的外送模式，则将火锅店开到用户家，节省了店铺成本。

据“来一火”提供的数据显示，上线一年来，其平台注册用户已近10万人，月均营业收入在100万元左右。“来一火”目前的营收主要来自于火锅商家20%左右的佣金，以及每单外送20元的固定配送费。

一个互联网餐饮平台连接的是用户和商家两端，就火锅店而言，首先外送能调节高峰期等位问题，满足部分用户的需求，但物流不是他们的强项，还需要承担额外的配送成本，即便自己做也是有心无力，因此当平台能为火锅店带来订单同时解决配送问题时，他们自然是非常乐意的。但如果将这种模式复制到其他地区，还需发展更适合本土的产品，毕竟不是每个地方都热爱火锅。

在社区O2O时代，技术已经不是门槛，商家也不是，因为商家并不会排斥平台，真正的门槛是对传统业态的理解，这个点要切入得狠、准、快，而“来一火”具备了先发优势，对行业的探索和理解较深入，但受限于环境因素，他们发展速度还很慢，在营销投入上也极少。

2.5.2 【案例14】我有外卖：手机订餐食在方便

“我有外卖”是一款方便快捷的手机订餐叫外卖的软件，用户使用“我有外卖”的手机客户端，通过GPS定位功能，搜索周边的外卖商户，即可方便快捷地下单，如图2-42所示。

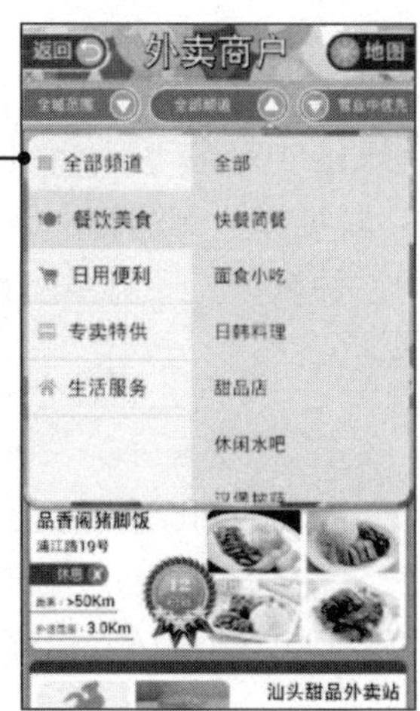

图2-42 “我有外卖”APP界面

“我有外卖”专注提供手机订餐，每个店家都配有精美的菜肴食品图片，用户下单后，即可实时等待店家确认订单。“我有外卖”以 POS 机连接商户，使得餐厅能快速地获取订单信息，并向用户及时反馈库存，如图 2-43 所示。这种模式下，用户和商家直接进行对接交互，无须客服进行订单中转，复制性强，更易增强用户黏性想象空间。

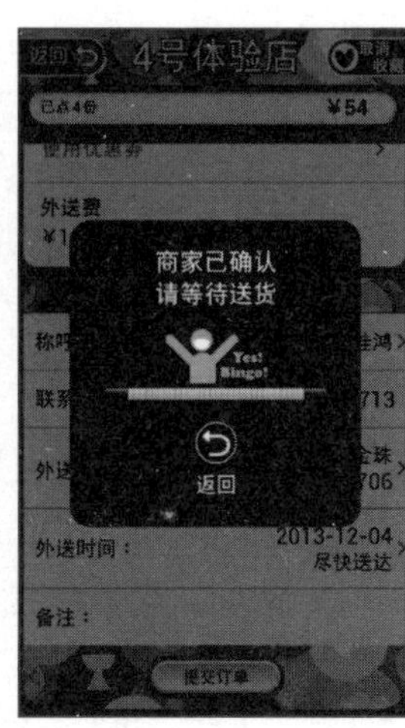

图 2-43　商家的反馈速度非常快

“我有外卖”和国外著名的外卖平台 JustEat、GrubHub 以及 Delivery Hero 一样，属于第三代外卖平台。第三代外卖平台最大的特点就在于专属的 O2O 外卖机下单方式，与传统的电话或订餐网站下单方式不同，通过 O2O 外卖机，商家可以做到 90S 内接单，沟通推广活动，结算费用，并直接打印订单，如图 2-44 所示。

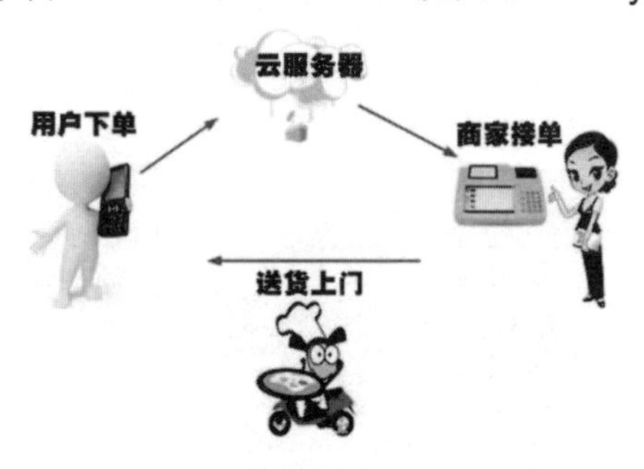

图 2-44　O2O 外卖机下单流程

目前，“我有外卖”有效地区用户数量在短短的一年时间里达到了 20 多万，入驻的商家数量达到了 5 000 多家，其中上海已经达到 3 000 多家。据悉，2014 年 3 月，“我有外卖”获得数百万元的种子融资，2014 年 9 月获得小米科技、深创投和胡泽明的 8 000 万元 A 轮融资。

据比达咨询（BigData）的监测数据，截至 2015 年初，在国内主流 8 大安卓应用分发平台（豌豆荚、安卓市场、百度手机助手、360 手机助手、木蚂蚁、安智市场、91 手机助手、腾讯应用宝）上，饿了么以 977.79 万次的下载总量居首，以微弱优势领先于美团外卖的 930.88 万次，淘点点以 496.56 万次位居第三位。“我有外卖”、百度外卖作为后来者，下载总量分别为 116.08 万次和 80.32 万次，如图 2-45 所示。

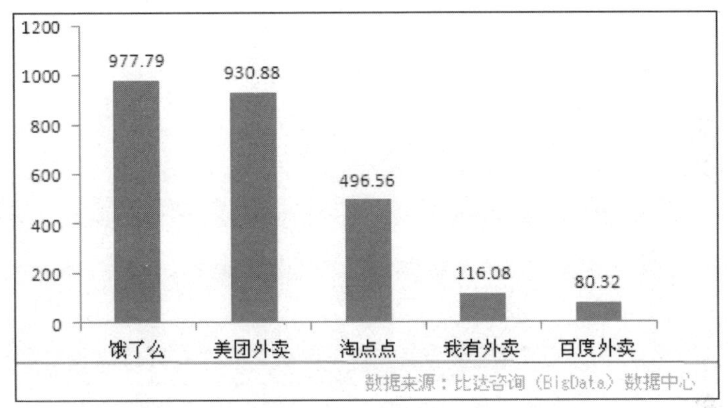

图 2-45　外卖 APP 安卓平台下载量（单位：万次）

笔者认为，“我有外卖”等新创业公司若想在社区 O2O 领域快速赶超、颠覆原有外卖行业大佬，那是相当有难度的。当务之急，还是做足做好产品，避开强势竞争、找准细分领域，站在快速发展的外卖行业的巨人肩膀上，或会后来者居上。

第3章

从零开始打造社区O2O平台

社会在进步，商业模式在变革，信息技术造就了超市业态，PC互联网造就了淘宝和京东等巨头，移动互联网也一定会造就相应零售业态。移动互联网、社区O2O、“最后一公里配送”、“线上线下结合”蕴含无限价值，本章将从零开始，介绍获得顾客、打造社区O2O平台的技巧。

◇ 吸引顾客，获取精准社区用户的秘密

◇ 社交+社区，增强顾客线上线下互动体验

3.1 吸引顾客，获取精准社区用户的秘密

谈起社区 O2O 的人群，大多数人会觉得是这些 40、50 多岁的大哥大姐，他们散布在小区周边，开着饭店、社区超市、百货店组成了小区的核心商业圈。其实，社区 O2O 最重要的不是这些大哥大姐，而是每天朝九晚五的都市白领人群，他们吃住产生了消费需求才有了商圈的成立条件。都市白领是社区周边的潜在客户，社区 O2O 平台如果能把白领用户掌握住，社区周边的商家也会跟着涌入。

本节将揭晓获取精准社区用户的常用技巧与关键点，帮助 O2O 平台吸引更多的顾客。

> **TIPS:**
> 笔者认为，社区 O2O 针对文化程度较高、容易接收新事物的白领用户实际成本会很大，但边际成本趋向于零。新产品多了带来的福利也大，使他们学会理性甄选，但一旦他们依赖上产品，成为产品的忠实粉丝后会使公司的营销成本逐步降低。

3.1.1 LBS营销：引导社区内的移动顾客

LBS 之于营销的真正价值在于：基于情境的搜索营销，基于消费基因的推荐引擎，以及基于数据挖掘的即时营销。LBS 服务的价值与二维码类似，就像浏览器是接触 Web 互联网最重要的入口一样，将成为移动互联网的入口之一，如图 3-1 所示。

LBS（Location Based Service，基于位置的服务）是通过电信移动运营商的无线电通信网络（如GSM网、CDMA网）或外部定位方式（如GPS）获取移动终端用户的位置信息（地理坐标），在 GIS 平台的支持下，为用户提供相应服务的一种增值业务。

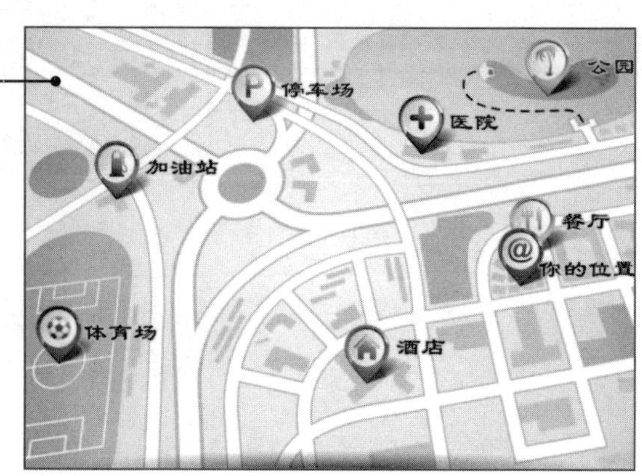

图 3-1　LBS 下的社区生活圈

在移动互联网时代的营销中，LBS 是个值得期待的领域，并且存在很多的机会。作为当下移动互联网最热门的应用，LBS 吸引了越来越多的品牌广告主以及代理公司的视线，并初步显现出商业价值。

LBS 营销就是企业借助互联网或无线网络，在固定用户或移动用户之间，完成定位和服务销售的一种营销方式。通过签到这种方式，可以让目标客户更加深刻地了解企业的产品和服务，最终达到企业宣传企业的品牌、加深市场认知度。这一系列的网络营销活动叫作 LBS 营销。

LBS 营销的主要功能如图 3-2 所示。营销的本质是线下营销：一方面是将户外的手机在线用户引导到线下消费场所；另一方面是即时激发已经身处线下商圈的用户的购买行为。

图 3-2 LBS 营销的主要功能

TIPS:

当前 LBS 应用服务，十之八九提供的是签到服务。签到本是 Foursquare 的立命之本，它主要提供基于用户足迹的"Check in"（签到）功能、位置分享，以及激励用户参与且带有浓厚娱乐和游戏趣味的虚拟头衔、勋章等机制。

长期以来，商家们非常注意研究自己潜在客户群组成情况，如研究哪些人经常走过自己的商店门口。对于经常路过的人，商家自然也有所了解。但对于经常光顾自己商店的老顾客，商家是否已掌握他们的具体情况？这些人从事何种职业？商家今后应该通过何种方式，才能同这些顾客进行更多接触？商家如何使老顾客再次光顾？

笔者认为，或许 Foursquare 及其他 LBS 手机应用程序能够帮助商

家们较好地解决这个问题。下面将通过两个案例介绍"LBS +社区 O2O"的营销策略，让社区商家们牢牢抓住属于自己的顾客。

【案例1】街旁网：签到模式+移动广告推送

LBS 营销模式的最大挑战在于要培养用户每到一个地点就会签到（Check-in）的习惯。而它的商业模式也是比较明显，可以很好地为企业或品牌进行各种形式的营销与推广。

如果说传统的移动广告是帮助品牌提升形象服务的话，那么 LBS 定位式的移动广告推广则是帮助本地企业和社区商家找到了推广的契机。定位式广告的最大优势在于，它能够直接推动用户进行消费。正如手机广告网络 Millennial Media 公司总裁兼 CEO 保罗·帕美瑞（Paul Palmieri）所说："手机可以把消费者直接领到你的店里。你没法一边用笔记本电脑一边逛商场，但你手里可以拿着智能手机。"

典型的方式，当用户登录 LBS 客户端，LBS 会自动检索用户当前所在位置，并显示附近正在或即将举行活动的地点，如图 3-3 所示。用户可以单击查看活动详情，并选择前往任意一个地点签到、赢取徽章、参加活动。

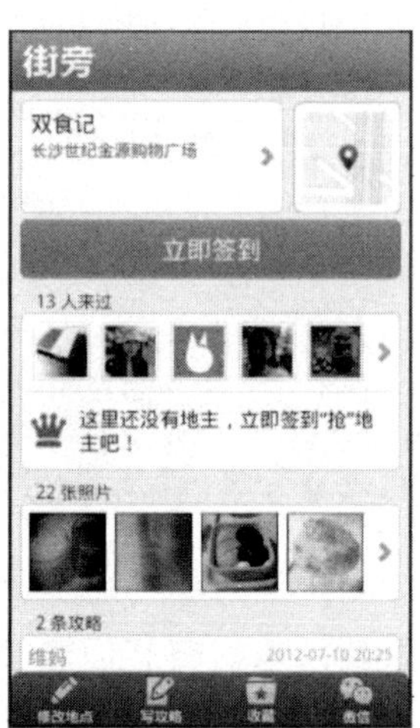

图 3-3 "街旁"APP 会自动定位进行活动推荐

街旁网现阶段则更多地与各种音乐会、展览等文艺活动合作，慢慢向年轻人推广与渗透，积累原始用户。LBS 应用最核心的产品机制是在某个地点签到，有机会赢取一枚特殊的徽章，如图 3-4 所示。

徽章对于 LBS 用户有非常大的吸引力，这也是品牌与 LBS 应用合作最简单的一种方式，利用用户赢取徽章的动力，与 LBS 应用合作发行具有特殊含义的品牌徽章。徽章一旦获得，将永远保留，对于品牌来说，将是长期的曝光，能够较好地让用户记住品牌形象。

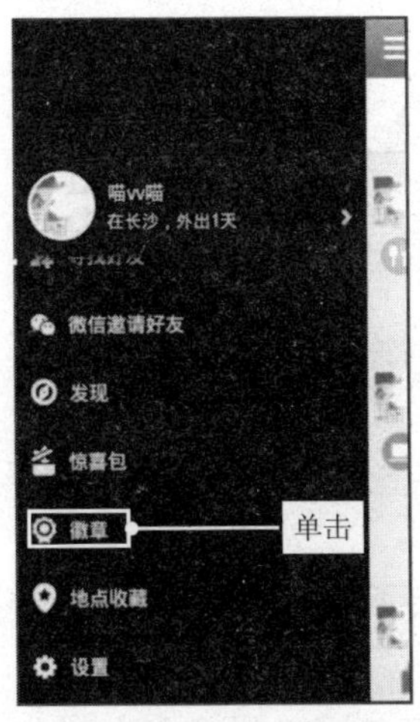

图 3-4　“街旁”APP 中的徽章

当下主流 LBS 应用是以“签到”模式为基础的营销，但对于大多数个体商户而言，“签到”似乎并无实际效益：“签到”与实际消费间总有虚实相间的价值鸿沟，企业希望除线上“签到”的飙升外，更能够掌握用户的实际消费诉求，为何他们“签到”，却不“行动”，最终导致线上消费外流他处。

因此，“签到”模式不能只基于“位置”，而是“位置＋营销＋行动”三面出击，企业不仅需要知道用户在哪儿，更需要知道用户为什么在那儿：LBS 服务商提供的将不仅是用户的区位坐标以及社区商家资讯的发布平台，更是千万签到者实际消费行为的反馈渠道。基于用户，真正从顾客出发，让“签到”成为制胜营销的铿锵利器，而非 LBS 博受众一悦的堂皇附庸。

目前，国内外的用户习惯差异很大，国外用户是真正会为了做签到而签到，因为他们觉得这是自己希望做的，而国内的用户更希望通过参与签到获得什么，对商业化的需求很大。最近国外 JiWire 的调研报告显示：地图及 checkins 依然是 LBS 最受欢迎的操作。不过突出一点是：打折信息、优惠券是排名第二的需求，可以看出 LBS 带来的商业价值和用户需求的对接。LBS 人群特性以及对位置商业生态系统影响数据如图 3-5 所示。

一旦记录了用户的行动轨迹，就可以对轨迹数据进行分析、挖掘，掌握用户的行为特征，从而为用户提供具有直接针对性、个性化、智能化的基于位置的服务，改变目前 LBS 服务单纯依赖于签到、弹性社交、问答等几个简单模式，从而极大改善用户的使用体验。

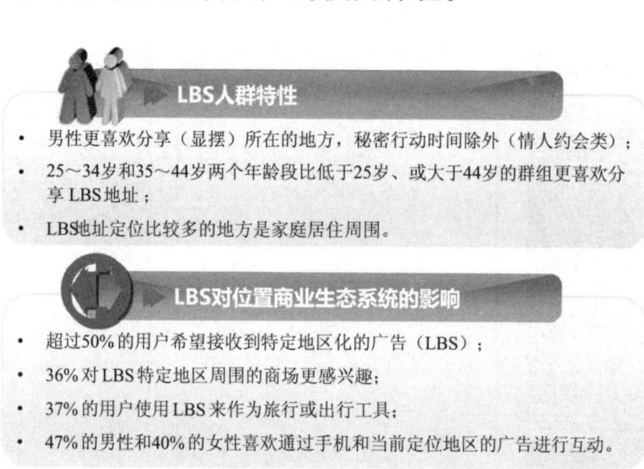

图 3-5　LBS 用户行为分析

另外，社会化媒体平台上的口碑对于社区商家来说是提升形象和驱动销售的最直接动力。目前几乎所有 LBS 应用都可以绑定各类微博和常用的 SNS 网站，通过 LBS 客户端的地点、签到、徽章以及商家优惠信息等都可以同步到这些平台，如图 3-6 所示。

图 3-6　“街旁”APP 可以将信息同步到各类微博和常用的 SNS 网站

嘀咕的“签到”对于大型连锁商家无疑是与顾客直接对话的最佳模式；然而，对于社区中的大多数小商小贩来说，也许“街旁”与“区区小事”

等基于“邻居”的社交互动模式，更适宜中国社区 O2O 模式的发展。企业可以通过在 LBS 应用中设置巧妙的营销机制，让用户成为品牌的传播因子，并以这个用户为核心，通过他的好友圈子形成更大范围的口碑传播。

TIPS:

企业需要注意的是，仅仅局限于以地理位置定位进行相应的信息推送，很容易掉入“众口难调”的“泥潭”。与互联网上的大众需求相比，移动互联网营销面对的是无处不在的个性化需求。照搬互联网的商铺点评模式，无法让移动中的用户真正体会到随时随地消费导航的便利。笔者认为，真正“杀手级”的营销应用尚需一种能即时满足消费需求、尽可能减少用户操作，与位置、情境相配套的推荐引擎，这些都还需要企业和开发者一起努力。

【案例2】手机淘宝：基于地理位置的搜索服务

LBS 应用的第二个模式就是基于地理位置的搜索服务，比较容易想到的就是基于地理位置的周边搜索。例如，手机淘宝具有查看附近的生活优惠信息、商品搜索、浏览、购买、支付、收藏、物流查询、旺旺沟通等在线功能，是社区用户方便快捷的生活消费入口，其操作方法如下。

（1）进入“手机淘宝”首页后，单击“淘生活”按钮，如图 3-7 所示。

（2）进入“淘生活”界面，单击“生活服务”按钮，如图 3-8 所示。

图 3-7　单击“淘生活”按钮

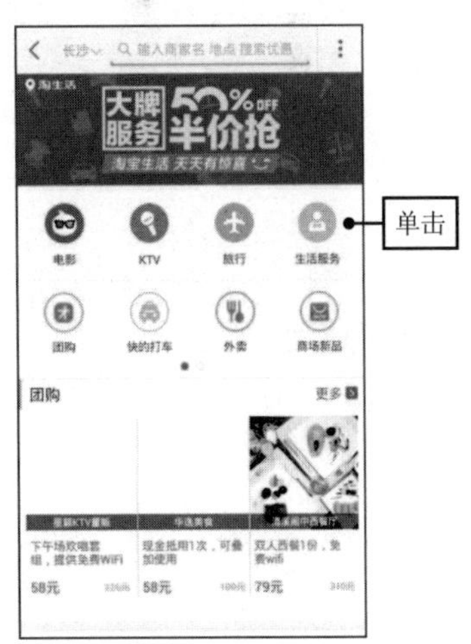

图 3-8　单击“生活服务”按钮

（3）进入“生活服务”界面，单击“更多”按钮，如图 3-9 所示。

（4）执行操作后，显示所有的生活服务类目，用户可以在此选择相应的服务，如图 3-10 所示。

图 3-9　单击“更多”按钮　　　　图 3-10　生活服务类目

（5）例如，选择“便民服务”中的“送水”服务，如图 3-11 所示。

（6）执行操作后，即可搜索到相应的服务列表，如图 3-12 所示。

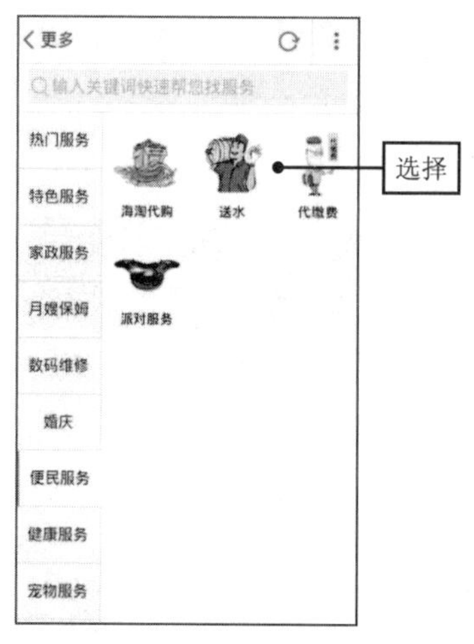

图 3-11　选择“送水”服务

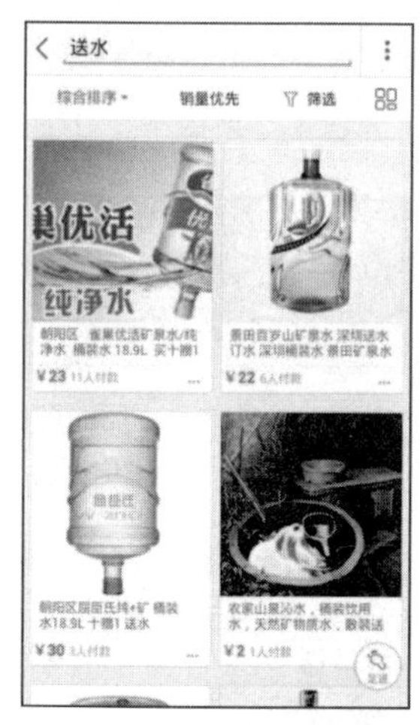

图 3-12　搜索到相应的服务列表

（7）用户可以单击“筛选”按钮，设置价格区间、折扣、商品类型、发货地、重新定位、分类等筛选条件，如图 3-13 所示，以更精准地搜索自己想要的服务。

（8）选择相应服务后，进入其详情界面，用户可以通过手机淘宝直接下单支付，等待商家送货上门即可，如图 3-14 所示。

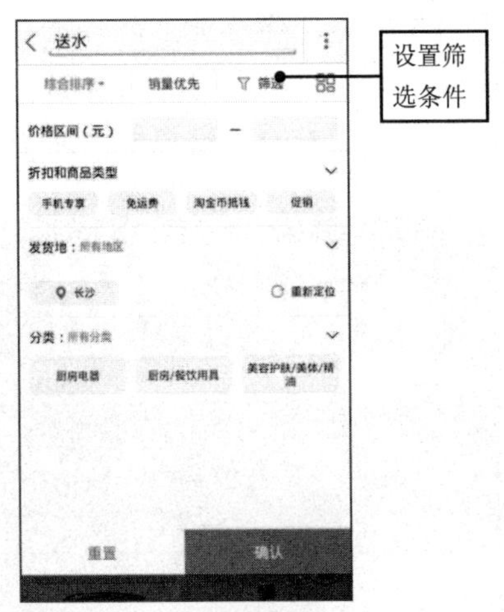

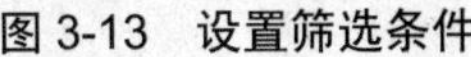
图 3-13　设置筛选条件

图 3-14　详情界面

在生活消费过程中，除了交易，消费者最渴望的就是消费前对于商家、产品等信息的了解，以及消费后的经验分享，网络平台的点评应用恰恰满足了消费者的这种需求。手机淘宝向用户提供多层次的点评方式，印象、评分、图文点评等。大量点评的累积，使得商家的各种信息更加透明，成为消费的重要参考。另外，富有层次、互动的点评功能也让消费者的分享更有乐趣和影响力。

在 LBS 和电商领域的交界处，会有很多创新性的移动 APP 诞生，而创新的生活模式势必会影响我们的日常生活。在本案例中，手机淘宝通过结合 LBS 和 C2C，将线上线下打通，为大众构建一个基于社区 O2O 模式的本地化生活服务类应用。

3.1.2　精致内容：用图片故事吸引消费者

“提供价值，而非吸引眼球”，这是运营社区 O2O 平台的态度，也是能否留住顾客的关键，应该引起社区商家的重视。然而要做到这一点，商家必须在 O2O 平台上提供精致的内容和互动，才能真正地为顾客们提供价值。

单纯的文字或者语音消息推送，可能宣传效果有所欠缺，商家可以运用“图文并茂”的品牌故事开展社区 O2O 营销。

首先，图文并茂的信息形式能够更直观地展示产品，包括特色和优惠、折扣等，吸引特定的市场和特定的客户，提供个性化、差异化服务。

其次，这个方式有助于商家挖掘潜在客户，将企业产品、服务的信息传送到潜在客户的大脑中，为企业赢得竞争的优势，打造出优质的品牌服务。如图 3-15 所示，是肯德基的优惠活动信息，商家借助产品图片，直观而形象地诱导用户。

营销要求内容为王，不管是以前的线下营销，还是现在的线上营销，都是一个永恒不变的真理。社区 O2O 平台作为新的信息传播媒介，它对内容营销的价值是显而易见的：首先，传播的内容包罗万象，而且信息含量大；其次，信息的载体除了文字之外，还包括其他各种多媒体形式，可选择性大。

图 3-15　图文信息

在进行内容营销之前，社区商家必须懂得一些内容策略。内容策略从字面的意思来看，可以理解为指导社区商家如何精选题材，如何精编内容。同时，它也指导社区商家如何通过发布合适的内容，来实现预定的营销目标。

社区商家的营销人员进行的最直接且最重要的一项工作，就是通过微信发布信息，而商家所发布的信息必须经过认真的思考和衡量，要从用户的心理和企业目标的角度出发，考虑各方面的问题，尤其是中小企业。为了吸引其他用户的注意，社区 O2O 平台发布的营销信息必须遵循"3I 原则"。

（1）有趣（Interesting）。即内容要有足够的新意，有足够吸引人的地方。营销人员需要花足时间巧妙地构思营销创意，当然创意和新意总是有限的，但社区 O2O 平台发布的内容至少要使得企业的主页面信息不至于空洞无聊，特别是要防止发布硬性广告，此类广告不仅得不到关注，反而会引起普通用户的强烈反感。

（2）利益（Interest）。这里所说的利益是指对用户有利益、有用、有价值的内容，也就是说，社区商家所发布的内容具有一定的实用性，能够向用户提供一定的帮助，既可以是提供信息服务、传授生活常识、利用视频课程帮助用户解决困难，也可以向用户提供促销信息或者折扣凭证、发放奖品等。

（3）个性（Individuality）。个性是最难把握的一个原则，社区商家要注意发布的广告内容要自成体系，在报道方式、内容倾向等方面要有特点，并且能长期保持这种一致性，这样才会给用户一个系统和直观的整体感受，使店铺的线上营销比较容易被识别，与其他商家"划清界限"，个性化的营销方式可以增强用户的黏性，使用户持久关注。

【案例3】汇搭：吸引有服饰搭配需求的用户

随着移动互联网的盛行，美眉们不再需要打开电脑，就可以与互联网进行互通，这场变革，已经开始实实在在地为大众带来了便利。例如，当我们每天都为如何搭配服饰烦恼的时候，完全可以打开并参考手机APP——汇搭。

（1）在"汇搭"APP 主界面中，用户可以自由地翻阅最新的时尚资讯，如图 3-16 所示。

（2）单击相应的服饰搭配方案，即可查看其详情，如图 3-17 所示，单击文字介绍右侧的 × 图标，还可以在手机屏幕中全屏预览。

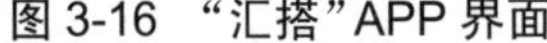
图 3-16 "汇搭"APP 界面

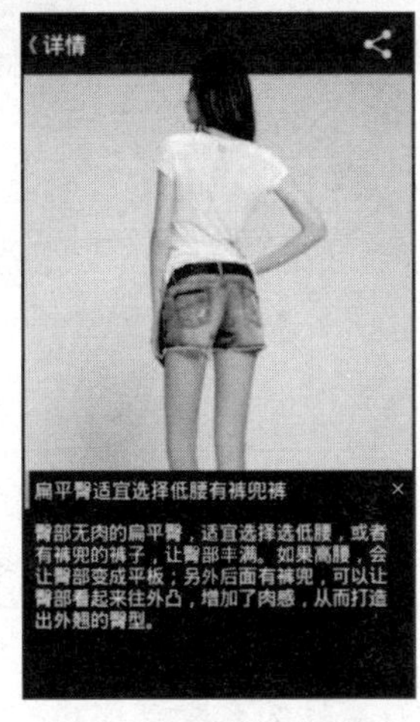

图 3-17　查看服饰搭配详情

（3）在"详情"界面单击右上角的分享按钮，在弹出的对话框中，用户可以将该搭配方案分享到云分享、电子邮件、电脑、好友、QQ 空间、蓝牙以及信息等，如图 3-18 所示。

（4）在搭配服饰的下方，用户可以查看所有搭配清单，如图 3-19 所示。

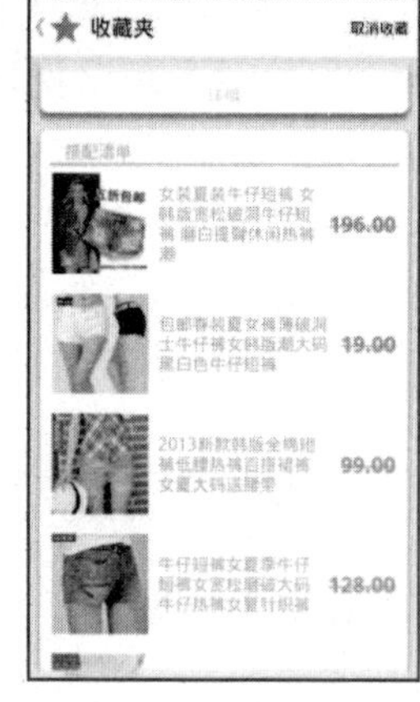

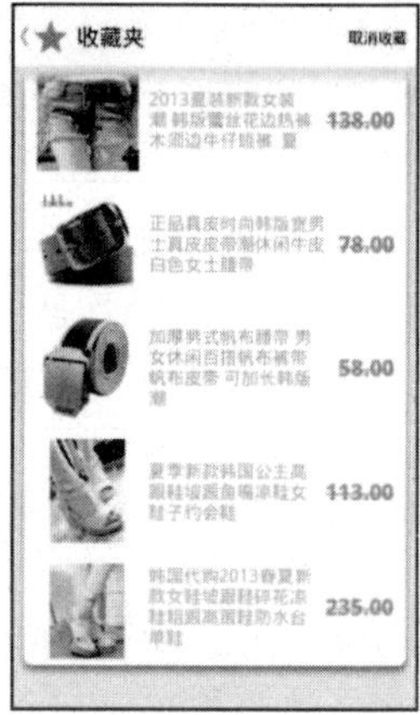

图 3-18　分享服饰搭配方案　　　　图 3-19　查看服饰搭配清单

（5）在清单中选择相应的服饰，即可跳转到淘宝商品页面，方便用户进行购买，如图 3-20 所示。

图 3-20　淘宝商品页面

“汇搭”APP 通过图文并茂的页面为消费者提供实实在在的搭配技巧，吸引有服饰搭配需求的用户，并向其推荐合适的商品，这不失为一种商家、消费者双赢的内容营销模式，这一点值得进行社区 O2O 营销的商家学习。

3.1.3　互动活动：快速吸引消费者关注

活动是社区 O2O 营销最“爽”的一种营销模式，无论是送奖品还是共同参与同一个话题的探讨，这一定是用户增长速度提升最快的一种模式。

为了让整个社区 O2O 营销活动更具有延续性和主动传播的动力，社区商家可以将漂流瓶打造成真心话分享站，让参与活动的受众用自己的故事为品牌传递影响力，当然，要随机赠送礼品以激发消费者的主动性，如图 3-21 所示。

在快消品、餐饮行业等行业，通过活动增加粉丝的速度更加明显，免费试吃、免费抽奖等活动就可以推动粉丝分享到自己的朋友圈，如果朋友圈的粉丝共同到店也免单，则会吸引更多的用户。

图 3-21　线上抽奖活动

活动营销最关键的一点在于它完全符合自己受众的需求，而且获得的用户全是真实用户，越多的人群效应是口碑爆发的前提。社区商家如果充分了解自己的用户群，就能针对用户的需求，制定符合用户兴趣需求的商业活动，有的放矢，通常宣传效果会更显著。

当然，社区商家在推出这样的商业活动时，要考虑一个适度的问题，太频繁的活动推送只会让用户感到厌烦，因此过度的广告推送是不可取的，商家需要制定合理的频率推送，坚持适度的原则。

【案例4】吉野家："凭脸吃我"4天7 000参与者

吉野家在推出新品"吉味米堡"时，除了请到当红明星代言，在微信营销上也另辟蹊径，推出创意微信优惠券——"凭脸吃我"，通过线下门店推广引导，微博、微信、代言人、意见领袖推荐，普通消费者朋友圈分享口碑传播，仅 4 天就收到 7 000 多张图片参与，如图 3-22 所示。

吉野家"凭脸吃我"活动中的优惠券是以二维码的形式存在，可重复扫描使用。用户发送脸部照片，得到一条图文消息，单击图文消息进入中

奖页面，程序自动将固定的边框及水印添加到用户发来的照片上，并按设置好的中奖概率随机出现一条优惠奖品及其二维码，用户可随时到店进行二维码扫描并兑换奖品。页面还具有分享到微博及微信功能。

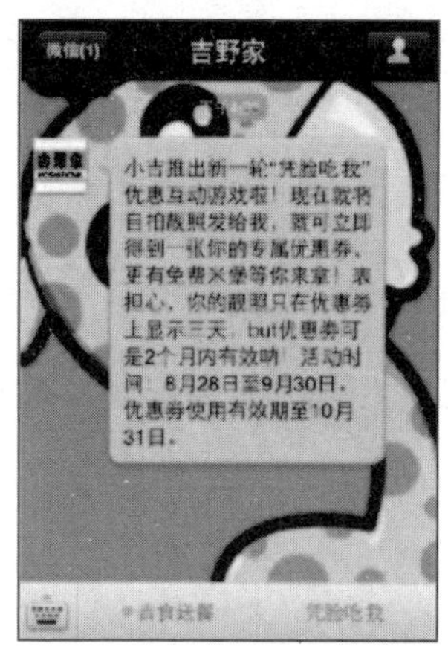

图 3-22 吉野家推出创意微信优惠券

吉野家鼓励消费者将自己的优惠券分享到朋友圈，与朋友一起分享这份优惠；并通过朋友圈这个网络上信赖度最强的口碑传播平台，形成与友同乐的感觉（类似微信打飞机游戏的传播），引导更多消费者的参与。

3.1.4 社会化营销：便捷社交赢得海量红利

社会化营销与社区 O2O 模式，都是在移动互联网趋势的大背景下产生的热点推广模式，是碎片化时间下的及时信息推送和互动的模式，更容易与潜在用户以及准用户进行深层次交流，进行产生产品、品牌展示，从而产生最终的消费行为。

在 1971 年，杰拉尔德·蔡尔曼和菲利普·科特勒提出了“社会营销”的概念，促使人们将营销学运用于环境保护、计划生育、改善营养、使用安全带等具有重大的推广意义的社会目标方面，这一概念的提出，得到世界各国和有关组织的广泛重视，斯堪的纳维亚地区、加拿大、澳大利亚和若干发展中国家率先运用这一概念，一些国际组织，如美国的国际开发署、世界卫生组织和世界银行等也开始承认这一理论的运用，是推广具有重大意义的社会目标的最佳途径。

社会营销是一种运用商业营销手段达到社会公益目的或者运用社会公

益价值推广商业服务的解决方案。营销是有意识地改变消费者行为的工作策略，别人也许原来用那个品牌，但营销的目的可以使其成为本品牌的使用者。

随着网络的普及、使用互联网的人越来越多，微信、BBS、Blog、IM、SNS、Video 等国际上称之为社会化媒体的东西逐渐占领了网民的心，并已深深扎根到我们的生活当中。

参与社会化媒体营销的目的，是为了成为一个社会化品牌，而并不是为了做社会化营销。这是一个让顾客参与进来的过程，让品牌可以聆听市场的声音，可以跟外面的世界互动的过程。社会化媒体营销不是一个营销方案，也不是一个可以即时产生商业收益的活动。但是，通过正规专业的管理，从长远来说，社会化营销对品牌的财务回报率可以是最高的。

社会化媒体整合营销就是在原有口碑营销的基础之上，结合现今 Web 技术所有的社会化的媒体营销工具，以更为快速的服务方式，并且按照不同的服务人群以及服务角度，建立社会化的网络服务平台，提供企业品牌声誉管理系统、企业级社会化解决方案、意见领袖传播模型、影响力事件缔造、病毒营销等服务模式，为厂商提供权威专业有效的社会化媒体的整合传播服务。

笔者归纳社会化媒体的 7 种基本形式，如表 3-1 所示。

表 3-1　社会化媒体的 7 种基本形式

基本形式	主要功能
博客	博客是社会化媒体最广为人知的一种形式，它是在线的刊物，最近发布的内容将显示在最前面
微信	微信提供了文字、图片、语音、视频、实时对讲等功能，通过微信可以推广品牌、活动、网站
百科	例如维基、百度等百科就像一个公共数据库，人们可以在上面添加内容，或对现有的内容进行修订和增补。最著名的维基站点是维基百科——一本在线的百科全书，仅英文资料就超过 150 万篇文章
播客	可以通过 Apple iTunes 等软件来订阅的视频和音频内容
论坛	用来进行在线讨论的平台，通常围绕着特定的话题。论坛是最早出现的社会化媒体，同时也是最强大、最流行的在线社区平台
社交网络	人们可以在这类站点上建立个人的主页，在朋友之间分享内容并进行交流。最著名的社交网络是 MySpace，它拥有一亿零七百万用户
内容社区	组织和共享某个特定主题内容的社区。最流行的社区一般集中于照片（Flickr）、书签（del.icio.us）和视频（YouTube）等相关内容

整合式社会化营销的传播功能，远比只做一个渠道的营销更大。笔者认为，任何营销都应该配合企业的总体营销目标，要有严谨的规划、规范的操作，以及预先定下的可量化指标。

传统的媒体采取的是“广播”的形式，内容由媒体向用户传播，单向流动。而社会化媒体的优势在于，内容在媒体和用户之间双向传播，这就形成了一种交流。另外，大部分的社会化媒体都具有强大的连通性，通过链接，将多种媒体融合到一起。

现在很多国内企业一谈社会化媒体营销，必谈微博营销，一谈微博营销，只谈新浪微博营销，仿佛在中国，社会化营销就是微博营销，这是现在很多企业常犯的错误。在笔者看来，无论是国外的 Facebook、YouTube、Twitter、Foursquare，还是国内的人人网、开心网、微博、优酷等，都不是万能的。在一个单一平台上做营销推广，所能发挥的协同效应一定非常有限。因此，企业应该视它们为其中一个推广平台或是渠道，把它们组合起来，才能够达到最大的效益。

社区用户的生活圈很小，很容易造成用户的分享埋没在狭小的生活圈里，进而对用户的分享积极性产生消减作用，但分享如果借助企业的影响力形成的传播圈是可以无限扩大的，企业通过用户分享更能表达产品的价值与服务水平，大家说好的产品才是好产品。

总之，成功的社区 O2O 营销会利用不同的线上线下平台，作为面对不同目标社群的营销渠道，借此发挥协同效应，让传播力度从一个点扩散到一条线，以及一个更大的层面。

【案例5】手机QQ：新增QQ生活服务平台

在手机 QQ 中，加入了“生活服务”功能，如图 3-23 所示。“生活服务”功能采用了类似微信的公众平台营销模式，进一步对接了线下商家，实现了社会化媒体工具与 O2O 营销模式的深度融合，如图 3-24 所示。

“生活服务”平台和微信公众平台的概念类似，提供生活服务账号查找、关注、信息展示等操作。和微信不同的是，手机 QQ 的“生活服务”更加侧重本地生活服务，走的是精品路线。前期手机 QQ 的“生活服务”主要面向腾讯内的业务体系，如 QQ 电影票、腾讯新闻等，后期可能会向周边的商家开放。

手机 QQ 引入"生活服务"平台后，新版手机 QQ 将先于微信推出移动支付，主要是和财付通合作，在手机 QQ 内完成用户消费闭环。

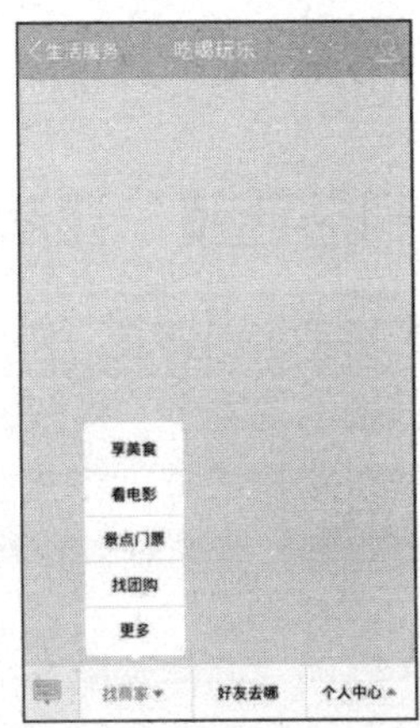

图 3-23 "添加生活服务"界面　图 3-24　类似微信的公众平台营销模式

手机 QQ 的移动支付主要有 3 种方式。

（1）二维码支付：通过扫描二维码跳转到支付页面，再通过财付通完成支付。

（2）公众号支付：通过单击"生活服务"的公众号，进入支付页面中，通过财付通、QQ 钱包、银行卡直接支付等方式完成付款，如图 3-25 所示。

（3）外部支付：手机 QQ 可以唤起外部支付类 APP，调用手机本地的支付应用，如各种银行客户端、财付通客户端等，完成支付，如图 3-26 所示。

图 3-25　公众号支付

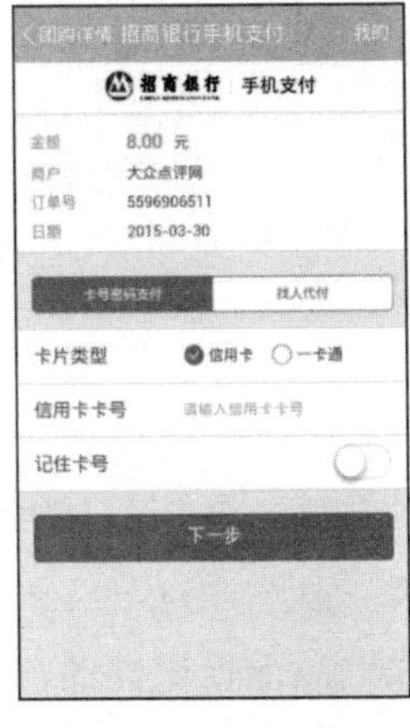

图 3-26　外部支付

“附近的群”、生活服务平台、移动支付三大功能表明，QQ 手机版是用生命在跟微信赛跑，当然也是其深度移动化战略的一步。QQ 的使命是满足多场景、多终端的沟通需求，手机只是其中的一部分，未来无论是PC、手机、智能电视还是可穿戴设备都将可以使用 QQ。

3.1.5 利益让渡：让消费者乐于移动支付

随着智能手机的普及，使用手机的时长将会超过使用电脑的时间，随着移动支付技术的发展，促使社区 O2O 商业模式的成交节点形成，以后社区内的移动购物将成为主流。对于社区消费来说，移动支付不仅意味着支付方式的变革，更意味着一种全新的生活方式和商业时代的到来。

移动支付说到底是金融业务与传统电信业务领域融合的产物，其一方面推进电信市场朝更加开放和多样化的阶段发展，另一方面让每一个人都向顺畅沟通和电子交易迈进一步，甚至从根本上改变人们的沟通和支付方式。这样，金融机构、电信运营商及第三方服务商优势互补，协力前行，共同掘金移动增值领域。

随着移动支付时代的到来，传统企业也开始转型，抢滩移动支付市场。新潮的手机付款，给传统线下企业带来品牌提升效应，同时也将方便用户购物消费，形成社区 O2O 营销闭环，如图 3-27 所示。

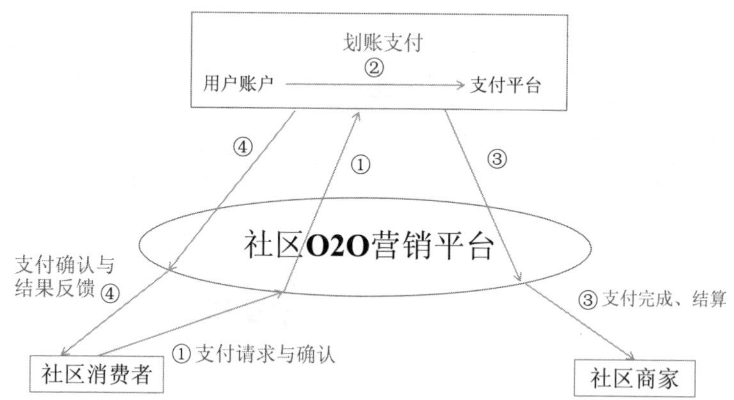

图 3-27 移动支付下的社区 O2O 营销闭环

在社区 O2O 领域，一方面，移动支付业务可刺激用户产生更多的数据业务需求，从而促进其他社区移动互联网业务的发展；另一方面，移动支付有利于社区商家稳定现有用户并吸纳新的用户，提高自己的竞争力。

【案例6】微信红包：抢占移动支付入口，布局社区O2O

2014 年 1 月 25 日晚，微信新版 5.2 上线，一个有趣的公众号——“新年红包”开始“病毒式”地在微信群、朋友圈中传播开来。2014 年春节，微信红包异军突起。2015 年春节，微信红包升级，而多家社交平台和支付平台也瞄准了红包商机。“抢红包”的小游戏迅速盖过“打飞机”，成为时下拇指族中最火的活动。

在 2015 年的春晚播出时，大家只要拿起手机，打开微信，进入“发现——摇一摇”，切换到摇歌曲模式，然后对着电视摇一摇，微信就会根据电视里的声音识别，进入春晚互动页面。大家可以开抢由各企业赞助商提供的价值超过 5 亿元人民币的微信现金红包！

数据显示，羊年春晚微信“摇一摇”互动总次数超过 110 亿次，央视春晚摇红包创造了全民欢乐互动的历史，让“看春晚”“抢红包”“摇一摇”成了 2015 亿万中国家庭的新年关键词。2015 年除夕至初五（共六日），微信红包收发总量为 32.7 亿次，其中除夕当日收发总数达到 10.1 亿次，创下了历史新高。

除了抢新年红包外，用户也可以自己包红包，然后发给亲朋好友。红包发放的金额没有设上限，也不设人数限制，但发送给指定好友的红包面值最小为 1 元。新年红包目前只支持储蓄卡付款，接到的一方在打开红包后，钱款将自动进入其微信支付账户，并可在最多一日之内再转入与其微信关联的银行卡。

微信派发红包的形式共有两种，第一种是普通等额红包，一对一或者一对多发送；第二种更有新意，被称作“拼手气群红包”，用户设定好总金额以及红包个数之后，可以生成不同金额的红包。

TIPS:

社区 O2O 的核心在于在线支付，一旦没有在线支付功能，社区 O2O 中的成交节点就无法形成，企业则很难看到自己的营销效果。以微信的企业公众平台为例，如果没有能力提供在线支付，仅凭网购后的自身统计结果同商家结算，结果必须是双方无法就实际购买的精确人数达成一致而陷入永无休止的纠纷。

微信派发红包的具体操作方法如下。

（1）在微信“我的钱包”界面，单击“微信红包”按钮进入其界面，此时有两个选择，“拼手气群红包”和“普通红包”，如图 3-28 所示。（“拼手气群红包”需要输入发红包的个数和总金额，在分享给微信群后，每个红包金额随机生成。）

（2）例如，单击“普通红包”按钮进入其界面，设置相应的“红包个数”“单个金额”和留言，单击“塞钱进红包”按钮，如图 3-29 所示。

（3）进入“确认交易”界面，用户可以选择“使用零钱支付”或“添加银行卡支付”两种方式，如图 3-30 所示。

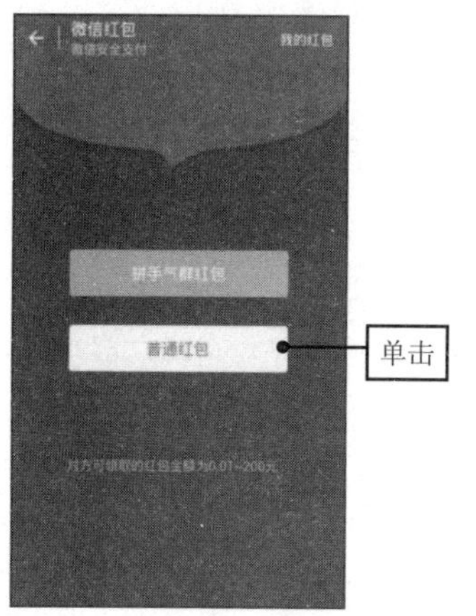

图 3-28 “微信红包”界面

图 3-29 设置“普通红包”

（4）例如，选择“使用零钱支付”后，即可快速生成红包，单击“发红包”按钮，如图 3-31 所示。

图 3-30 选择相应的支付方式

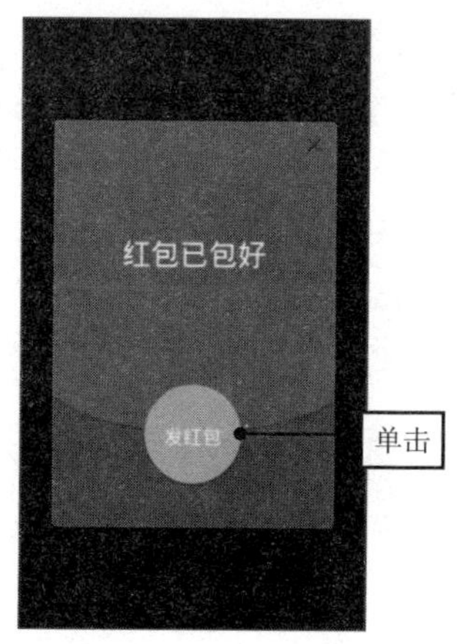

图 3-31 单击“发红包”按钮

（5）执行操作后，进入“选择”界面，用户可以在此搜索要发送红包的朋友，或直接选择相应联系人，如图 3-32 所示。

（6）弹出“确定发送给”对话框，确认无误后，单击“发送”按钮即可，如图 3-33 所示。

图 3-32 选择发送红包的朋友

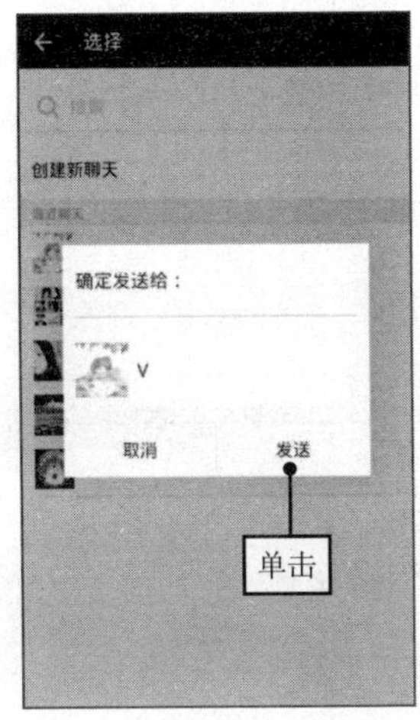

图 3-33 单击“发送”按钮

（7）执行操作后，好友即可收到红包，如图 3-34 所示。

（8）单击红包即可打开，好友还可以进行留言答谢，如图 3-35 所示。

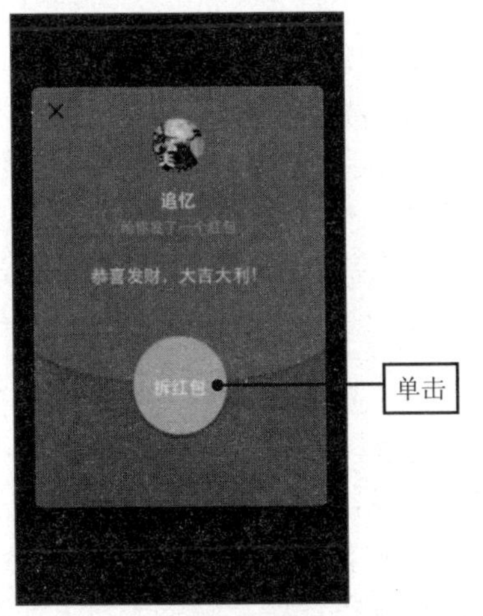

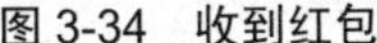

图 3-34 收到红包

图 3-35 打开红包

笔者认为，微信红包的目的是通过社交圈扩散的方式，利用“支付+

社交”的模式，让用户开通微信支付。而收到红包的用户想要变现，则需要绑定银行储蓄卡，微信支付的交易量也随之节节攀升。在微信红包面前，好朋友的一句“给你发红包了，关联一下银行卡，收下吧”，将会比任何广告都有奇效。

例如，2014 年 6 月 28 日，乐居“微信购房季”活动在全国 60 多个城市正式启动，一场“指尖上”的红包大战正在打响。参加的楼盘奖品也非常丰厚，开发商提供的优惠更是前所未有，如图 3-36 所示，很多购房者都感叹自己买房的时候没用到微信红包的优惠。另外，只要用户把红包分享至朋友圈，你的好友单击进去，你就会多一次抽奖机会。分享越多，机会越多，奖品也就越多。

微信红包中有一类是企业发放的红包，由于只能用于定向消费，更像是一种代金券。例如，此次“微信购房季”活动，乐居联合全国数百家开发商，数千个楼盘，在全国范围内为购房网友提供包括超过 600 余套特价房、超 5 000 万元的购房基金、近 1 500 万元的装修基金、超 500 万元的物业基金、超 1 000 万元的家电基金，此外还有近 1 000 万元的旅游基金，以及海尔智能家电、京东购物券等在内的七重红包豪礼，红包奖品总价值超 2 亿元。

图 3-36 “微信购房季”的红包奖品

TIPS:

与投入数亿元、借嘀嘀打车等来培育用户习惯不同，微信红包几乎不费腾讯“一兵一卒”，就让用户在自娱自乐的同时，轻轻松松地“交出”了银行储蓄卡，加入了微信支付的大军。

在微信 6.1 版中，与传统企业较为密切的是“摇一摇”功能的升级，即可搜索到附近社区商户的卡券，以及微信红包可以通过附件栏发放。“可搜索附近的餐馆”，摇一摇功能可以摇到社区商户的卡券，或为餐饮商家到店消费用户数量带来更好保障，商家拥有更有效的顾客入口，如图 3-37 所示。

事实上搜索附近商家、摇出商户卡券，无形中帮餐馆完成了商业对接，微信也增加了自己的线上支付用户。社区商户的红包可以快速吸引顾客到店消费，而微信红包正在渗透进连接微信支付和实体消费的领域，其战略意义不言而喻。

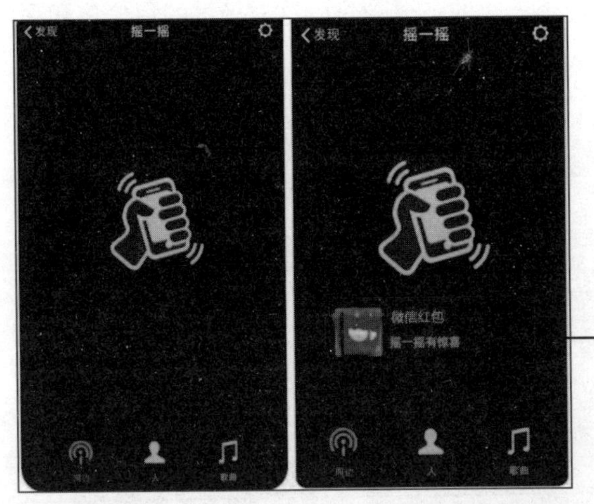

只要社区餐馆开通了服务号，就能在微信公众后台增加线下门店信息，被用户通过附近的餐馆搜索到。如果还开通微信支付和卡券功能，用户就能直接获取优惠券进行消费。而对于那些尚没有开通服务号的餐馆来说，来自大众点评的数据可能成为它们的信息载体，类似它们之前在“附近的人”和“朋友圈定位”中展示出来的样子。

图 3-37 “摇一摇”发红包

笔者认为，相比于春节时才集中爆发一次的抢现金红包，“代金券”式红包的派发其实更有看点，这才是真正意义上的线上和线下实体消费的结合，是微信在社区 O2O 领域的新尝试。这样的红包是每天都有效的，可以保证长期运营下去。

3.2　社交＋社区，增强顾客线上线下互动体验

这是一个“社交媒体大爆炸”的时代，对于社区大型企业或小型商家来说，谁不会利用社交媒体这种廉价高效传播广的营销方式，谁就失去了一条与用户最直接的沟通渠道。在移动互联网时代，结合着口碑营销的“社交＋社区”营销，到底怎么做才能最有效？本节将告诉你答案。

3.2.1　【案例7】Nextdoor：社交即入口，渗透线下

Nextdoor 是美国最大的“社交＋社区”型 APP，如图 3-38 所示。用户在注册时，需要提供家庭住址证明自己属于这一社区范围，社区内发布的消息仅仅该小区的用户可以看到。

据悉，Nextdoor 已建立 6 000 个社区站点，每个社区中有 500～750 户人家，并获得积极反馈、较高的用户参与度。目前，Nextdoor 在美国覆盖的小区超过 53 000 个，并正在向国际扩张。2014 年 10 月份时，Nextdoor 引入警署等公务机构专属注册通道——以更深地挖掘治安这一场景。政府机构的入驻无疑是个大大的加分项目，这对社区的用户量和活跃度都是利好，也是让投资者比较放心的地方。

图 3-38　Nextdoor APP

很多情况下，Nextdoor 更是一个社区二手交易市场，邻里之间可以方便地互通有无，如图 3-39 所示。基于类似的需求，Nextdoor 将来可能会在小区周边信息服务上探索商业模式，比如修理电器、疏通下水道等。

图 3-39　Nextdoor APP 的邻居社交模式

目前来看，没有公司可以在社交网络方面对用户数量庞大的Facebook造成威胁。然而，在目前的市场格局下，仍然有社交网络可以取得成功，他们另辟蹊径，瞄准小规模用户团体，找到自己的蓝海。Nextdoor就是其中的一个，该网站致力于帮助社区邻里间建立联系。据悉，由Redpoint Ventures与Insight Venture Partners领投的一轮融资中，Nextdoor成功融资1.10亿美元。更重要的是，该轮融资使Nextdoor的估值达到11亿美元，成功跻身10亿美元估值俱乐部。

TIPS:

虽然在中国，社区邻居社交领域同样有待填补，但也存在以下两个不同之处。

（1）社交性质和频率不同。美国的流动人口从整体上说属于永久性迁移，并且频次远高于中国，而中国则多为短暂性迁移，属于“进城务工人员”。

（2）人群不同。美国社区社交区域多元化，包括以宗教信仰和教会派别、不同种族族群以及兴趣爱好等；中国则较为单一，主要为地域之间和代际之间。

相对于美国，国内社区线下服务严重滞后于业主需求，如图3-40所示，这也是国内模仿Nextdoor的创业者不得不认识到的两大客观存在。

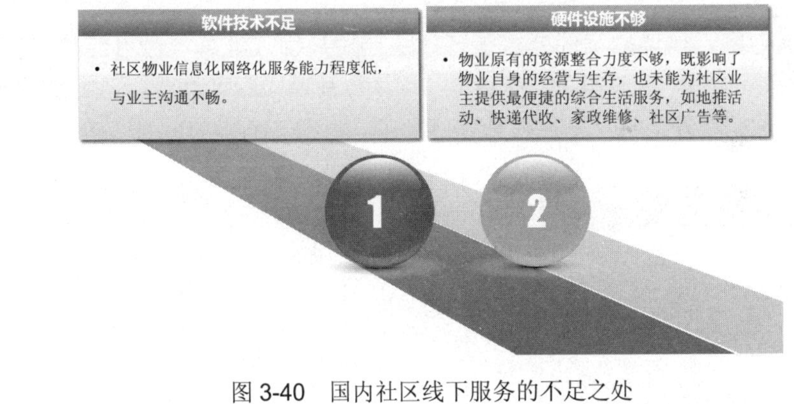

图3-40　国内社区线下服务的不足之处

3.2.2　【案例8】面包圈：基于地点的包打听社区

“面包圈”APP是国内首款即时性微问答应用，“上天入地包打听”，是吃货玩货的掌上“打听神器”，它能帮助用户及时获取周边一些有用的信息。例如，用户如果想去就近的某社区餐厅用餐，可以通过“面包圈”APP迅速询问到社区餐厅的位置，甚至是排队情况，如图3-41所示。“面包圈”APP以新浪

微博、腾讯微博等社交网络为平台，找到与问题相关的人进行匹配并向对方询问。创始人韩晓光表示，希望能够将用户导入“面包圈”自己的社区中。

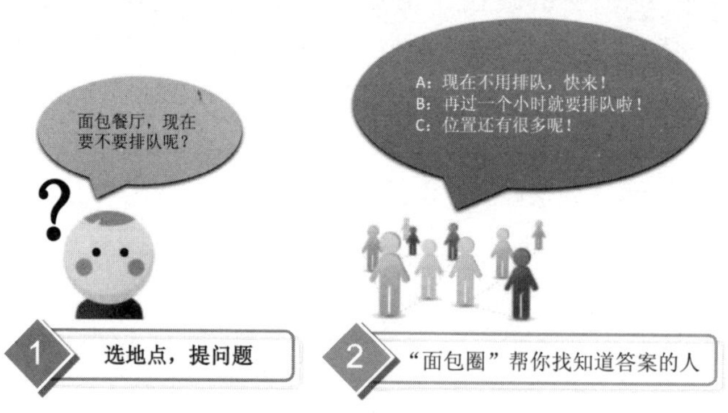

图 3-41 通过“面包圈”寻找答案

“面包圈”常见的使用场景包括了：想去的餐厅是不是人很多需要排队，某影院的某场电影现在是否还有余票，某商场今天有没有打折，Apple Store 排队的人多不多，某明星演唱会还有没有门票。甚至更严肃的场合，比如了解某地震受灾区域现在是什么情况有什么需求，或者媒体需要得到新闻现场正在发生的情况时等。这些都是“面包圈”可以帮助解决问题的场景。

“面包圈”具体的实现方式是，让注册用户输入地点（也可自动定位）和想知道的问题（见图 3-42），进入“问”界面后，即可查看自己发出的问题，如图 3-43 所示。

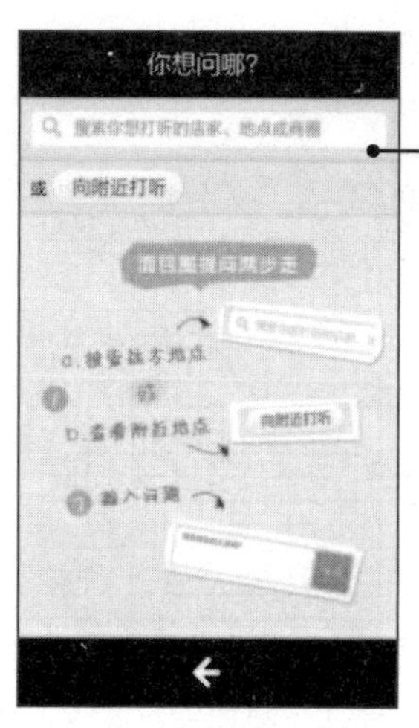

移动客户端最大的特色在于位置定位带来的便捷性。面包圈的逻辑可以这么来理解——用户通过定位地点向在地达人打听吃喝玩乐的事。

图 3-42 输入问题

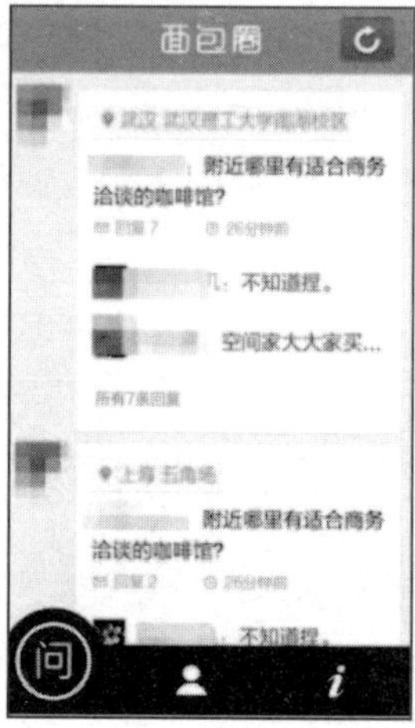

图 3-43 发出问题

面包圈会把用户的问题自动推送给微博上和用户所在地点相同的 10 个用户，让这 10 个对周边情况有所了解的周边用户来回答提问用户的问题，如图 3-44 所示。据悉，面包圈的用户回复率高达 90%，50% 以上的问题回复时间在 20 分钟左右。这种较高的回复率是基于人们愿意回答自己所熟知事物的问题，这会带来极强的成就感，如图 3-45 所示。

除借助微博之外，面包圈需要将自己的 SNS 社区构建起来，体现更多价值。面包圈会向回答过的人推送消息，拉对方到自己的社区中，再与已有用户进行匹配。例如同样喜欢去某家星巴克，就有了共同话题。目前，每推送 10 人中就会有两人注册面包圈社区。

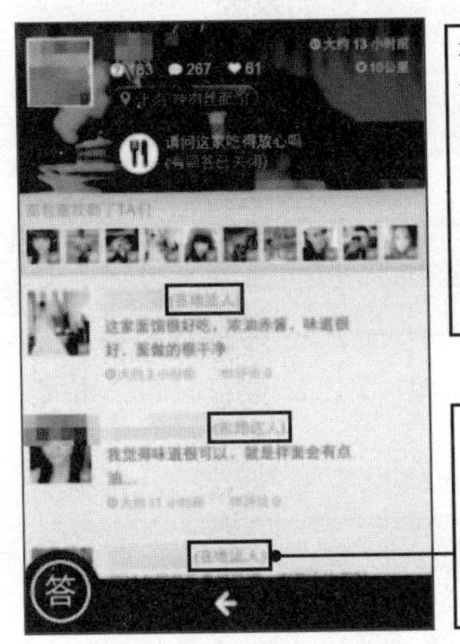

在地达人通过微博评论就可回复提问者同时还可以获得 10 粮票，粮票是面包圈的内部积分，用积分模式激励用户提问和回复，对于习惯了激励机制的用户而言不知道效果如何。

“在地达人”是面包圈特色之一，它们基于新浪、腾讯微博的开发平台，调用平台的 API 将用户问题推送给签到过的用户。

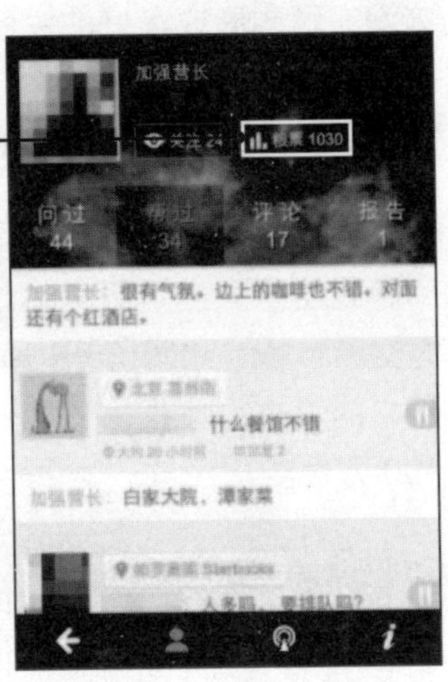

图 3-44　“答”界面

图 3-45　用户详情界面

“面包圈”的出现，无疑弥补了传统搜索引擎的短板，因为传统搜索引擎得到的答案是冰冷的，并且是不具个性化的。而通过面包圈用户寻找的问题是极其个性化，并且人性化的（因为面包圈的问答模式，可以让同地区用户都变成“客服人员”）。

如今，人们正越来越多地在社交媒体中公开分享自己的地点信息，告诉大家我现在正在什么地方做什么。“面包圈”通过在不同的社交媒体的实时数据流中挖掘分析这些信息，去发现谁有可能正在某个地方，或者刚刚离开某个地方。然后把这些在这个地方的人当作提问人的“人传感器（Human as Sensor）”，以问答的形式向他获取当地目前的信息。在目前的“面包圈”中，这一类参与回答问题的用户会被标记为“在地达人”。

通常情况下，在传统媒体投放的广告根本无法看到用户的反馈，而在网络上的官方或者博客上的反馈也是单向或者不即时的，互动的持续性差，社区商家跟消费者持续沟通的渠道是不顺畅的。然而，在“社交＋社区”O2O营销时代，使社区商家有了自己的官方微博和官方主页，在这些平台上，社交网络的沟通便利特性使得社区商家和消费者能更好地互动，打成一片，形成良好的品牌形象。

另外，对于社区 O2O 平台来说，类似“面包圈”等社交媒体应用还是一个天然的客户关系管理系统，通过寻找用户对企业品牌或产品的讨论或者埋怨，可以迅速地做出反馈，解决用户的问题。如果企业能与顾客或者潜在顾客形成良好的关系，那企业获得的价值是难以估量的。

3.2.3 【案例9】Zaarly：社交＋社区的实时交易市场

Zaarly 是一个基于位置的个人需求平台，也是一个能让用户外包任务和跑腿差事的生活服务类站点，同时还是一个本地化的“社交＋社区”实时交易市场，如图 3-46 所示。Zaarly 的“个人服务中介”理念迅速迎来了用户的追捧，在推出的第一个月内，用户在 Zaarly 上面就已发布了超过 100 万份委托任务。

如果说 Ebay 改变了人们怎么卖东西，Craiglist 改变了人们怎么找房子，Zaarly 的创始人 Bo Fishback 希望它能改变人们怎么买东西。用户在 Zaarly 上贴出自己想买的东西，比如一个 iPad，其他人就可以开始报价，最终由用户决定他想要与谁交易。Zaarly 会向买家和卖家提供他们的联系方式，他们可以见面交易，也可以通过 Zaarly 自己的支付系统完成付款。

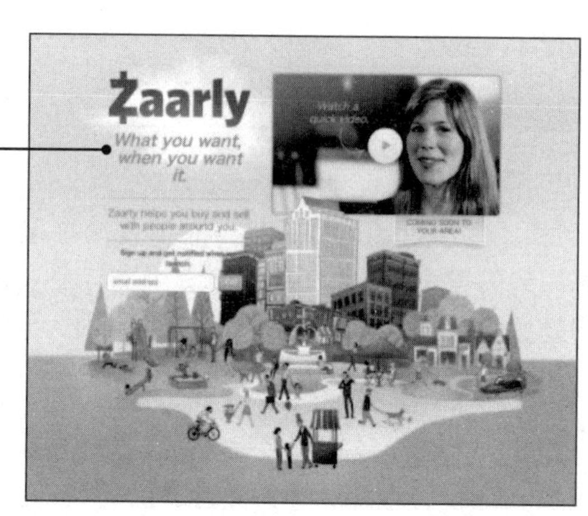

图 3-46 Zaarly 主页

Zaarly 的交易规则如下。

（1）在人们的需求产生时，只需打开 Zaarly APP，输入任务并写下愿意支付的价格，与 Zaarly 后端相接的 GPS 系统会自动为发布者定位，并由发布者设定“打工者”的所在范围，如图 3-47 所示。同时，发布者还可设定接受任务人的服务时限。

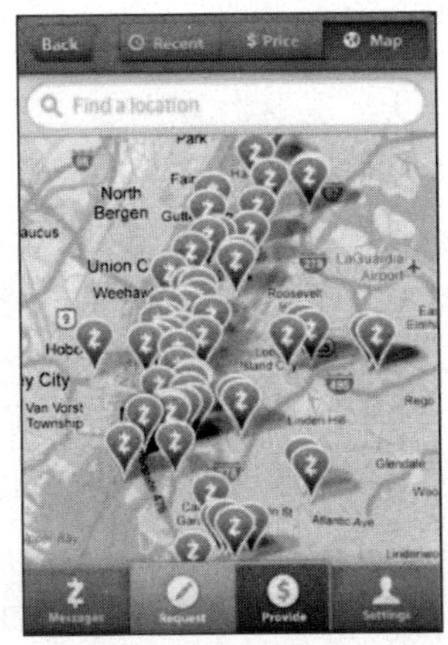

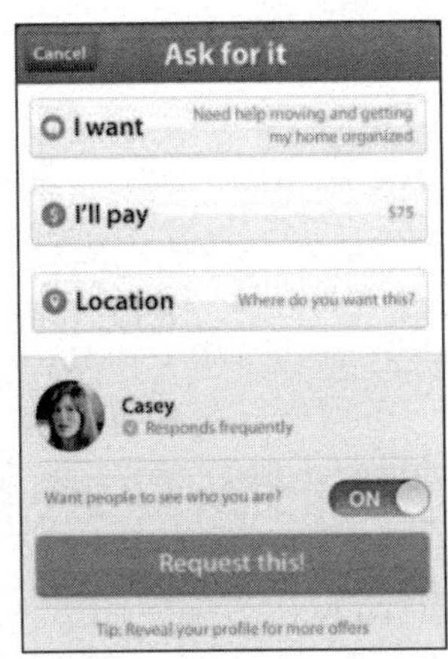

图 3-47　Zaarly APP

（2）发布人，在整个过程中被统一归为买方，卖方（也就是同意这些交易条件，并出售商品或服务的人）在看到任务发布后，会进行出价甚至展开竞价，买方则可以通过一系列权衡选择合适的价格与“打工者”。

（3）在人选确定后，通过 Twilio 驱动技术的 Zaarly，会以匿名的方式连接买方和买方的手机，让双方约定见面进行交易。

简单而言，就是人们进入 Zaarly 的网站或 APP，通过浏览、搜索、任务分类等各种方式寻找感兴趣的任务，并根据雇主信用等级，确实是否参加悬赏任务，而在参与竞标并完成任务后便能得到相应的报酬。

目前，Zaarly 已经升级为 2.0 版本，放弃匿名发布任务的做法，添加了一个实名声望系统。用户可以在应用上添加个人信息，并选择何时可见，同时也可以对对方进行评价或浏览历史评价。Zaarly 的联合创始人兼 CEO Bo Fishback 说这是一次感性战胜理性的案例，虽然匿名对任务交易有很大的好处，但人们想知道对方到底是谁，所以 Zaarly 团队决定在应用中加入信用体系。

TIPS:

Zaarly 还推出了一个新的本地提醒功能，当你的附近有公开需求时，你会收到一个推送通知。例如，你在商店排队买东西，如果有人想让你给他带一件东西，你会立即收到推送通知，既然你已经在排队了，那么帮别人带个东西，顺便挣点外快，似乎不是件坏事。

另一个重大更新就是应用的实时推荐引擎。例如，如果用户在某地碰到下雨，可以马上在 Zaarly 发布任务请附近的人给你送一把伞，而当地的其他 Zaarly 用户马上就能在推荐栏看到这个任务。

目前，Zaarly 在美国 8 大城市比较活跃，交易物品五花八门，上线一个月交易额超过 100 万美元，两个月交易额 160 万美元，其崛起程度大有当年 Foursquare 的势头。要定义 Zarrly 还真有点困难，它结合了分类信息、LBS、威客、许愿、O2O 等多种商业模式的元素。Zaarly 的主要特点如图 3-48 所示。

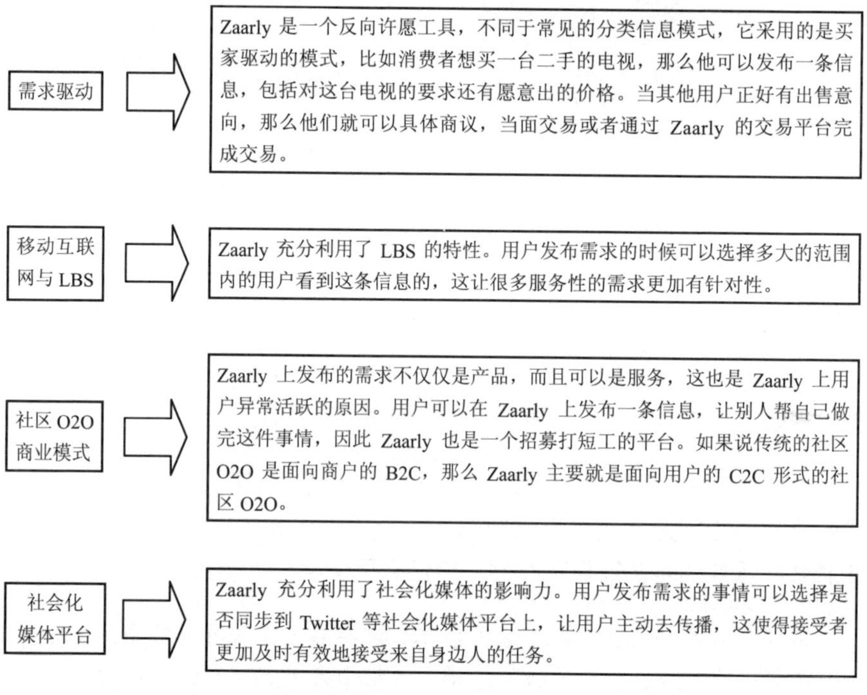

图 3-48 Zaarly 的主要特点

如果非要用一句话来描述本案例中的 Zaarly，笔者认为那就是“‘移动版’的 Craigslist、赶集、58 同城”。通过信息化技术，Zaarly 把供需双方更好地结合在了一起。Zaarly 的模式带给人很多的启示，它同时拓展了 LBS 和社区 O2O 模式的范围，并通过实时的社交对话场景，快速解决了用户的需求。而社区 O2O 的 C2C 领域目前市场还比较空白，Zaarly 这种社区 O2O 模式的移动电商可以说是商机无限。

TIPS:

社区 O2O 也可以分为 B2C(商家对顾客)、C2C(个人对个人之间)等属性类别，而其中 C2C 类社区 O2O 将大有作为。比如实物交换、闲置房出租、钟点工、月嫂、家教、拼车、陪护、美容、装修、电器维修、营养师等靠个人技术提供的服务，委托办事、代办证件、罚款、交款等，都属于 C2C 需求。另外，这些需求往往呈现出刚需特征。但因为对接双方彼此间存在供需信息不通畅问题，尤其是信任和安全问题难以解决，人们往往会颇费周折地采用其他方式将就解决。C2C 类社区 O2O 项目附带了社交的功能，而且是在解决本地化的双方需求的过程中，为陌生双方创造相识机会，有别于纯粹的网上交友那种无中生有的生硬社交。

3.2.4 【案例10】MO立方：有滋有味的社区O2O生活

“Mo 立方”通过采用蝙蝠超声波支付，结合目前最流行的 So-Lo-Mo-Joy 生活方式，可满足多样化需求的 O2O 移动电商平台，如图 3-49 所示。

图 3-49 “Mo 立方”O2O 移动电商平台主页

Mo 立方已于 2011 年 12 月正式上线，对应的手机客户端“Mo 乐园”同步推出，真正实现“随时随地 Mo 立方”，如图 3-50 所示。Mo 立方目前开通成都站，已经与 200 余家成都各行业优势商户达成战略合作，有超过千家商户入驻，每月注册用户增长超过 30 000 户，发展势头迅猛。

"Mo 乐园"为用户提供最有趣、最好玩的活动，用户参与其中，不仅享受游戏乐趣，还可以赢取附近商家的优惠券、折扣券以及特殊定制的商品。

图 3-50 "Mo 乐园"APP

例如，"Mo 立方"在新浪微博和腾讯微博同时开启了主题为"南来北往寻滋味，青梅煮酒论英雄"的微博营销，活动应景寒潮来袭，号召上班族们呼朋唤友聚会取暖。成都上班族微博用户只要转发"Mo 立方"活动微博，即可赢取礼品，活动流程如图 3-51 所示。

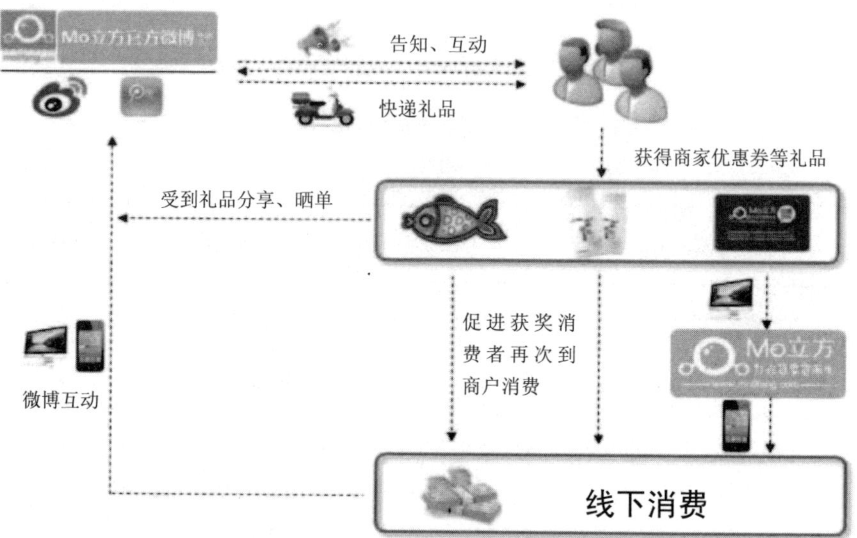

图 3-51 微博营销的活动流程

此次微博营销尚未开始，就得到了用户的强烈响应，得益于前两次参与"Mo 立方"微博营销活动并已成功转化为"Mo 立方"忠实粉丝的大批量黏性用户，他们通过口口相传为本次活动带来了强有力的口碑营销。

据“Mo 立方”官方统计，短短 5 天，活动直接覆盖成都本地活跃微博用户超 30 万，话题热点关注度突破 7.4 万，活动参与用户数近 8 万，送出大礼 10000 份，数千中奖用户微博晒单、互动。同时“Mo 立方”网站访问量、注册用户数、APP 下载量都迅猛增长。另外，合作商户滋味烤鱼线下十多家店和新希望华西乳业线下 20 余家门店也接待了大量活动用户，双方的品牌得到了相当广泛的传播，在目标用户群当中的美誉度更是得到了极大的提升。

“Mo 立方”以联结“用户”和“商户”的关系为主体，着重挖掘二者共生需求，强调用户和商户的互动体验，融合“SoLoMoJo（Social、Local、Mobile 和 Joy）”的移动互联网发展趋势，将“社交化＋本地化＋移动化＋娱乐化”作为平台发展模式，实现“线下业务线上化、线上线下一体化、电子商务娱乐化”，如图 3-52 所示。

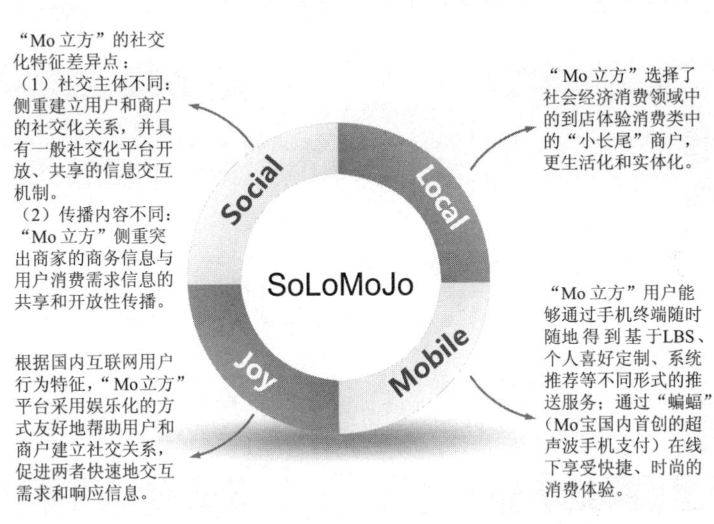

图 3-52　“Mo 立方”的“SoLoMoJo”特征

笔者认为，“Mo 立方”找准了企业有着相同的目标用户的这一共同点，将异业联盟通过 O2O 来实现，不仅能够达到广告效应扩大的目的，更加能够给传统行业注入互联网的活力。线上到线下这种零距离的体验式社区 O2O 营销方式，极大地提高了用户的参与积极性，让品牌和产品以一种可爱并乐于接受的方式深植消费者心中。

> **TIPS:**
> 像“Mo 立方”这样专业、独立的商户平台，不仅仅是作为社区 O2O 电商产品线的支撑，更加富有想象空间的是，开放平台之后，还会吸引更多的业态和合作伙伴，从 SNS 交互、基于地理位置的代收费服务，到商户产品线上美化、向上游原产地农产品供应链的延伸等。

3.2.5 【案例11】陌陌：社交应用的社区O2O之路

“陌陌”是一款基于地理位置的移动社交工具，用户可以通过“陌陌”非常及时地将网络关系转换为线下的真实关系。“陌陌”的社区 O2O 更多的是偏重于群体消费，使用场景更多的是两个人或一个群体对某线下商家的选择，并且能将线上关系成功地延伸到线下。

用户可以通过“陌陌”认识周围任意范围内的陌生人，查看对方的个人信息和位置，免费发送短信、语音、照片以及精准的地理位置，如图 3-53 所示。在新版“陌陌”的“发现”板块中，整合了“同城服务”“附近活动”、“地点漫游”等 O2O 功能，如图 3-54 所示。

图 3-53 “附近”界面

图 3-54 “发现”界面

“陌陌”推出的“附近活动”可以清晰地看到社区 O2O 接下来的道路，那就是以地理位置为核心发现周围的优质商家，如图 3-55 所示。

“陌陌”与 58 同城合作推出“同城服务”，用户可以在“陌陌”上获得包括招聘、租房、找家政等本地生活服务，如图 3-56 所示。

用户可通过地理位置查找最新活动，同时包含活动时间、地点、距离、价格等相关信息。“陌陌”官方表示，“附近活动”功能的推出目前主要是为了满足人们的商业需求，增加用户黏性，但不排除其中会有商业想象空间。

用户可通过“陌陌”、微博邀请好友一同参加。

图 3-55　附近活动

“陌陌”计划在“同城服务”中增加实时对话功能，使信息发布者和信息浏览者之间可实时发起对话和聊天，优化用户体验。

图 3-56　“同城服务”界面

2014 年 8 月，“陌陌”正式上线了针对线下商家的广告平台——到店通，如图 3-57 所示。上线不足一个月，到店通就收到超过 11 万本地商家的店铺申请。此次“陌陌”与 58 同城的合作也为“陌陌”的商业化进程打开了更大的想象空间。

2015 年 1 月 29 日凌晨，“陌陌 5.7”版在各平台正式上线。新版本除对留言板、附近页做了功能优化外，还推出了“礼物商城”，互相关注的“陌陌”好友之间可以赠送鲜花、美妆等实物礼品，这也是“陌陌”首次涉足电商，如图 3-58 所示。

“到店通”是“陌陌”为本地线下商家设计的一款基于位置和人群的精准营销产品，商家可以按照地理位置进行精准投放，并且和用户进行实时互动。商家可自助提交申请，设置店铺介绍、图片等信息，商家可通过“陌陌”和用户进行交流。

图 3-57　到店通商家平台

图 3-58　实物送礼

“陌陌”的社交关系是基于地理位置的关系，“陌陌”的用户会在自己的关系网内分享、讨论各种生活信息，本地化服务与本地化社交协同效应优势明显，两者结合的想象空间是“信息流与服务流合二为一”。截至 2014 年 12 月，陌陌单月活跃用户数量已经增加到 6 930 万人，同比增长了 106% 以上。“陌陌”从 2013 年下半年开始进行商业化尝试，且商业模式已经逐渐清晰，成果开始显现。据悉，“陌陌”2014 年净营收达到 4 480 万美元，比上年增长了 13 倍多。

社区 O2O 的核心目的是用线上来确定消费目标，然后去线下消费，最后回到线上反馈来完成整个的闭环。而对于微信和“陌陌”等社交应用来说，都有着可观的用户数量，在这个基础之上，去做产品端的尝试和商业化的试水，至少在成功的概率上要远远大于一个不知名的垂直平台。而且，“陌陌”做社区 O2O 的话，也会有不少属于自己的优势所在，如图 3-59 所示。

更接地气，符合用户消费习惯

对于商家来说：“陌陌”的核心功能就是用地理位置发现一切，尤其是在4.1版本后，顺利地延伸到发现周边的活动，接下来还可以发现周围的优质商家和优惠商家。
对于用户来说：原本在“陌陌”上认识的朋友或者群组，都是在自己单位附近或者居住小区附近，那么无论是一起吃饭还是一起娱乐，第一选择必然是身边的优质场所而不会去舍近求远，这时如果“陌陌”推过来的商家都是周边的优质商家并能拿到优惠，那么用户会非常认可。

对于商家，客户更优质

对于商家来说，“陌陌”带来的消费者都是身边的住户，都有潜力成为回头客，这带来的就是长期的利润。

用户特征鲜明，更有利于营销

相比微信的全民应用来说，“陌陌”的用户特征更鲜明。年轻、爱秀、有活力，有消费能力，那么“陌陌”就很容易和一些年轻化时尚化品牌携起手来，共同推出一些特色消费，例如一些快时尚的服装品牌。

图 3-59 “陌陌”做社区 O2O 的优势

在移动互联网席卷全球的背景下，移动社交产品利用智能终端的地理位置功能，结合传统的兴趣导向，正极大地加快虚拟线上社交的落地进程（如“陌陌”的同城活动、“微聚”的用户个人活动等）。其实，无论是 PC 互联网还是移动互联网的社交，都需要打通 O2O 闭环。因为网络交友无非是因为现实中的种种限制导致社交活动无法顺利展开，再者，一段“关系”再好的虚拟关系，没有现实接触的基础，也只是存在云端中的二进制数据，毫无意义。

因此，“陌陌”等社交应用除了积极拓宽用户社交广度之外，也逐渐推出不少功能引导用户走向线下的“真实”场景，这也说明，线下才是整个社交闭环中的终点，而且也是最易产生电商行为的一环。

第4章

玩转社区O2O营销

随着社区O2O概念的兴起，大量创业者都选择下沉式的服务作为切入点。披着“O2O外衣”的电商业务越来越多，而且越来越细分化、垂直化。如今，在万人淘金的社区O2O浪潮中，谁能先找到市场切入点，谁才是最大赢家。

◇ 黏住用户：服务将成社区O2O切入点
◇ 二维码：社区O2O的路上它必不可少
◇ 社区O2O到底该如何做

4.1 黏住用户：服务将成社区O2O切入点

社区不是互联网式的标准化服务，而是以人为基础的生活化服务，拼的是谁的服务好，而不是谁的平台更好。当社区服务 O2O 真正建立起可靠的平台时，可发展的业务也将变得多种多样，如图 4-1 所示。

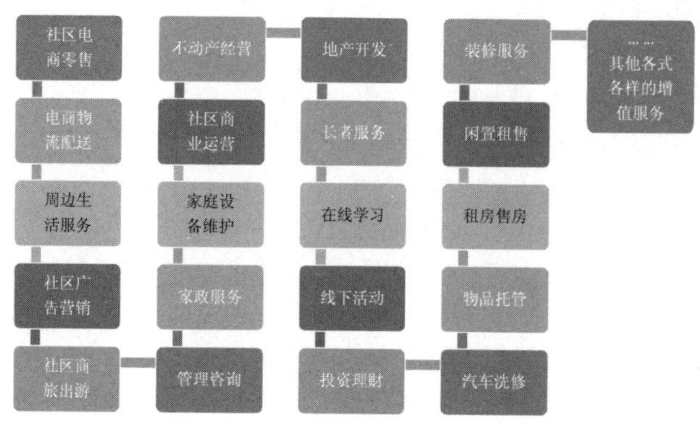

图 4-1　社区 O2O 可提供的主要服务

总之，社区是消费人口聚集地，天然密集区，消费群体相对稳定。由于地域性强，“开荒”工作量巨大，BAT 等巨头也很难染指，巨头们的盲点就是新创业者的机会。社区涵盖了太多服务，如衣食住行，只要你的 O2O 可以黏住用户，未来的影响力可谓十分巨大，将成为广告推广的极佳平台。

4.1.1 线上：“亲”方式的消费体验

社区 O2O 的线上平台面对的客户年龄、性格、职业等各不相同，面对不同客户的不同需求，线上平台要做好客户的消费体验，给客户留下良好的印象，留住各类客户，以此带动线下店铺的销量。

消费体验是由“产品、服务、价格”三者因素决定，相对于中国品牌弱化的产品特点，需要精耕细作的服务特点，价格战作为最简单和方便的粗暴手段，在线上的电商世界被屡屡使用。这些电商巨头们拿着资本大规模烧钱，喊着“电商初级阶段，目前还是圈地阶段”，嚷着“价格战最得利的是个人消费者”，而消费者的线上购物在“亲”“包邮”“好评”的“淘宝体”中进行着消费体验。

时下，“淘宝体”正火！逢人以“亲”相称，动辄以“包邮”相许，表达“亲切带腻味”。这些源于网络购物卖家客服的“语体”，正在渗入现实生活：象牙塔纷纷赶“潮”、警察集体卖“萌”、交通安全提示牌大秀“淘宝体”……如图4-2所示。

图4-2 “淘宝体”交通安全提示牌

“淘宝体”有3个一成不变的关键词，包括“亲”、“包邮”、“好评”，因此可以看出“淘宝体”的温情面纱之下，是一种赤裸裸的砍价交易，也是一场有关买卖双方利益的直接博弈。卖家为了求得100%的好评率，一上来就叫“亲”以博得亲近，然后以“包邮”作为优惠条件巩固这一良好印象。

由于线上平台存在各种陷阱，且诚信度不高，常有卖家以次充好，因为网络交易目前并不值得完全信任，很多初次上网购物的人总有踏在冰层上的感觉，而“淘宝体”则是建立在这冰层上的温暖关系，人们通过言语的亲切来缓解内心的疑虑。

在社区O2O的线上平台进行交易时，卖家与买家面对的都是冰冷的屏幕，印象只能来源于图片与文字，所以“亲”的称呼多少添了几丝温情，让人油然而生几分信任。适当的“亲昵”语言能够拉近人与人之间的距离，也能产生良好的交流效果，所以“淘宝体”的火热也就不足为怪了。

TIPS:

俗话说“良言一句三冬暖、恶语伤人六月寒”，一句“亲，欢迎光临”“亲，谢谢惠顾”，短短的几个字，却能够让顾客听起来非常舒服，产生意想不到的效果。通过礼貌的待客话语，会让人有一种十分亲切的感觉。并且可以先培养一下感情，这样顾客心理抵抗力就会减弱或者消失。对于彬彬有礼，礼貌非凡的线上客服，谁都不会把他拒之门外的。

4.1.2　线下：给消费者强大的消费体验

在“体验消费”中，消费是一个过程，消费者是这一过程的“产品”，当消费结束的时候，留下来的将是对过程的体验——体验另一种身份、体验异域生活，以及体验自身的创造力等。消费者愿意为这类体验付费，因为它美好、非我莫属、不可转让、转瞬即逝。

在现实的线下消费过程中，消费体验的场景是无处不在的，下面列举一些常见的案例。

- 商家给消费者提供试吃试用活动，让消费者对商品有了一个更直观的感受，在一定程度上，也拉动了消费的增长，如图 4-3 所示。例如，我们去买西瓜的时候，为了验证西瓜包红包甜，卖西瓜的都会用一把小刀在西瓜上划一个小三角形，给顾客尝尝。

图 4-3　试吃试用活动

- 很多购房者投入了一辈子的积蓄买了房，自然对装修是十万分重视的。体验式消费模式赋予了家装市场鲜明的个性，房地产商事先布置了精美的样板间，如图 4-4 所示，不仅可以展示单件商品，还展示了整体家具的搭配，让购房者体验到居住的舒适感。

- 在买手机时，很多手机店都提供了真机供顾客们试用，因为电子产品讲解起来就比较抽象，没有真实操作，没有亲身体会是很难发现个中奥秘的。例如，苹果实体店的 70 度角体验模式，如图 4-5 所示。

- 买车时候的试驾方式，车子的价格比较高，作为消费者不可能光听销售员的推荐就决定购买，毕竟口说无凭，只有自己亲自上场试试，方知汽车的性能。

图 4-4　样板间

图 4-5　苹果实体店

人们选择去商场、商业街时，并不仅仅考虑购物，更多地关注自己购物时的心理需求、情感需求，是否愉悦，是否是自己喜欢的风格类型，是否有自己喜爱的附加配套设施等显得很重要，他们渴望享受到舒服、愉快的购物环境。

然而，当人们渐渐接受网络购物时，不仅仅享受了这种购物方式所带来的便捷、低价、货比三家的优势，也要被其无法提供商品的直观体验、假货横行、图片与实物不符的弊端所困扰。

随着移动互联网技术的发展，社区 O2O 互动中的消费体验，为商家带来了一种网上寻找消费者，再将他们带到现实的商店中，提供线下的商品、服务的购物模式，能大量吸引那些之前还对网上购物"心里没底"的消费者。

体验消费是一种新颖消费模式，由消费者先行试用商品，通过直接体验感受商品使用，从而引领新商品的消费。这种消费模式是市场推广的创新，受到消费者的广泛欢迎。

社区 O2O 的体验消费由消费者直接感受新的商品，对熟悉商品性能，了解商品功能，学习使用方法十分有效，能迅速引起消费者的购买欲望。同时，生产者通过体验消费，可以直接了解消费者的呼声，挖掘消费者的需求，在与消费者互动中改进商品的设计和质量，为客户创新价值，可取得多重成效。

体验消费的方式多种多样，比较成功的主要有 3 种，包括直接送用、免费使用、展示试用等，如图 4-6 所示。

图 4-6　体验消费的方式

与其说社区 O2O 的社会化营销使企业内部达成多渠道整合，还不如说社区 O2O 强调的是“消费体验”导致了线下企业触网的新契机。随着 3D 技术和社交网络的发展，网上 3D 试衣、网购达人消费分享等线上消费体验方式，与线下丰富多彩的消费体验方式相结合，标志着体验进入了社区 O2O 互动的模式，体验的分享将是线上电商巨头和线下零售巨头精耕细作的领域。

【案例1】珀莱雅：线上+线下微活动

2013 年 9～10 月，珀莱雅（微信号 proyachina）发起“肌肤盈养站”活动，如图 4-7 所示，并利用公众平台接口技术搭建了微信端的活动页面，增加了活动参与平台数量，消费者在手机上就能直接体验盈养站活动。

图 4-7 “肌肤盈养站”首页

另外，微信端的活动页面与线下柜台和天猫旗舰店打通，实现了线上和线下的三方互动。消费者可根据自身需求选择奖励方式：线下领取小样或者领取线上天猫优惠券，有效提升了消费者体验以及直接的消费转化率。

TIPS:

有专家认为，当经济发展到一定程度之后，消费重点将从“产品”和“服务”向“体验”转移，这是人类发展的一种自然境界。不过，“体验消费”的基础与载体仍是传统的商品与服务，不同的是，这些商品与服务中凝聚了“体验价值”，如娱乐因素、文化因素等。

4.1.3　实物配送：大方向是“高频定制”

在社区 O2O 模式中，线下的上门服务可以分为实物配送和服务配送两大类，如图 4-8 所示。

实物配送模式

主要代表：社区001、爱鲜蜂、雅各库克等

主要业务：配送大家日常生活所需要的米面油、牛奶饮料、蔬菜肉类

服务配送模式

主要代表：河狸家、爱大厨、阿姨帮、卡拉丁等

主要业务：上门提供美甲、做饭、保洁、汽车保养等服务

图 4-8　社区 O2O 的上门服务模式

在社区 O2O 领域，有低频低价、低频高价、高频高价、高频低价 4 个可创业的象限和维度。我们可以很自然地把高频高价和低频低价这两个排除，剩下大部分创业者的空间集中在高频低价和低频高价两个领域。对于 O2O 领域来讲，“柴米油盐酱醋茶”等实物属于高频低价，而比如结婚、汽车、房屋则属典型的低频高价。

从图 4-8 可以看出，实物配送模式的商品都是人们生活中的必需品，几乎小区门口的便利店和居民楼底商都有出售，而且使用频次非常高。因此，对实物配送这一块的上门服务，特别适合高频且容易定制化的创业项目。

在高频低价领域，我们需要通过交易来获取用户，从而获取用户交易行为，最后通过数据或者高毛利产品来变现，团购网站就是最好的例子。另外，我们还需要积累摸索不同社区需求，再推介整体的定制化服务。

【案例2】雅各库克：手机里的菜市场

雅各库克提供的是日常蔬果、肉类的快送，这些品类对于有需求的用户而言是天天都需要，绝对的高频和必需品。2014 年 12 月 26 日，由中国人民大学在校学生鲁开元创建的国内首家“手机里的菜市场”——Jacob Cook（雅各库克）在微信公众平台上线，主营全品类生鲜、粮油副食、半成品净菜等，提供 1 小时内送货上门服务，如图 4-9 所示。

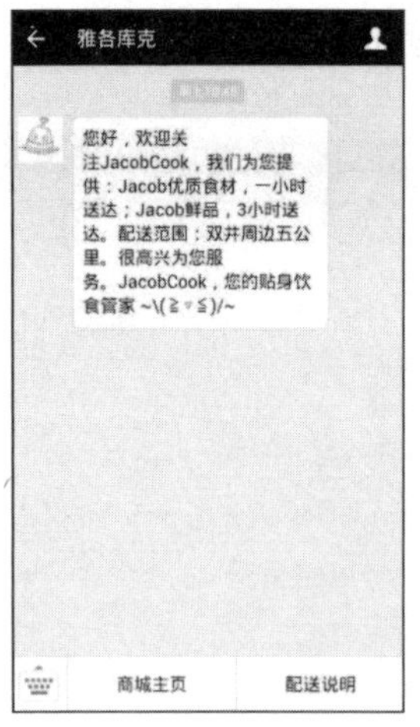

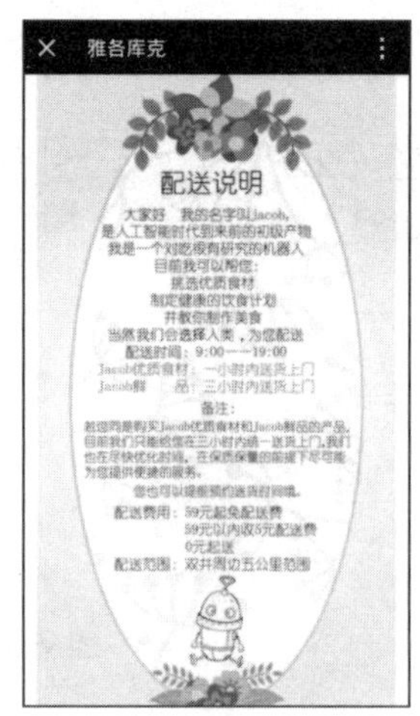

图 4-9 雅各库克微信公众平台

在雅各库克的微信公众平台中，单击“商城主页”按钮，即可进入Jacob Cook微信商城，如图4-10所示，用户可以在此下单购买各类优质食材。

在北方的冬季，去菜市场买菜是一件比较煎熬的事情，一般菜市场距离居民楼都不近，顶着北风买菜不是件好差事。因此，做这个品类的订购是非常有前景的，一是高频，容易预估存货量；二是配送高度集中化，大概一天配送两次就行，上午一次，下午一次，快递员效率容易最大化。

当用户养成习惯后，头一天按需下单，雅各库克负责集合采买还能降低单价，从中抽成也很简单，商业模式清晰可见。

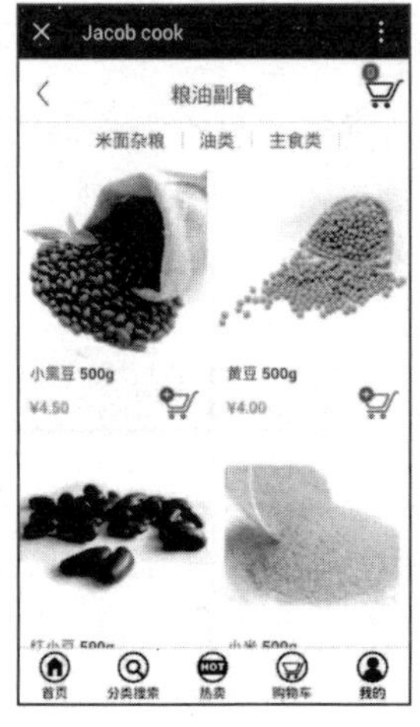

图 4-10 Jacob Cook 微信商城

另外，在推广方式上，雅各库克也是别出心裁。2014 年 12 月 29 日是北京地铁告别 2 元票价涨价后的第一个工作日，虽然对于涨价的抱怨声不断，但是地铁口依旧人来人往。从早上 7 点开始，雅各库克就在人多的地铁口安排了漂亮的兔女郎和一个憨态可掬的机器人现场发钱补贴地铁票价，如图 4-11 所示。机器人的名字叫“Jacob”，过往的行人只要扫一扫二维码，关注微信“雅各库克”（Jacob Cook），兔女郎就会现场发送一个红包，整个过程不到一分钟，红包金额在 2～10 元之间。

图 4-11 “雅各库克”（Jacob Cook）的推广活动

创始人鲁开元表示：“我只是觉得都市白领下班买菜不方便，90 后的我们也已不会挑选生鲜产品，所以就做了，移动互联网是我们的时代，90 后负责技术开发，70 后为前段卖手，负责甄选。立志打造社区居民手机端的菜市场。”

4.1.4 服务配送：性价比是关键

在社区 O2O 的服务配送模式中，2014 年涌现了很多服务类项目的上门服务初创团队，从美甲到美发，从做饭到汽车保养，几乎所有原来必须去门店才能享受的服务都被推到了用户家里。

服务配送模式处在低频高价领域，因为没有高频的交易行为，所以往往创业公司通过信息门户或者社区来获得用户，最后在用户有需求的时候进行变现，比如爱结网、汽车之家、搜房网等。对这一类创业项目，提供服务和接受服务的双方必须性价比足够高才能持续。另外，去门店化后，用户是否增加了单次费用，以及服务人员是否增加了收入，对创业公司至关重要。

【案例3】爱大厨：不想做饭，请个大厨

“爱大厨”是一个基于地理位置预约厨师上门服务平台，是国内首家提供专业厨师上门服务的APP，如图4-12所示。“爱大厨”平台目前已完成数百万元A轮融资，平台上共有1 000名左右的厨师，另有50名全职厨师，支持北京、上海、深圳的用户预订。

图4-12 “爱大厨”APP界面

据悉，“爱大厨”的上门厨师均通过严格身份审核与试菜考评。通过“爱大厨”APP，用户可以根据自己的喜好选择不同菜系的厨师、进行自动匹配厨师或定制高端家宴，与亲朋好友体验尊贵的私人菜单定制，在家即可享受星级酒店待遇。并且对于外乡朋友来说，找个善于做家乡菜的厨师，也许解决的不仅仅是吃饭的问题，多年萦绕的乡愁或可得到缓解。

用户可以通过400电话、“爱大厨”APP、“爱大厨”微博、“爱大厨”微信（见图4-13）预约厨师，且预约有两种方式：一是指定具体某个厨师；二是由“爱大厨”平台为用户推荐厨师。

“爱大厨”创始人薛皎曾就职金融界、百度、CBSI，担任过社区运营、产品经理、市场主管等多种职务，还曾创办小跑科技。之前两次创业也都是在O2O领域，一个是免费停车，另一个是家政服务。薛皎表示：“我们一直喜欢这个行业，也一直都在做。对于互联网改善生活服务这件事，有着比较强烈的愿望和信心。”

“爱大厨”的团队都是一群爱生活、爱美食的阳光型“吃货”。他们均为朝气蓬勃的80、90后；他们拥有百度、腾讯等知名公司工作背景，他们

是互联网产品的深度玩家；他们不安于现状，是一群有激情有梦想，愿借势移动互联网 O2O 模式服务用户；以更健康更美味更便利的发展愿景为大家提供个性化就餐方式的生活倡导者。

图 4-13 “爱大厨”微信公众平台

薛皎认为打造线下服务体系是社区 O2O 中最重要的一环，因为“不能伤害用户。一旦伤害了，一是用户会吐槽你，二是不会再用你的产品或服务了，即使你做得再好。”为此“爱大厨”对厨师的线下服务还做了一些规定，如厨师进门时穿上鞋套、穿着统一的厨师服饰；做好饭菜后，厨师将会收拾好厨房并带走垃圾；另外因担心用户家里调料不齐，“爱大厨”还为厨师们打造了功能箱，内配一些基础的调料。

值得注意的是，“爱大厨”在北京世贸天阶开了体验馆，如图 4-14 所示。对于“爱大厨”的线下体验馆，薛皎的定义是：“集多功能于一体的中央厨房，会有菜品研发、招募厨师、举办活动、接受线下私人定制服务、产品展示等功能，未来还可能做餐饮营业……”

图 4-14 “爱大厨”线下体验馆

4.2 二维码：社区O2O的路上它必不可少

二维码已经不是陌生的词汇，这个黑白小方格组成的矩阵图案只需用手机轻松一拍，就可以获得意想不到的丰富信息以及优惠折扣。二维码的应用在传统商业和移动互联网商业之间架起了一座桥梁，如图 4-15 所示，推动社区 O2O 营销迈上了一个新的台阶。

图 4-15　二维码营销的重要性

二维码营销是最火爆的移动互联网营销手段，具有门槛低、成本少、可应用行业广泛、简单方便、可塑造性强等优势，是社区 O2O 模式中最有潜力的营销方式，也是各行业进军移动互联网营销必备的手段。

4.2.1　广撒网，多捞鱼：遍地开花的二维码

随着移动互联网的快速发展，从平面广告、电子门票、宣传手册、报纸杂志，再到网络购物，二维码在各个领域遍地开花，由此催生了刷"码"一族。

今天，无论是雄心万丈的移动互联网创业者，还是家大业大的老牌互联网公司，近来都纷纷乐于谈论二维码这块不新鲜却有新意的应用市场，通过扫描二维码进行手机上网、购物、买电影票、打印优惠券、会议签到等逐渐成为潮流，如图 4-16 所示。可以说，二维码是社区 O2O 模式很好的切入点。

图 4-16　二维码的应用领域

随着移动互联网的发展，智能手机和二维码的结合，更进一步地拓展了二维码应用领域，同时也极大地方便了人们的生活。可以这么说，二维码正在改变着人们的生活，并且越来越普及，越来越多的企业正通过二维码的方式提供新鲜的商业应用。

二维码在国外的应用已开展很多年并且有了广泛的应用空间，在一些发达国家，二维码在城市管理服务体系和民众日常生活服务中，都得到了有效应用。据了解，二维码技术已经在美国、德国、日本、韩国、英国、墨西哥、埃及、哥伦比亚、巴西、新加坡、菲律宾、南非、加拿大等众多国家广泛普及。

我国在二维码研究方面也不断取得新突破，特别是一码多识技术突破了二维码只能存储、读取一种信息的物理限制，为二维码在多部门、多行业、多用户之间的协同作业提供了新的技术基础。因此，二维码在生活中并不少见，而使用它的群体也从专业人士向普通百姓扩展，随着智能手机等移动终端产品的普及、发展，看似单调的二维码世界逐渐丰富多彩起来。

如今，二维码已经推广到了机场、餐厅、公交、电影院、会议、传媒、旅游等生活中的方方面面，如图 4-17 所示。可以预见，随着二维码应用在技术、终端等方面的突破，二维码还将迎来更为火热的发展。

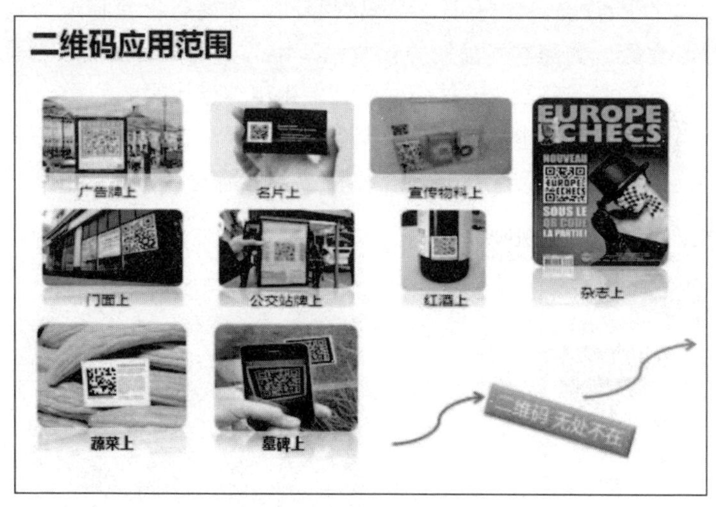

图 4-17 二维码的应用

4.2.2 不断成长：从华而不实走向O2O探路

移动互联网在这几年呈现爆发式增长，除了传统电商高速发展之外，

移动电子商务也有了发展的春天。说到移动电子商务，不得不提的一个概念就是 O2O。O2O 的存在，又伴随着二维码。

作为一种伴随着移动互联网的兴起而火起来的工具，二维码通过一张方便的二维码图片，的确还是能够满足人们很大的信息需求的。这就给那些社区 O2O 创业者们提供了更好的服务中间工具，大量的二维码借势成为社区 O2O 创业者们的得力助手。

最近几年，随着智能手机普及，大众愈加重视互动和信息传播，加之二维码是开源的，参与成本低，它在中国才具备了爆发的背景条件。跳出二维码的具体应用场景，从运营层面来看，目前中国二维码运营模式可分为 5 类，即网络社交类、服务提供类、电商购物类、应用工具类以及媒体阅读类。

（1）**网络社交类**。目前，网络社交类主要以微博和微信为代表。例如，微信 APP 中的二维码提供多种功能服务，带来更便捷并且好玩的操作体验，也为用户创造了一个提高关注和营销的机会，如图 4-18 所示。

（2）**服务提供类**。服务提供类的二维码范围比较广，比如二维码营销、为客户提供从票证检验到物品信息二维码化的一整套运营解决方案皆属此类。

（3）**电商购物类**。依托于二维码的移动电子商务平台将成为众多公司未来的核心业务，为商家商品制作、营销二维码，消费者扫描之后登录其移动电子商务平台实现购买，这种模式必将催生出体量巨大的公司。也就是说，今后的网购不用再坐在电脑前了。在地铁、商场、小区、电梯等任何贴有二维码的地方，消费者打开手机一刷，就可以直接购物，如图 4-19 所示。

图 4-18　微信二维码名片

图 4-19　扫二维码购物

TIPS:

微信除借二维码增强社交功能外，在 O2O 上也动作频频。腾讯电商控股公司生活服务电商部总经理曾对媒体如此阐释：微信将通过二维码识别，在商家和用户之间建立起联系，形成“熟人”形式的 SNS，进而指导 O2O 业务。

正如腾讯首席执行官马化腾所言，二维码是线上和线下的关键入口，微信本身也在开启 O2O 商业化的大门，腾讯在微信客户端推出二维码的同时，也和实体商家进行接洽推出一些通过二维码实现交易、优惠等活动，从而呈现出目前微信所拥有的 LBS（Location Based Service，基于位置的服务），实现 O2O 模式的雏形。

（4）**应用工具类**。二维码的应用，可以分为主读和被读。

- 被读类应用：是以手机等存储二维码作为电子交易或支付的凭证，可用于电子票务、消费打折等，如图 4-20 所示。
- 主读类应用：是以安装识读二维码软件的手持工具（包括手机），识读各种载体上的二维码，可用于查询信息、防伪溯源、购物付款、执法检查等，如图 4-21 所示。

图 4-20 二维码被读类应用

图 4-21 二维码主读类应用

（5）**媒体阅读类**。由于二维码中可以包含极大的信息量，随着智能手机在日常生活的普及，Android 和 IOS 智能手机系统的崛起，二维码扫描阅读，将改变了人们阅读的习惯。众所周知，在手机上编辑网址十分费力，而使用二维码的话只要一拍就可以进入相关阅读页了，方便又快捷。

二维码最大的价值在于其平台化的特点，最大的商机在于其典型的 O2O 模式，特别是二维码作为一个线上的入口，与手机支付相结合，通过

手机就能完成支付过程，让 O2O 成为一条完整产业链。

二维码是最小的“端口”，但这个“最小端口”有望成为连接庞大虚拟世界的重要桥梁。企业可以基于二维码给用户带来不同的体验，带来一个发现崭新虚拟世界的机会，能够把普通的商品、物理的经营场所、媒体等各种实体场景与虚拟世界更好地联系起来。

【案例4】支付宝钱包：扫二维码交电费

为了方便青岛市民查询和缴纳电费，自 2014 年 9 月 1 日起，青岛供电公司率先在全省推出支付宝二维码电费缴纳服务。用户只需要先下载手机“支付宝钱包”APP，扫描“山东服务窗二维码”，即可立即添加“国网山东省电力公司”公众账号，如图 4-22 所示。关注后，用户输入 10 位户号，即可绑定自家电费账单，通过“充值缴费”菜单中的“立即缴费”轻松缴费。

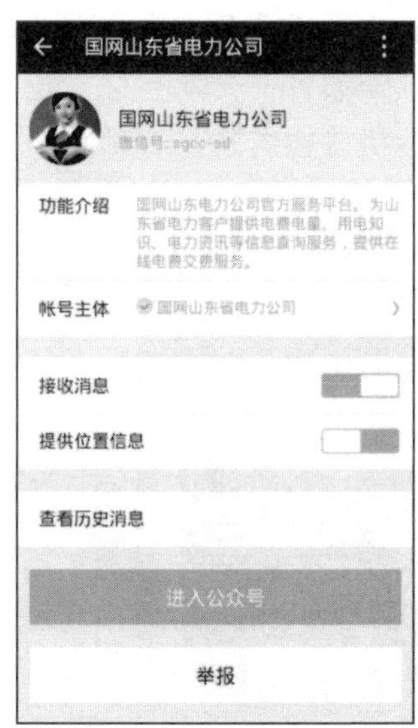

图 4-22 支付宝钱包与“国网山东省电力公司”公众账号

现在，为了让更多市民用上这种便捷的缴费方式，供电公司在电费催缴单上也都加印了二维码标识。用户扫描后，系统直接自动引导至缴费界面，输入 10 位户号关联绑定后，即可缴费，该系统也会在用户家产生电费后自动提醒。

据悉，青岛供电公司推行支付宝二维码缴费方式后两个月内，其缴费笔数达 78.5 万笔，占全省总数的 43.5%，位居全省第一。

4.2.3　巧用二维码，让你的产品大卖特卖

很多营销人员都学会了将二维码与社区 O2O 模式进行结合，即利用二维码的读取将线上的用户引流给线下的商家。这样，只要培养了足够多的用户群，再结合良好的商业模式，二维码将成为桥接现实与虚拟最得力的工具之一，如图 4-23 所示。

图 4-23　二维码的商业价值

【案例5】Joe咖啡：互动二维码建立沟通渠道

例如，Joe 咖啡利用商务人士喜欢边喝咖啡边看报纸的习惯，让更多的人走进自家的咖啡店。Joe 咖啡在报纸上刊登了大版面的广告，并在广告中放入二维码，消费者只要用智能手机扫描二维码，就会收到离他们距离最近的一家 Joe 咖啡信息，包括 Google 地图上显示的通往 Joe 咖啡路线，以及一杯免费咖啡的优惠券。这样就能吸引消费者到 Joe 咖啡店，坐在店里一边喝咖啡一边看报纸了，如图 4-24 所示。

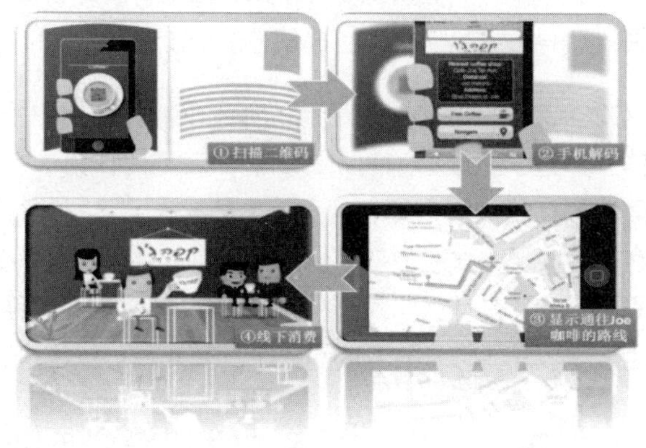

图 4-24　二维码成为线上与线下的桥梁

Joe 咖啡这些登在报纸上的带有二维码的广告，利用人们日常的习惯，寻找到了广告出现的最恰当时机和地点，使人们在看到广告后便走入咖啡店，可以说是在最短的时间内得到广告效果的回馈。同时通过此举，消费者对于前往 Joe 咖啡馆的路线会有一定记忆度，店内美味的咖啡试喝也很容易培养出一批回头客。

Joe 咖啡用一个看报纸喝咖啡的常见应用场景，用二维码广告精准地捕捉店家的目标人群——商务人士，创意互动无疑能为 Joe 咖啡带来大批新顾客，为其打开知名度、培养忠诚度顾客群体提供了一种可能性。

TIPS:

与消费者互动可以有很多种方式，但如何能达成真正有效的互动，正面推广品牌，甚至培养用户的品牌忠诚度，这些都不是简单的有奖活动就能达成的。Joe 咖啡的营销案例就具备创意和与用户的深度互动。因此，如何更好地发挥社会化媒体的真正价值，并利用整合的方式到达目标消费群体，营销人员仍需要好好思考。

应用二维码的信息传递模式，可以使用户居于主动地位，而非处于单方面接收信息的一方，在信息沟通的桥梁上创造了互动的模式，让用户感到较深的涉入程度。因此，比起一般产品以及服务的宣传方式，用户对于结合二维码所推出的商品会更有兴趣。

二维码互动营销平台不是孤立存在的，而是依靠企业目前的营销方式，企业官方二维码可以印刷在报纸、杂志、广告、图书、包装以及个人名片等多种载体上，用户通过手机摄像头扫描二维码即可实现快速浏览企业的活动信息、获取优惠券、参与抽奖、了解企业的产品信息的目的。

对于社区 O2O 来说，在二维码营销的作用下，社区用户手中的商品变成了一个数字媒体，通过手机成为沟通渠道，这是二维码作为一个“端”的媒体属性。在社区周边的百货零售、便利店、超市甚至家装建材等行业，都存在着传统商业模式利用互联网方式变成新商业形态的可能性，但这需要看行业场景，分析细分行业的“痛点”是什么。对于社区 O2O，其实如今已经很难分清楚谁在线上、谁在线下了，只要你是被互联网化了，其实就可以说是新商业的雏形。

4.2.4 微信“扫一扫”：最强二维码营销利器

微信（WeChat）是腾讯公司于 2011 年初推出的一款快速发送文字和

照片、支持多人语音对讲的手机聊天软件。用户可以通过手机或平板快速发送语音、视频、图片和文字。微信提供公众平台、朋友圈、消息推送等功能，用户可以通过"摇一摇""搜索号码""附近的人"、扫二维码方式添加好友和关注公众平台，同时微信将内容分享给好友以及将用户看到的精彩内容分享到微信朋友圈。

从2013年8月9日推出的微信5.0版本开始，腾讯就提升了"扫一扫"功能重要性，意图将微信用户已经熟知并习惯的"扫一扫"功能加强。从扫描单一的二维码，扩展到条码、封面和街景、文字。扫描二维码、条码、封面能直接获取商品信息，跳转到网上商城直接购买；扫描街景将与本地生活服务相结合；扫描文字可以获知用户行为及用户兴趣。登录微信后，切换至"发现"界面，即可看到"扫一扫"功能，如图4-25所示。单击"扫一扫"功能按钮之后，用摄像头对准二维码，即可开始扫描，如图4-26所示。

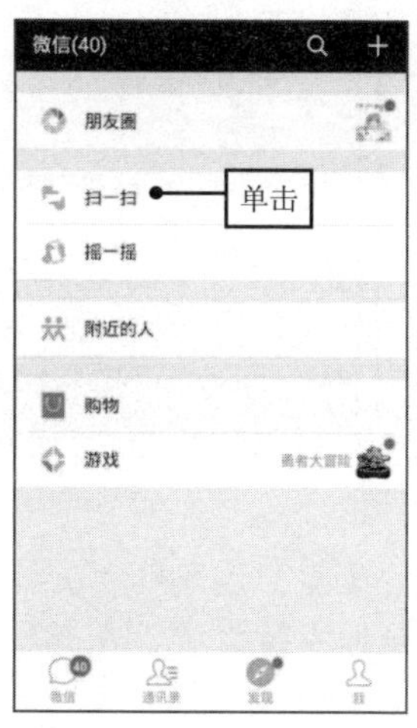

图4-25　"发现"界面

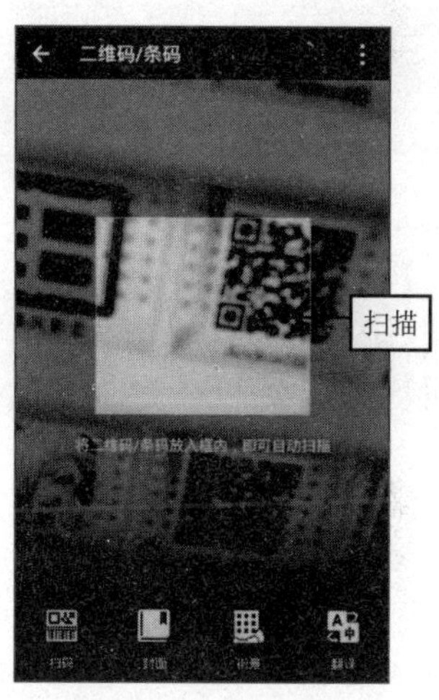

图4-26　开始扫描

微信"扫描二维码"这个功能原本是参考另一款国外社交工具"LINE"，一开始只是用来扫描识别另一位用户的二维码身份而添加朋友的。但是二维码发展至今，其商业用途越来越多，所以微信也就顺应潮流结合O2O展开商业活动。例如，将二维码图案置于取景框内，微信会帮你找到好友企业的二维码，然后你将可以获得成员折扣和商家优惠。

微信用户只要用手机扫描特有的二维码，就享有电子食品卡，就享受商家提供的会员优惠活动，商家设定自己品牌的二维码，赠送优惠券吸引用户关注。二维码在微信当中的应用，是每位用户的专属标志，是私密性质的，但与此同时，它又具有可读性，不可避免地成为一个公开的秘密，将隐私和公开完美结合。

- 当用户在浏览商家官方网站时，活动主题页面快速跳转，用户只需要扫码即可浏览商家所有产品及信息，快速了解广告的所有信息，如图 4-27 所示。
- 在浏览商家微博时，也省去了输入查找的繁琐过程，扫描二维码之后就能快速关注，时时浏览商家微博新产品动态。

图 4-27　扫码了解信息

部分实体商城商品一拍即买，在手机上就能实现购物，无论实物商品还是虚拟商品，都可以方便快速地购买，多种支付方式，让手机购物更为便捷，而商家的折扣券、积分大礼等，扫码即有。

 **TIPS:**

二维码应用快捷便利，主要有以下这些优势：

（1）整合营销。二维码结合传统媒体，能无限延伸广告内容的实用性和时效性，消费者通过扫码，便捷入网，利用手机就能实时获得信息。

（2）即时互动。企业可发动调查、投票、会员注册等活动形式，让用户参与调查、信息评论、活动报名、手机投票等，增加用户的黏度。

（3）立体传播。二维码是移动互联网时代社区 O2O 最便捷的入口，已经成为当下社会化媒体传播最便捷工具，商家能时刻进行线上和线下的信息传播，用户也能随时随地地接收资讯。

4.2.5 拥抱二维码：赢得O2O市场的第一步

目前，社区 O2O 和二维码行业非常火爆，因为都是互联网出身，所以关注焦点都在用户身上，希望用高品质低价格来吸引用户的使用，从而建立消费习惯，并基于此打造盈利模式。

互联网巨头之所以对二维码如此热衷，很重要的原因在于希望通过二维码来抢占 O2O 入口。对于很多企业而言，二维码本身并不能作为一项独立的产业得以发展，但是，它是移动互联网产业不可缺少的一项内容，二维码可以被当作移动互联网的重要入口。

在现如今移动互联网各项业务中，社区 O2O 因其具有很大潜力脱颖而出。社区 O2O 将线下的商机与互联网结合在了一起，使互联网成为线下交易的前台。社区商家的线下服务可通过线上来招揽顾客，而顾客可在线上搜索自己需要的服务，并在线下消费。随着智能手机的不断普及，很多互联网业务被移植到移动互联网上，并取得了很好的效果，消费者刷二维码就能获取自己需要的服务，非常便捷，因此二维码就被看作是进入移动互联网、进入社区 O2O 的重要入口，因而受到众多企业的重视。

二维码生成的技术并不复杂，关键在于企业如何把二维码结合到自己的营销中，充分挖掘其所蕴藏的机会，实现 O2O 闭环。

【案例6】盒子支付：二维码成为O2O交易的重要媒介

盒子支付（iBOXPAY）是深圳盒子支付信息技术有限公司首先推出的全球领先的移动支付解决方案和服务，近日推出了新的支付方式——QRPOS。通过手机识别带刷卡信息的二维码，直接利用插在手机 3.5mm 音频孔上的盒子刷卡器完成刷卡支付，如图 4-28 所示。QRPOS 支持线上和线下使用，用户只需要有带银联标志的银行卡或者信用卡就可以使用。

盒子支付致力于为用户提供快捷、安全的便民支付方式，主要提供公共事业缴费、信用卡还款、转账功能，另外还提供话费、QQ、支付宝充值及电影票、彩票购买，同时也提供线上和线下的购物付款，让每一个人都能随时随地进行付款和收款。

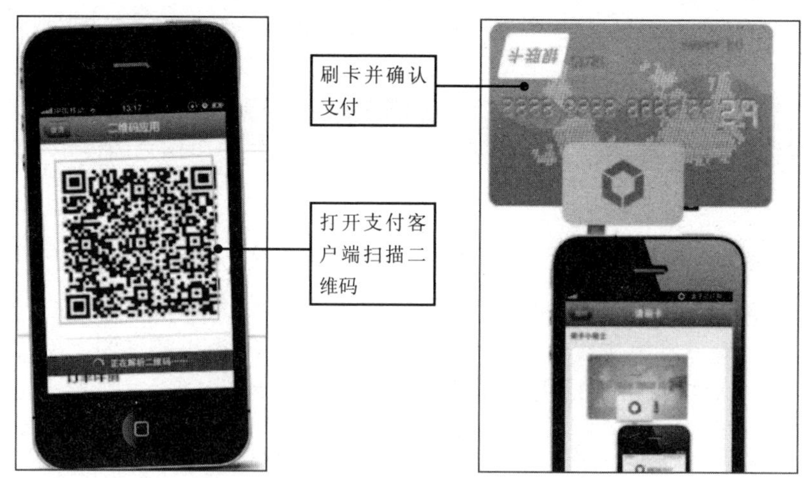

图 4-28　盒子二维码支付

盒子支付模式已经不仅是一个解决方案，而是一个公共的支付平台，为银行、第三方支付企业、商户、个人开放 SDK 开发包，任何符合法律规定的应用都可以使用这个平台获得商机，任何银联持卡人都可以随时随地刷银联卡完成支付。

简单来说，二维码支付是一种基于账户体系搭起来的新一代无线支付方案。在该支付方案下，商家可把账号、商品价格等交易信息汇编成一个二维码，并印刷在各种报纸、杂志、广告、图书等载体上发布。用户通过手机客户端扫拍二维码，便可实现与商家支付宝账户的支付结算。最后，商家根据支付交易信息中的用户收货、联系资料，就可以进行商品配送，完成交易。

二维码已经变成 O2O 交易的一个重要媒介，但它与之前所说的本地服务还有所不同，有了二维码之后可以随时随地完成商品的购物体验。与同样是线下支付手段的NFC近场支付相比，二维码体现出更易普及的优势。NFC 需要手机配有相关芯片，同时需要商户也具有相应的硬件设备，会带来硬件成本和后续维护的烦恼。但二维码的生成和维护却几乎不需要什么成本。

与传统互联网电子商务相比，移动互联网具有用户基础更庞大、消费方式更灵活以及更贴近市场和消费者等优势，而移动互联网的最终实现也要凭借O2O渠道的建立。笔者认为，如今电子商务的发展方向已经很明朗，相信随着二维码被广泛应用，O2O 终将填平电子商务线上与线下之间的沟壑，使之能够无缝对接。尤其是对于社区 O2O 而言，二维码使线上线下联动支付需求几乎涵盖了每一种可能的场景。

> **TIPS:**
> 以往所有的营销手段大部分都是采用短信、彩信以及微信等形式广告，这类移动营销最大的特点就是便捷，就像一间“移动商铺”。其实，手机二维码营销同样具有这个特点，企业与商家可以在现有的任何形式的广告中设置二维码，只要用户扫描了二维码，即可在任何时间和任何地点对产品进行了解。

4.2.6 二维码可以无处不在，能放的位置都放

在 O2O 模式中，二维码营销怎么做？在社区、在商场、在医院，甚至在大街小巷都布满了二维码的身影。但企业真正了解二维码吗？其实，企业想要从二维码营销中获利，就要让黑白平庸的二维码变得更加绚烂夺目，富有趣味性，通过创意营销来吸引更多用户的眼球，如图 4-29 所示。

随着智能手机的普及，移动互联网已经开始成为商家的必争之地，特别是二维码的运用，极大地加强了线上与线下的互动。二维码，被誉为“移动互联网的最后一段距离”，为移动互联网服务的落地做出了不可磨灭的贡献。

图 4-29 二维码营销技巧

然而，二维码本身并不那么招人喜欢。通常可以看到的大多数二维码软件生成的二维码都是黑白格子，单一品种吸引力很弱。如今媒体传播环境日益丰富，年轻化的消费受众更是喜欢尝鲜，所以二维码在设计上值得一变！

例如，有人将流行的二维码穿在了身上。据悉，现在这种二维码 T 恤成了年轻人表达爱意的另类工具，如图 4-30 所示。

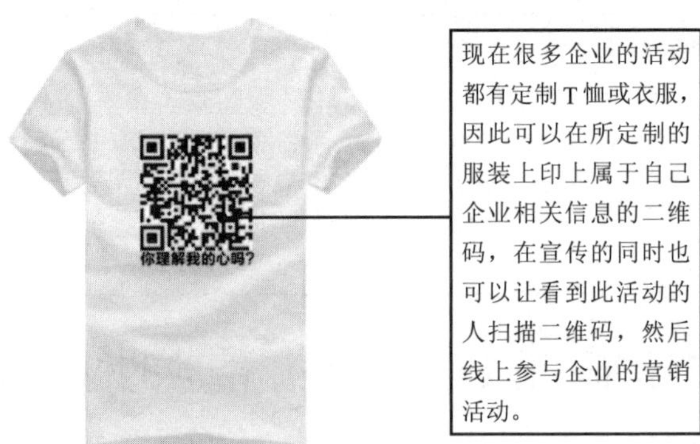

图 4-30 二维码 T 恤

二维码的放置地点可以说是无所禁忌，想放就放。可以印图片的地方都可以有二维码，二维码实现多元化后，从肉眼就可识别其用途性。二维码设计可以更有色彩、更有创意，这样印在不同物体上都会是一种创意，网络上需要这些有创意的结合体。

【案例7】Guiness：二维码啤酒瓶

Guiness´s QR 啤酒可以说是一款社交饮品，它的特殊之处就在于用户只有在瓶子里装满了 Guiness 黑啤酒（普通的黄色啤酒是不行的）之后二维码才能显示，才可以被扫描，如图 4-31 所示。

图 4-31 Guiness's QR 啤酒

通过扫描 Guiness´s QR 啤酒瓶上的二维码，用户可以发推文、更新 Facebook 状态、在 foursquare 签到，还能下载电子优惠券，邀请你的朋友们一起来参加这个活动。另外，该二维码也只能在特定时间（中午）才可以扫描。

4.3 社区O2O到底该如何做

社区 O2O 创业注定是一项“苦熬而持久”的事业，指望速胜速成几乎没有可能。也正因为这个原因，巨头不会亲自去做，反倒给了创业者机会。巨头提供平台，后端服务由创业者整合，合作共赢的生态有可能逐渐建立起来。

4.3.1 消费者眼中的社区O2O，一切着眼于社区

首先站在消费者的角度，所设想的社区 O2O 如图4-32所示。总的看来，满足客户的需求才能创造有价值的模式。互联网不是要改变人们的生活，而是要提升人们的生活，让生活变得更便捷，更有趣。而互联网发展到越后面，就越应该是润物细无声的，感觉没有隔阂，一切着眼于社区，并和消费者的日常生活融为一体。

图4-32 消费者眼中的社区O2O

笔者认为，在任何时间段，用户对于服务的要求是不变的，但是互联网思维下的社区 O2O 服务，必须给消费者带来超预期的服务期待。互联网 O2O 需要改变的是服务本身，没有服务的社区 O2O 是“独腿行路”，最终或失败或转型。

【案例8】小马管家：重新定义家政服务

北京小马飞捷网络科技有限公司是一家致力于打造 O2O 管家服务的互联网公司，独创标准化轻度管家服务，以互联网思维撬动传统家政行业的“服务不标准”“收费不标准”等行业陋习，为用户提供更优质便捷的生活服务。

该公司推出的“小马管家”APP 是一款基于地理位置为用户提供管家服务的创新应用，如图 4-33 所示。“小马管家”打破传统的小时工模式和缺点，所有管家都经过专业培训与认证，确保服务品质。用户通过客户端直接挑选管家，所有信息真实透明。专业的管家致力于为广大用户提供更高效、便捷和贴心的生活服务。

目前，家政社区 O2O 平台主要有两种模式：一种是将家政阿姨与用户直接对接的 C2C 模式，如 58 到家、e 家洁、阿姨帮；另一种是搭建平台，将传统家政公司和用户联系起来，如云家政。然而，“小马管家”与这两种模式又有些许不同。

（1）管理模式不同，属于重型社区 O2O：“小马管家”雇用家政人员作为其公司员工，按照“底薪＋提成”的方式发放工资。其员工扮演着家政人员和销售人员两种角色，在给用户做家庭清洁的同时会推销会员卡，并按照办卡量来抽取提成。

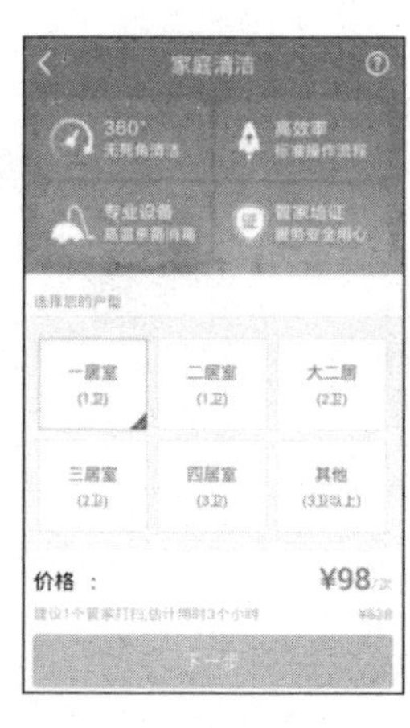

图 4-33 “小马管家”APP

（2）创新收益模式：“小马管家”按照户型收费，清洁一个二居一卫的户型固定服务费为 108 元，打扫时间为 3 个小时，不收超时费，如图 4-34 所示。而非传统小时工则是每小时 20～30 元的定价。

小马管家

首页　服务介绍　小马故事　手机版下载　关于

■ 单次服务价格

一居室(1卫)	二居室(1卫)	大二居(2卫)	三居室(2卫)	四居室(3卫)
98元/次	108元/次	128元/次	148元/次	198元/次

■ 充值卡服务价格

充值金额 您的户型（元/次）		1000元	2000元	3000元	5000元
户型单次折扣价格	一居室(1卫)	70	65	60	50
	二居室(1卫)	80	75	70	60
	大二居(2卫)	90	85	80	70
	三居室(2卫)	100	95	90	80
	四居室(3卫)	125	120	115	100
家电清洗/除尘除螨		9折	85折	8折	7折
充值赠送服务		整床除螨(1套)	整床除螨(1套) 沙发除螨(1套)	整床除螨(2套) 沙发除螨(1套)	整床除螨(3套) 沙发除螨(2套)

图 4-34　“小马管家”的价格表

（3）在流量方面，轻线下重线上：“小马管家”虽然开设了线下门店，但并不在线下接单。据悉，线下店主要用于对家政人员的培训、管理及物料周转，服务覆盖其周边住宅社区。

“小马管家”创始人马晨飞将目标用户设定在 80 后、90 后白领，一方面容易接受新事物，另一方面具备较高的消费能力。据悉，目前“小马管家”基本覆盖北京市，月订单在万单左右，客单价 120 元，家政人员有百余人。

马晨飞表示：“目前家政行业不能做平台，并且平台模式也做不起来。平台模式只是增加了派单的效率，但是由于缺乏对家政人员的把控，并没有提高家政服务的体验。”马晨飞将“平台模式”形容为“为了上门而上门”，称他们只是在拿家政做切入点，并非在专注于家政这一件事。

笔者认为，在社区 O2O 模式中，如果产品仅仅是满足平台方的诉求是站不住脚的，消费者的体验和需求是否得到尊重满足才是王道，在这一点上，“小马管家”还是做得不错的。从“小马管家”提供的社区服务来看，包括日常清洁、深度清洁、新居开荒、家电清洗、专业除螨虫、租房大扫除等家政服务，都是紧贴社区居民生活的服务项目，将家政服务人员转变成为解决用户生活琐碎事情的“管家”。

4.3.2　切入点，平台化是必然的发展路径

综观目前国内社区 O2O 的模式的切入点，可以分成这样几类，如图 4-35 所示。

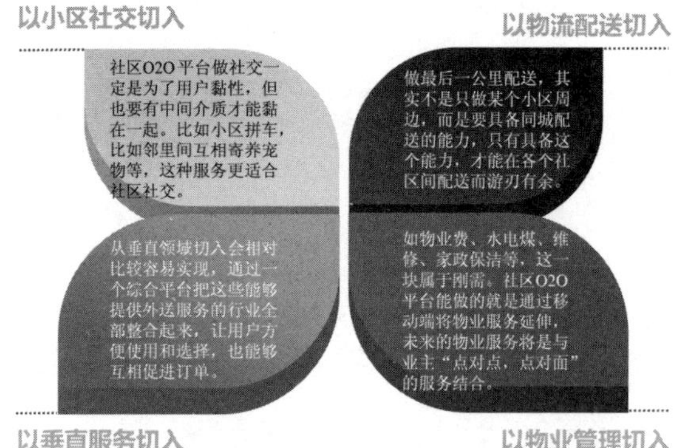

图 4-35　目前国内社区 O2O 模式的切入点

另外还有一种思路是，以上提到的这些切入点都可以通过给物业建立平台，通过物业来实现。例如，互联网企业可以跟物业或开发商合作，建立小区超市、小区家政等，用户可以通过物业来完成日常所需，而不用分散地跑到各个小店去。通过这种平台化的切入模式，不但能优化物业或开发商的管理，同时也能给物业或开发商增加收入。

【案例9】万科携手大众点评：一天11万人看房

2014 年房产企业销售榜单上，万科以 2120 亿元的销售额蝉联行业榜首。2014 年，万科地产总经理郁亮多次在媒体接待会中提到未来万科的主营业务包括住宅地产、消费体验地产和产业地产。而苏南万科物业服务有限公司以美好广场为代表的社区商业打造，恰恰是万科“消费体验地产”的典型。

据悉，苏南万科的自有商业综合体万科美好广场最近就推出了部分餐饮商户、洗车店、花店以及城市农场，即将无缝对接社区，相信这也是万科布局社区 O2O 的第一步。

例如，万科与大众点评联合推出“吃货吃出一套房”活动，如图 4-36 所示。在活动中，大众点评会员可以凭累积在大众点评上消费团购的金额，抵扣万科苏州指定楼盘的房款。而活动上线当天，超过 11 万人参加，预约看房超过 500 人。

图 4-36　“吃货吃出一套房”活动

万科作为国内领先的房地产开发商，定位“城市配套服务商”，在给到业主优质的住房和物业服务之外，更加要拓展到社区周边的吃喝玩乐，为业主生活提供更多的便利；而大众点评是最大的本地生活消费平台，收录海量的商户信息，连接消费者与线下商户，在 O2O 网络体系和商户资源上有不可复制的行业优势，它直接提供了两个最核心的数据：消费习惯和地理位置。

在与大众点评合作的社区 O2O 模式中，万科以自有社区为载体，依托大众点评的数据，围绕客户多元化的需求，提供丰富的线上服务资源，为业主提供具有情景式的线上体验，进而吸引线下消费，形成 O2O 服务闭环。即以服务化代替营销化，以服务口碑带动品牌黏性，将服务入口转化成为潜在客户入口，这正是房地产进入“白银时代”的招牌营销手段。

曾经万科代表着行业最先进的产品与服务，现在依然引领着地产行业与互联网最先进的探索。未来，万科有可能实现使社区成为一个平台，提供更为丰富的社区服务资源，并拥有更多的潜在客户入口；而大众点评则可能以此为契机，产生基于社区的生活服务业务。两者的结合，可能会成为社区 O2O 的典型模式。

4.3.3　商业体量，市场大才能吸引更多用户

社区 O2O 之所以这么火，肯定和它的商业体量有关，只有拥有足够大的市场，才能吸引更多的参与者进入。在社区中，每个人都要住，都要睡觉，所以社区是一个人出发和休息的起点和终点，可以说一个人所需要的日常消费都可以视为社区 O2O 的商业体量。

社区商业是指一个社区的商业配套，即超市、洗浴、诊所、干洗店等为社区居民服务的设施场所。体量就是有多大规模或者多少面积而言的，也就是社区商业的体量有多大与社区商业配套的面积有多大是相同的道理。

从某种意义上说，2014 年就是商业地产从同质化转向差异化发展的元年，而社区商业将成为下一轮商业布局的热点。从目前来看，这种潮流发展速度的确让人吃惊，社区商业作为城市活力的“毛细血管网”，正快速遍布在城市的各个角落。社区商业的快速发展的 3 个因素如图 4-37 所示。

社区商业的市场需求量巨大 → 对于普通消费者来说，最经常产生消费的地方还是家门口的社区型商业。足不出户即可解决日常消费问题，是决定生活品质和营造人气的很重要的方面。从成熟市场经验来看，社区商业消费已占其整体商业构成的60%～70%。

传统商业竞争加剧急需转型 → 社区商业反潮流已经兴起，所有社区住户都跳不出“生活最后一公里”的圈子，商家与顾客拥有无缝对接的近距离优势，使社区商业更易衍生出符合主流趋向的一站式消费模式。

目前已逐渐形成清晰的社区商业模式 → 经过数年的模式探索和产品研发，社区商业的投资模式、业态规划模式和运营管理模式已打造成型，这也为社区商业下一步大面积铺开准备了条件。

图 4-37　社区商业的快递发展因素

由于社区商业的服务半径有限，目标客群清晰，因此，小体量是其最根本的特点。另外，线上生活方式与社区生活方式结合，是未来社区商业最具备想象力的价值提升空间。目前来看，社区商业的模式升级已经表现为如图 4-38 所示的两类。

结合社区电商，形成快递收纳及配送网络

- 顺丰快递在社区开“嘿客”。
- 天猫在全国137个县市及香港地区设有累计上万个快递代收点，取名“天猫服务站”。
- 上海300个全家便利店，也设置快件代收点。

建立互联网社区，形成线上购物及外包家居服务联盟

- 例如，第三方支付平台“拉卡拉”推出“开店宝”，社区小微商户就是“开店宝”的主要使用者。拉卡拉的社区电商O2O以社区为核心，“开店宝”为终端载体，连接供货源与社区，消费者通过“开店宝”完成选购、支付和收货流程。拉卡拉深耕线下近10年，积累的30万个社区网点为其带来天然的支付场景以及消费需求。

图 4-38　社区商业的升级模式

此外，除却与城市商业同质化的零售、餐饮娱乐业态之外，社区 O2O 的商业体量还有明显不同的细分品类，其涵盖了菜场、银行、儿童教育、宠物店、汽车美容、美容美发、咖啡、养生美体、便利店、社区餐饮、健身房等诸多品类。这些构成了社区商业品类的重要特征。

目前，大多创业者选择餐饮等浅度服务需求行业进行试水，如果要对未来的服务盈利预期形成足够支撑，则需深挖服务附加值更高的行业，如房产、家装、汽车、家政等行业。

另外，如果说社区 O2O 源自一线城市，那么目前二线城市已成为社区 O2O 的又一新增长点。目前，一线城市已经相对成熟和饱和，三线城市市场仍有待培养，只有二线城市既有增长空间又有成熟的市场环境。社区 O2O 的市场肯定会越来越大，越来越多的年轻人、懒人不愿意走到线下，这是巨大的机会。

【案例10】猫屋小时达：多场景切入社区O2O供应链

2014 年 11 月 17 日，“猫屋小时达”正式上线，并在深圳本地开通了车公庙、地王、高新园三大商圈，已整合上千家 B 端实体门店，日订单逾 1 000 单。

“猫屋小时达”是基于微信服务号和 APP 搭建的移动生活 O2O 平台，从早餐、水果、下午茶、零食等高频次、强需求的白领即时性消费品类，多场景切入社区供应链，通过专人直递的方式，解决白领即时性、强需求的消费问题，如图 4-39 所示。

图 4-39 “猫屋”主页

在“猫屋小时达”的微信服务号中，其基于 LBS 地理定位显示商圈信息，目前已提供下午茶、阳光早餐、加班零食、当日鲜果、星巴克等商品的代购服务。“猫屋小时达”的代购服务流程如下。

（1）进入“猫屋小时达”微信公众平台，单击“代购”按钮，如图 4-40 所示。

（2）进入“输入地址”界面，选择相应的商圈，如图 4-41 所示。

据悉，2015 年上半年，“猫屋小时达”服务将覆盖深圳的 6 个大型商圈，并将继续优化整个服务流程，提高小时达的商户数量、质量，整合更多的“猫屋男孩”入驻平台。

输入地址

深圳

新洲商圈

地王商圈

图 4-40 “猫屋小时达”微信公众平台　　图 4-41 选择相应的商圈

（3）进入“代购”界面，目前用户可通过“每日爆品”“周边美食”“当日鲜果”“休闲零食”4 种方式进行在线选购，如图 4-42 所示。

（4）例如，单击“周边美食”按钮进入其界面，用户可以单击“＋”或“－”按钮调整选购数量，如图 4-43 所示。

图 4-42 “代购”界面　　图 4-43 选购商品

（5）单击购物车图标设置收货地址信息，如图 4-44 所示，单击“保存”按钮。

（6）进入“确认订单”界面，单击“确定下单”按钮即可，如图 4-45 所示。

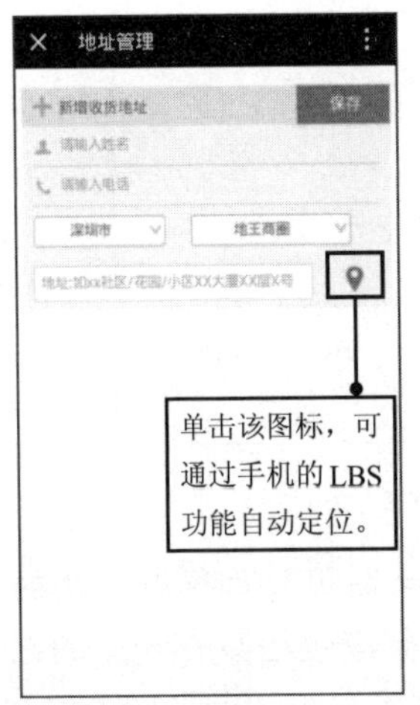

图 4-44 设置收货地址信息

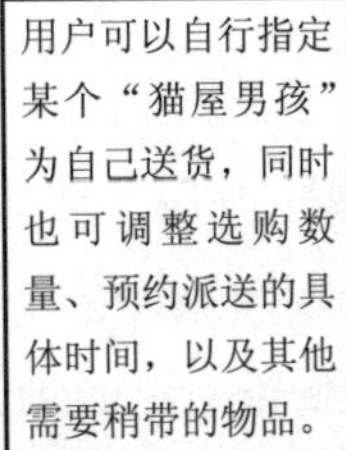

图 4-45 “确认订单”界面

（7）下单成功后，用户会收到一个订单验证码。猫屋男孩送达后，提供认证使用，认证通过后整个流程结束。

在“猫屋小时达”微信平台上，除了已有的餐饮代购服务外，“猫屋男孩”还可以根据用户的个性化需求，提供“定制跑腿”服务，如图 4-46 所示。

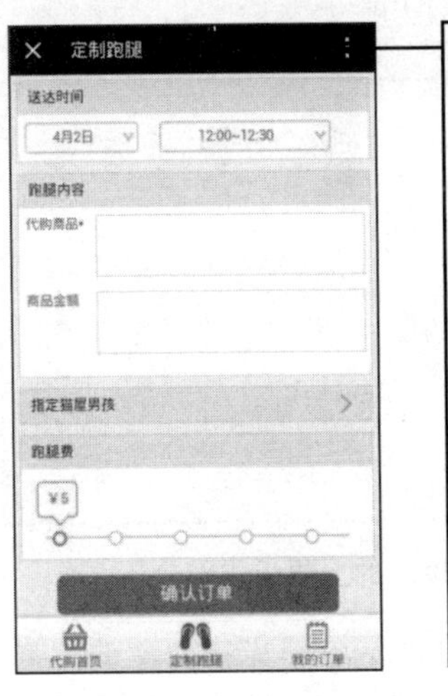

在整个过程中，从用户下完订单到“猫屋男孩”送达的中间，还会收到“猫屋男孩”的出发信息、取货信息等，“猫屋小时达”做到了流程的标准化、透明化。“猫屋男孩”通过指派或抢单的形式进行接单，在 30 分钟内送到用户手中，在服务期间有 2 次以上问题的“猫屋男孩”系统会进行软屏蔽。据悉，“猫屋小时达”的服务时间目前为每日早 8 时至晚 21 时，每订单的消费金额是 49 元起步，代购跑腿费是 5 元。

图 4-46 “定制跑腿”界面

“猫屋小时达”主要由三部分组成：一是 to B 端的线下实体商家；二是 to C 端的用户；三是直营与众筹而来的“猫屋男孩”。“猫屋小时达”的 O2O 模式为三端用户提供了各不相同的服务，如图 4-47 所示。

B端——线下实体商店

“猫屋小时达”为线下实体商店提供了移动互联网O2O平台的线上营销服务、外卖O2O线下端的配送服务。

C端——用户

“猫屋小时达”为有需求的用户节省了时间，提供了更多的便利性。

C端——猫屋男孩

对于另一个C端——“猫屋男孩”来说，“猫屋小时达”为闲置的人员（例如，物业员工、司机师傅等）增加了赚钱通道，经济共享型的模式也是未来商业的大趋势。

图 4-47 “猫屋小时达”的主要组成部分

猫屋“从包裹代收”到“猫屋小时达”，其定位更加精准。此前，猫屋围绕社区周边已提供了相关服务，可以说，猫屋早已具有一定的配送服务能力，升级做“猫屋小时达”服务也是水到渠成。“猫屋小时达”服务更是当下流行的上门服务的一种，在“懒人经济”时代，上门 O2O 的大背景下，猫屋的成功升级转型，也为自己找到了未来发展方向。

4.3.4 成本控制：低客单价与规模效应

社区 O2O 要解决很多问题，小区的信息化问题（周边小店的信息化、物业管理的信息化）、物流配送的问题等，这些都涉及了社区 O2O 项目运营的一个要点——成本控制，如图 4-48 所示。

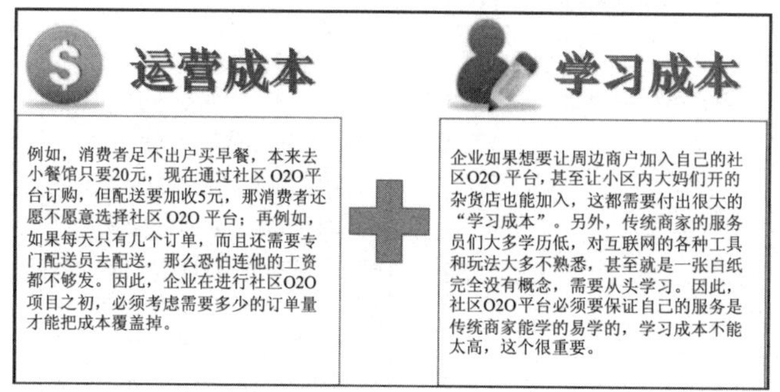

图 4-48 “猫屋小时达”的主要组成部分

在社区 O2O 平台中，产品大部分都是看得见摸得着的实物产品和体验服务，产品自身的边际成本是大于 0 的。但是，销售、服务成本可以通过与互联网的结合得到大幅度的降低，接近于零，尤其是低客单价、标准化的品类。

低客单价需要的信任程度低，在互联网发展的早期阶段可以很好地适应客户的信任需求，为完全自动化销售提供了信任基础；而高标准化提供了完全自动化的可能性，可以通过 PC 和手机实现完全的自动化销售服务，从而实现销售服务的边际零成本，进而实现零毛利。

另外，社区 O2O 平台可以不断扩充规模，增加整体营收，提高运营效率，从而降低获取新用户成本，提升毛利率。经济学中的规模效应是指企业在生产规模扩大后，变动成本同比例增加而固定成本不增加，所以单位产品成本就会下降，企业的销售利润率就会上升。

简而言之，就是用低客单价吸引消费者，然后用规模效应来获得收益。当社区 O2O 企业的流量规模达到一定水平后，由于各生产要素的有机结合，平均成本呈现下降的趋势，就会产生了“1 + 1>2”的效应。

笔者认为，互联网可以改造 O2O，其中整合线上与线下是其核心点。由于社区 O2O 大部分是“非标准化”服务，因此在这个过程中，最大的难点是线下的整合。线下的服务管理，线下用户的思维转变都是重点。只有提供比传统社区服务更好的体验，建立一套整合了服务本身、服务人员、服务跟踪、服务反馈的规模化体系与流程，才能吸引用户，留住用户。

【案例11】新城地产：用互联网思维涉足社区O2O

2015 年 1 月，新城地产推出了实现社区 O2O 服务的移动端产品——“新橙社”APP，如图 4-49 所示。作为社区 O2O 项目线上线下的核心链接和实施平台，“新橙社”APP 将通过线上和线下搭建生活服务平台，围绕“最后一公里”，提供居家生活解决方案。

图 4-49　“新橙社”APP

从新城地产线上的APP产品来看，“新橙社”将业主最为关心的衣、食、住、行、社区娱乐五大功能整合其中，服务内容涵盖物业服务、社区团购、周边服务及邻里交流等几大模块，如图4-50所示，既满足了社区业主生活服务需求，也为邻里搭建了一个互动亲睦的交流平台。

图4-50 “新橙社”的主要功能

新城地产总裁王晓松表示：“移动互联网时代不是要改变人们的生活，创造新的需求，而是要让生活化繁为简，更轻松，更便利。而我们要做的是通过改变思维模式从而去为业主创造更便捷的生活方式，真正做到‘让幸福更简单’。”

正如王晓松所言，地产已经进入白银时代，供求关系发生了翻天覆地的变化，从产品模式向服务模式转型将为住宅地产开创非常重要的增长点。而要完成这个转型，互联网是必不可少的工具，社区O2O项目被新城地产视为战略转型的重要切口。

新城地产的整个社区O2O运营平台划分为三个核心部分：业主居家生活数据、社区与商业共享平台、居家生活解决方案。前两个主要是为提供更好的解决方案奠定基础，而“新橙社”APP就是为社区用户提供解决方案的主体。在线上，新城地产不仅有APP，还开设了微信、400电话中心等窗口，多种方式满足用户的需求。

更关键的是线下部分，“高频”“刚需”是新城地产社区O2O团队在其中做筛选的关键词。具体来说，“新橙社”在线下主要做三块核心业务：

线下服务站、快递柜和社区短途配送。据悉，新城地产还将在中高端的社区周边，开设线下门店作为服务站，覆盖以新城社区为中心，半径 800 米内约 4 000 户业主。

“成本低”是新城地产在社区 O2O 的一个信心来源，在目前做的三块核心业务中，很多成本都已经在新城地产的地产业务中被分摊掉了。其中，线下服务站看起来是投入最大的一块，它兼具商品零售和吸引人流的功能，单独开一家门店约需 40 万 ~50 万元的投资，但几乎每个新城地产的社区都可以找到空闲的场地供其使用；而新城原有的物业管理人员可以一定程度上承担社区的短途配送任务。

王晓松表示：“传统房地产企业总有一天会被颠覆，而互联网充满无限想象。”在新城集团内部，社区 O2O 被列为“种子型业务”之一，肩负新城地产的未来。所以，王晓松也表示，“只要是我们想做的，我们会不惜一切代价做下去。”

4.3.5 烧钱加速：从疯狂烧钱到利益重构

从此前的团购网站大战、滴滴和快的的对决，到今天在线旅游的混战，互联网领域的“烧钱”似乎无法停止。在这场从 Online 到 Offline 的争夺战中，从 2014 年初到年末，动辄都是几亿、十几亿美元的投资额，“烧钱”愈演愈烈，如图 4-51 所示。

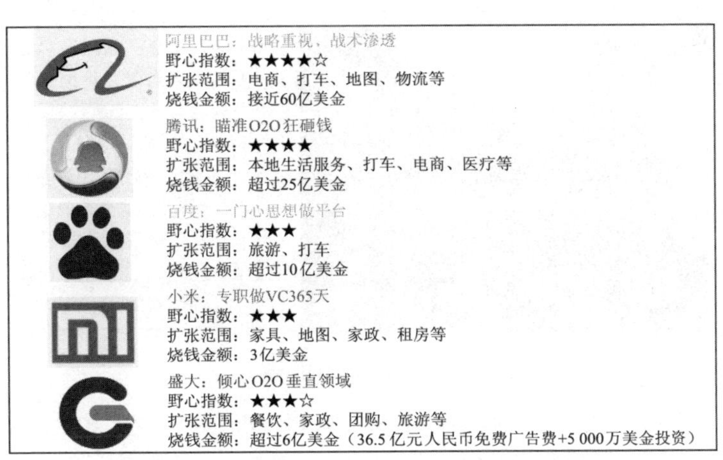

图 4-51　中国互联网企业的 O2O“烧钱”大战

这是因为以前只要你有一个好点子，组织一个团队，埋头苦干一段时间就会看到成果；而现在就不一样了，互联网基础设施已经基本完备，也经历了几波淘金热，资本市场也明显地往这个领域倾斜，所以越来越拼速度，就是快速地占领市场。比如像滴滴和快的这样的，一旦资金到位，只需几个月即可占领市场。

目前，社区O2O市场正处于“开荒时期”，需要的是“野蛮生长的力量”。说得直白点，就是如果你想快点进入，那么你还得有点钱。例如，2014年除夕夜，支付宝、微信等不差钱任性一把发红包，能让社区的大妈们都用上手机支付吗？没有点儿钱，社区O2O还真不是谁都能干的。

【案例12】苏宁：自营服务站，深化农村O2O布局

2015年1月23日，苏宁第一家自营线下服务站正式落户于江苏省宿迁市洋河镇；同时，盐城市龙冈镇的服务站也开门迎客。这两家苏宁易购服务站的开业，标志着苏宁农村电商发展全面进入落地阶段，一张覆盖县镇地区的大网全面铺开。

在全国农村刷了15 000块墙之后，苏宁易购正式踏出了向农村市场迈进的第一步——自2013年苏宁易购开始尝试在农村市场拓展以来，已经有接近400家服务站开始向乡镇进行拓展，如图4-52所示。服务站的主要功能就是帮助农村消费者在苏宁易购上下单，同时还承担一部分物流自提、物流配送和售后服务的职能，覆盖千万农村人口。

苏宁易购服务站是苏宁在县域市场自建开设的承载体验、购物、金融、物流、售后、会员服务等功能于一身的O2O融合新型店面业态，汇集了六大服务中心于一体，让消费者购物更方便、更放心。其中，仅便民一项功能就涵盖十大服务。

图4-52 苏宁易购服务站

数据资料显示，近年来农村的网民数量不断攀升，在2013年已经达到了1.77亿，由此带动的2014年全国农村网购市场总量达1 800亿元以上，而2016年这一数据将突破4 600亿元，成为网购市场的新增长点。据悉，苏宁预计在2015年建设1 500家服务站，未来5年内，苏宁易购服务站

将超过 10 000 家，覆盖全国 1/4 的乡镇，这将彻底地“打通最后一公里，抢占最后一百米”，苏宁的实体布局也实现了大到苏宁广场、小到苏宁易购服务站的全方位网络覆盖。

如此多的线下实体服务站，明显需要大量的资金支持，这是一般的小型 O2O 企业不敢想象的。如果从远期发展战略的角度考虑，大力发展网购无可厚非，苏宁的目标是线上线下通吃，必须现在开始投入 O2O，否则市场发展到足够大时行业已或定局，届时再介入就迟了。

2014 年，苏宁以互联网零售为主体、“一体两翼”的转型布局已逐渐站稳了脚跟，并迅速进入效益凸显期。但是，苏宁“店商＋电商＋零售服务商”的 O2O 模式未来能否在 O2O 行业压力下长足发展，还有待时间的检验。

第5章

传统企业的社区O2O之道

传统企业并不缺少用户，真正缺乏的是沉淀下来的用户，即如何才能与用户建立起长期的关系。传统企业需要数据——其动辄几十亿元的销售额到底卖给了谁，购买自己产品服务的是怎样的用户，性别、年龄、地域等一系列决定用户购买行为的数据都有待掌握。而这正是互联网公司的强项，也是传统企业转型互联网，拥抱社区O2O的主要原因。

5.1 社区O2O如何颠覆传统行业

利用互联网的特质重构传统社区行业的供应链，才算真正的社区O2O。而做到这一点（重构）的企业，才算真正的社区 O2O 企业。重构就是将传统社区行业中的供应链节点上原本某个必需的点砍掉，或者颠倒前后某两个点的顺序。互联网的出现，导致 O2O 对传统社区产业的重构成为可能。

5.1.1 传统营销失效，"再造营销"成必然

如今，传统企业正陷入一场营销梦魇：以前，一流的投入能带来的一流的回报甚至超一流的回报；而现在，一流的投入只能带来三流的回报甚至是负效应。

近年来，国内企业的话语权由市场上游往下游不断转移，而权力棒的最终交接对象就是消费者；伴随这一过程的便是营销目标"大众 - 分众 - 个人"的营销转型。营销转型则意味着传统大众营销模式的衰落，企业必须改弦更张，重新审视传统营销工具及其组合策略。

传统营销失效的主要原因是"消费者在改变"，如图 5-1 所示。

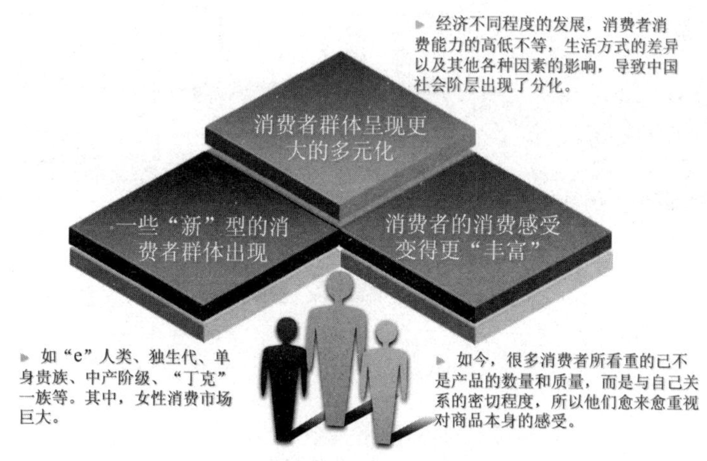

图 5-1 消费者的改变

在互联网情境下，消费者与品牌的关系发生了根本性的改变。传统营销方式已经失灵了，"再造营销"成为必然。企业应以消费者认知为导向，

在价值、体验、关系、深度等良性、积极的维度上展开竞争，在对品牌进行战略性深度分析的基础上，策划引人注意、给消费者创造价值、带来愉快体验的营销活动，为市场经营奠定良性发展的基础。

5.1.2 “水泥+鼠标”电子商务模式的发展

早在1995年，中国电子商务就出现了萌芽，至今已经经历“工具”“渠道”到“基础设施”的发展过程。从2013年开始，在“基础设施”之上，电子商务承载的经济活动的种类和规模进一步扩大，不断催生出新的商业生态和新的商业景观，逐步升级为“电子商务经济体”，如图5-2所示，进一步影响和加速传统产业的“电子商务化”。

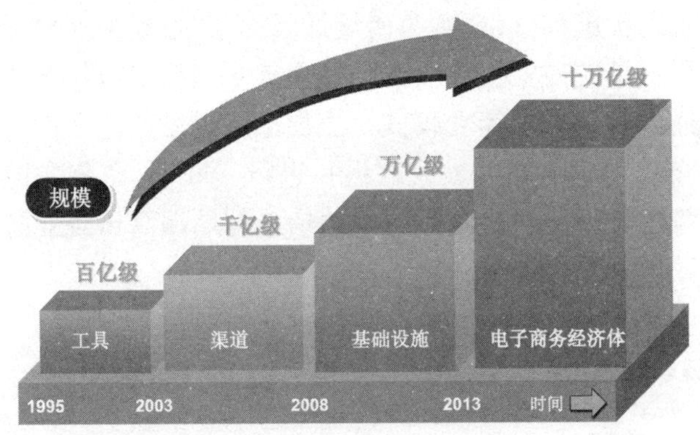

图5-2 中国电子商务的演进

（1）工具：在早期阶段，应用电子商务的企业和个人主要把电子商务作为优化业务活动或商业流程的工具，如信息发布、信息搜寻和邮件沟通等，其应用仅局限于某个业务“点”。

（2）渠道：随着网民和电子商务交易的迅速增长，电子商务成为众多企业和个人的新的交易渠道，如传统商店的网上商店、传统企业的电子商务部门以及传统银行的网络银行等，越来越多的企业在线下渠道之外开辟了线上渠道。网商随之崛起，并逐步将电子商务延伸至供应链环节，促进了物流快递和网上支付等电子商务支撑服务的兴起。

（3）基础设施：电子商务引发的经济变革使信息这一核心生产要素日益广泛运用于经济活动，越来越多的企业和个人基于和通过以电子商务平台为核心的新商业基础设施降低交易成本、共享商业资源、创新商业服务，也极大地促进了电子商务的迅猛发展。

（4）电子商务经济体：随着网商群体日益壮大及主流化，电子商务基础设施日益完善，电子商务对经济和社会影响日益强劲，电子商务在“基础设施”之上进一步催生出新的商业生态和商业景观，进一步影响和加速传统产业的“电子商务化”，促进和带动经济整体转型升级，电子商务经济体开始兴起。

例如，我国台湾地区的百脑汇提出“水泥＋鼠标”的概念，为消费者带来更好的购物体验。其实，“水泥＋鼠标”在互联网盛行的早期就已经出现，鼠标（mouse）代表以 Internet 为平台的新经济，水泥（cement）代表传统经济，“水泥＋鼠标”是一个传统企业电子化，或者是一个纯互联网公司实体化的趋同过程。

在以“水泥＋鼠标”（或称为砖块加鼠标，Clicks and Mortar）模式为主的电商时代，传统商业模式（主要运用直接的面对面的方式与顾客发生联系）主要通过与互联网商业模式（主要通过网站、电子邮件、FTP 以及其他互联网技术手段与顾客发生联系）进行“联姻”，将先进的互联网技术与传统优势资源相结合，利用先进的信息技术提高传统业务的效率和竞争力，实现真正的商业利润。

TIPS:

另外，电子商务的发展带动了物流快递、网上支付、信用认证等相关产业的发展。由于互联网技术具有基础性、通用性、高渗透性，随着技术扩散及应用，各个行业都将逐步被迁移到互联网。互联网和电子商务在全球已经改变了一个又一个的商业环节与产业，传媒业、零售业、制造业、金融业、农业等各个行业陆续被迁移到互联网。

5.1.3 移动互联网在传统行业“大显身手”

电子商务进入中国已经有十多年了，期间诞生了阿里巴巴、淘宝网、京东商城、当当网、1 号店、聚美优品、国美在线、苏宁易购等一大批成功的电子商务企业。如今，网民已从使用电脑上网过渡到使用手机上网，加之国家工信部对 4G 牌照的发放，移动终端上网已成上网最大趋势。

未来几年，电子商务经济体将继续高速成长。随着电子商务服务业进入扩张期，电子商务服务业日趋丰富和完善，为企业和个人电子商务应用赋能的作用更强，电子商务应用门槛更低。移动互联网和大数据的应用，将促进网络消费与生活的无缝连接，进一步激发和释放消费者隐性的个性化需求。

商业模式创新是商业模式存在的核心价值和意义，移动互联网行业的创新性决定了其必将跨过产业发展的阵痛期。从互联网到移动互联网的发展过程来看，创新是科技行业的质变基因，而坚守则是商业模式塑造过程中的质变保障。对接产业链、聚合资源、掌控渠道、深度挖掘客户需求和价值，是移动互联网产业商业模式落地的大势所趋。

相比桌面互联网使用的长时性及使用环境的安静性，移动互联网具有碎片化和高度移动的特征，由此衍生出两大商业模式创新方向，如图 5-3 所示。

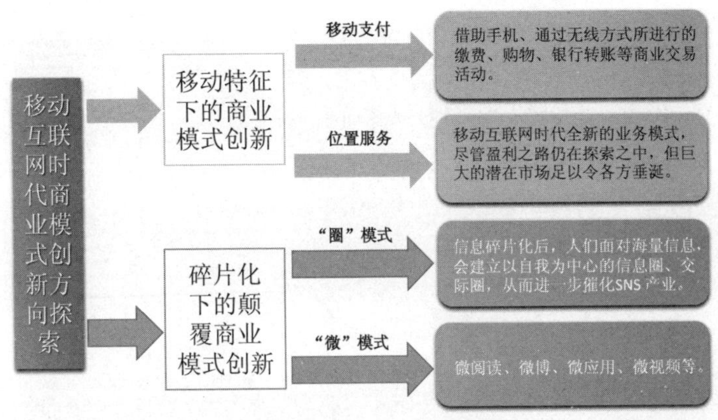

图 5-3 两大商业模式创新方向

（1）碎片化下的颠覆商业模式创新。由于移动终端的高度移动性，使得碎片化成为移动互联网时代的重要特征。例如，上下班途中，用户从等车到乘车再到下车，大多数人都会掏出手机，看新闻、发微博、玩游戏或查地图。因此，移动商业模式的创新核心点就是满足移动时代碎片化的需求。

（2）移动特征下的商业模式创新。相比电脑的固定特性，手机具有随身携带的移动特征，手机与用户之间一一对应的关系，为基于身份识别技术上的位置服务和移动支付等新商业模式提供了可能。

当前，产业融合最大的特点就是新产品、新模式、新公司不断涌现，新模式层出不穷，如 O2O（线上线下互动）模式迅速崛起，尤其是移动 O2O 模式优势凸显。

另外，通过结合移动互联网时代用户社交信息的“大数据”，传统企业可以给移动互联网用户提供一对一的个性化销售服务，把移动互联网应

用到极致。移动互联网的价值与全世界各行各业以及人们日常生活深度结合，必将创造更加丰富的应用，引领全新的发展方向，构建更广阔的发展空间。

5.1.4 揭秘：几种具有代表性的O2O模式

2014 年，移动互联网时代正式开启，O2O 成为线上和线下完美整合的最有效手段。在这样的结合体中，电子商务将大量融入主流经济体系中，“从有到无”，最终改变人们的生活方式。随着移动终端的不断发展和普及，O2O 的发展方向将越来越清晰，并产生了 4 种不同的运作模式，如图 5-4 所示。

线上 线下

运作流程：企业先搭建起一个线上平台，以这个平台为依托和入口，将线下商业流导入线上进行营销和交易，同时，用户借此又到线下享受相应的服务体验。

模式分析：这个线上平台是O2O运转的基础，应具有强大的资源流转化能力和促使其线上线下互动的能力。

应用范围：在现实中，很多本土生活服务性的企业都采用了这种模式。比如，腾讯凭借其积累的资源流聚集和转化能力以及经济基础，构建的O2O平台生态系统即是如此。

线下 线上

运作流程：企业先搭建起线下平台，以这个平台为依托进行线下营销，让用户享受相应的服务体验，同时将线下商业流导入线上平台，在线上进行交易，由此促使线上线下互动并形成闭环。

模式分析：企业需自建两个平台，即线下实体平台和线上互联网平台。其基本结构是：先开实体店铺，后自建网上商城，再实现线下实体店与线上网络商城同步运行。

应用范围：在现实中，采用这种O2O模式的实体化企业居多，如苏宁云商所构建的O2O平台生态系统即是如此。

线上 线下 线上

运作流程：企业先搭建起线上平台进行营销，再将线上商业流导入线下让用户享受服务体验，然后再让用户到线上进行交易或消费体验。

模式分析：企业可以从线上吸引客流，并通过线下消除用户对互联网的“不安全感”，积累线上的忠实用户。

应用范围：在现实中，很多团购、电商等企业都采用了这种O2O模式，比如京东商城。

线下 线上 线下

运作流程：企业先搭建起线下平台进行营销，再将线下商业流导入或借力全国布局的第三方网上平台进行线上交易，然后再让用户到线下享受消费体验。

模式分析：通常，所选择的第三方平台一般是现成的、颇具影响面的社会化平台，比如微信、微淘、大众点评网等，且可同时借用多个第三方平台，这样就可以借力第三方平台进行引流，从而实现自己的商业目标。

应用范围：在现实中，餐饮、美容、娱乐等本地生活服务类O2O企业采用这种模式的居多，如“棒约翰”就是如此。

图 5-4 O2O 的运作模式

互联网在不知不觉中渗透到人们的生活中，作为可以连接线上线下业务的 O2O 模式也得到了迅猛的发展。不仅互联网、移动互联网企业大力发展 O2O 业务，各行各业的传统企业都在布局 O2O 业务，挖掘新的客户。可以说，O2O 成为众多行业参与的一个新的掘金点。

5.1.5 分析：传统企业进行社区O2O的思路

新技术就像一头猛兽，如果驯服了就可以为你所用，可以带来意想不到的价值；如果没有能力驯服，就会到处闯祸，到处伤人。社区 O2O 就是一种新的 O2O 技术，很多企业正在用它构建一个个新的销售帝国，通过不断投入大量资本，试图加大行业进入壁垒。然而，在移动互联网时代创业，传统企业必须放弃 PC 互联网时代的三大思维模式，如图 5-5 所示。

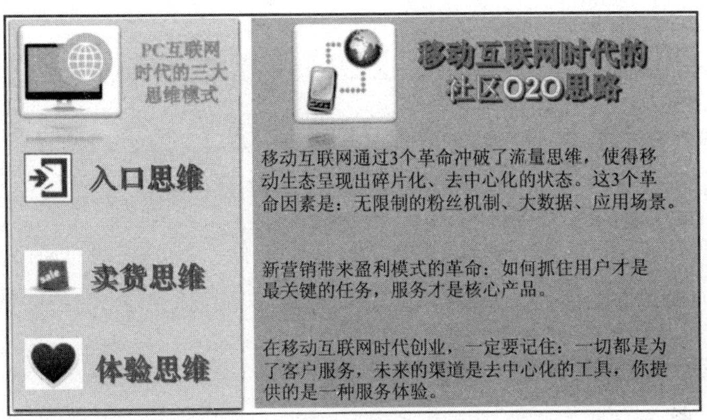

图 5-5　传统企业必须放弃 PC 时代的三大思维模式

传统企业从线下到线上的主要优势体现在，他们开业多年后都有了一定的客户基础，实体店的矗立也有助于更好地建立客户对于商家的信心，而通过网络招募会员可以进一步扩大卖场的影响。PC 互联网和手机移动互联网成为一个线上销售平台，而线下实体店则作为具体的服务地点，让用户对售后服务有一个更直观的认识。

最终社区 O2O 模式会形成一个闭环：线下的商机通过线上链接，线上的服务通过线下补充，以实体店为基础，靠线上来“争城夺地”，争取消费者，构建一个虚拟的网上商城。在目前阶段，传统企业将社区 O2O 作为一种有价值为消费者提升服务体验的技术手段，无疑是最可靠的战略：传统商城货品很丰富，消费者可以过去浏览，找到价格实惠的产品；电子商务购物便捷、操作方便。

笔者认为，传统企业遇到电子商务是历史的必然，两者发展中遇到各种挑战与机遇，两者结合起来，充分利用这种优势达到共赢的目标。

5.2　传统物业——如何进行社区O2O转型

社区 O2O 的盛宴令人垂涎，资本巨鳄、互联网公司、BAT 巨头、物流公司、传统物业无不虎视眈眈，纷纷布局，不断传出的社区 O2O 融资消息，更是推波

助澜地加速推动着行业不断向前探索发展，也翻腾着各方涉水者躁动不安的心。

中国经历了房地产发展的黄金十年，已经积累了海量的存量住户，用互联网思维对传统物业进行改造，可以爆发一个千亿级的新市场。

5.2.1 互联网+社区：O2O成传统物业复兴之路

互联网加社区等于什么？答案就是社区 O2O，用互联网思维整合社区服务，让业主能享受到更好的服务、更美的体验，惠及社会民生。

社区 O2O 想胜利，应该具有三个必要条件，如图 5-6 所示。

用户刚需
首先，要有用户刚需黏性，比如水果、食物、水源、供电、网络、教育、交通等，这些用户离不开的生活服务或必需品。

平台意识
其次，要有平台意识，能让用户自主地进行内容填充、信息交流，让用户感觉你的平台很鲜活。

线下资源
最后，还必须和社区的周边商户有强关联，让用户感觉很方便，商户也确实有利可图，愿意加入你的平台。

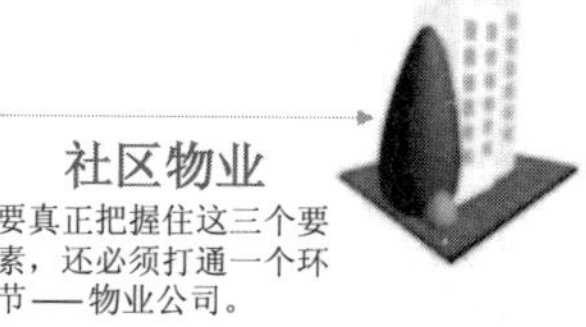
社区物业
要真正把握住这三个要素，还必须打通一个环节——物业公司。

图 5-6 社区 O2O 的三个必要条件

在社区里面，物业公司就是“地头蛇”，他们掌握了整个小区的刚需服务（水电暖等），拥有整个社区的用户资料，而且还拥有社区周边的商业管理权。换句话说，社区 O2O 的诸多环节中，物业公司就是“资源隐形掌控者”。

而社区 O2O 的出现，把互联网思维融入传统物业服务，可以完全颠覆传统物业的商业模式。社区 O2O 服务的实现通过两条路径：通过标准化、自动化、透明化运营，大幅提升效率，降低运营成本；通过移动互联网进行推广和普及，整合线下资源为用户提供一站式服务并深度挖掘用户的价值。因此，智能社区服务颠覆传统物业服务是房地产发展的大趋势。

5.2.2 【案例1】恒大：打造影院剧场模式

如果说万达用影院拉动商业广场，恒大则希望用影院撬动社区商场。目前，恒大影城已经先跨出了实质性一步，分别在中山、西安、岳阳、儋州 4 个城市的项目内兴建四家带影院的小商场，如图 5-7 所示。据悉，未来恒大院线项目将覆盖全国 17 个省市自治区，院线总量超过 150 家。

图 5-7 恒大影城

“恒大影城”是一座四层高的小型商业楼，设置在住宅小区。其中 1～2 层是棋盘式商铺，3～4 层则是恒大剧场，总面积 1 万～2 万平方米。影城希望为社区及周边居民提供生活配套及娱乐服务。这种社区商业模式称为“恒大剧场模式”，这些影院其实就是社区商场的主力店。

例如，在恒大城规划的3 210平方米社区商业内，汇集餐饮、金融、医药、购物等元素，丰富综合的生活服务配套，让业主一出家门就可以满足不同类型的生活需求。相信每一个热爱生活、热爱影视巨作的人，都无法抗拒“恒大影城”带来的绝版生活体验。

5.2.3 【案例2】龙湖：创造产品线“星悦荟”

“星悦荟”作为龙湖三大商业品牌之一，致力于打造社区型时尚生活中心，向中产家庭及消费者提供购物、美食、娱乐、休闲等多样生活方式，从而让消费者发现和享受“生活之悦”，如图 5-8 所示。“星悦荟”为规模在 5 万～10 万平方米的集中商业，为城市中产阶层及其家庭提供主题化或综合性的品质生活方式，使消费者感受生活之悦。

图 5-8 龙湖星悦荟效果图

龙湖不只有天街商业和步行街商业，还有规模庞大、发展潜力看好的社区商业。不管是龙湖发展起步的龙湖花园，还是后来的蓝湖郡、水晶郦城、紫都城等众多高端小区都有一定规模的社区商业。

龙湖社区商业定位偏重于家庭，以家庭为导向，为家庭的老人、孩子等提供匹配业态，包括儿童教育、老年娱乐等，定位上避免太高端，形成匹配家庭生活和消费的完整业态。

TIPS:

作为一个稳健的地产开发品种，社区 O2O 的线下商业产品本质具备进可攻、退可守的特质。

（1）具备良好的销售潜力。社区商业因具备周边稳定的人气支撑，商业价值很容易厘清，因此销售回款是社区商业最常规的操作模式。

（2）拥有稳定的租金回报率。如果开发商不急于出售社区商业，通过长期的酝酿，社区商业在稳定运营后，具备稳定而良好的租金回报率，因此社区商业同样具备复制和金融证券化的可能性。

（3）风险小，稳定性高。社区基数人群的常规消费，决定了社区商业的风险很小，稳定性高。金融风险低，从而可以保证具备低风险的金融产品属性。

5.2.4 【案例3】协信：创建“星光邻里”

业界流传一句话，“星光”在哪里，繁华就到哪里。协信星光商业一直是走时尚、高端路线，被很多喜欢奢侈品，时尚、年轻的消费者喜爱。

如今，协信阿卡迪亚推出的社区商业“星光邻里”，正是与协信“星光系”商业形成互补，此社区商业更专注于为社区业主服务，由此形成“高端购物去星光天地，生活居家来星光邻里”的一种生活状态，如图 5-9 所示。

图 5-9 协信“星光邻里”效果图

与“星光系”商业不同的是，“星光邻里”是专门为社区业主们所打造的购物天堂。而全新的社区商街中商圈的商业高度，将因协信阿卡迪亚“星光邻里”而得以全面提升，最终将再造社区商业蓝图。

例如，位于南坪的协信·星光时代广场目前成为各大品牌进入西南市场的代言地，目前 H&M、ZARA、优衣库，国内零售巨头 GMS 百货旗舰店、金逸 IMAX 国际影城，国内时尚餐饮龙头俏江南等均已确定入驻。从高端电影院、主力百货、品牌店到娱乐设施、特色超市、商务餐饮、休闲餐饮、咖啡馆等板块的大品牌都会聚于此。

另外，协信阿卡迪亚从“便民、利民、惠民”出发，积极打造最便民的社区商业服务圈，通过实施连锁品牌、便民服务、信息智能化进社区等措施，为自己的片区打造最便民的社区商业服务圈，主要是以满足居民的日常生活所需为宗旨，让居民一出家门就能买到生活必需品，因此一直坚持“缺什么，补什么”的原则进行业态引进。

5.2.5　【案例4】花样年：打造“彩生活”社区

花样年从 2012 年就开始用互联网基因来重组传统物业公司，将实体社区打造成一个基于大数据的互联网平台，并向同行开放。

在主打社区 O2O 的“彩生活”上市之前，住宅物业管理被认为是一项“不赚钱”的生意。而“彩生活”上市后，其市值迅速超越了母公司花样年，并让传统的地产商侧目。

“彩生活”这种全新的 B2F 社区电商平台商业模式，是以家庭为单位消费的电子商务平台。业主通过此平台可了解小区周边各种商业服务信息，并可通过智能终端下单预订商品或服务，待服务完成后才付款，如图 5-10 所示。

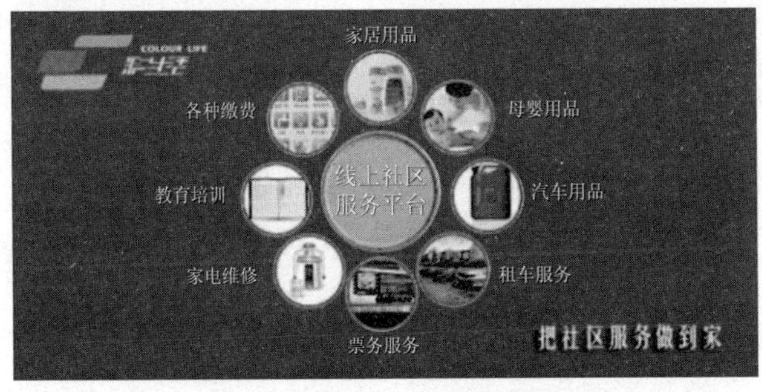

图 5-10　“彩生活”社区服务平台

除了常规的服务费用交纳等传统的物业服务项目外，“彩生活”增加了各类生活服务，来提升综合服务水平和客户满意度，成为综合服务供应商，如图 5-11 所示。

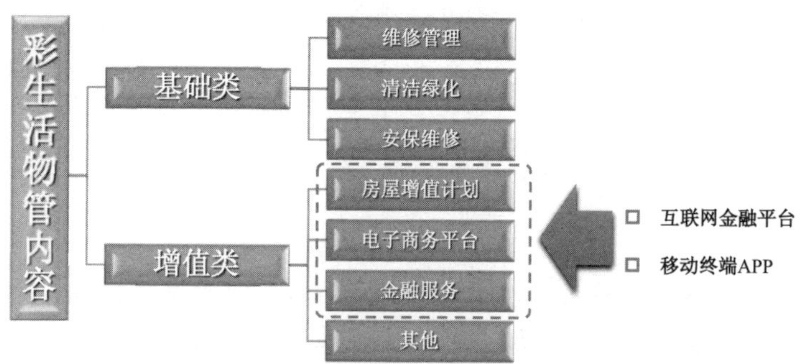

图 5-11 “彩生活”的商业模式

“彩生活”的成功上市，给物业管理插上了腾飞的翅膀，带来无穷的想象空间，将这个烫手山芋变成了香饽饽，并且最终把这个传统的不能再传统的行业成功改造，带入上市的殿堂。

“彩生活”本质是与同城电子商务相类似的区域性电子商务平台。商品消费结构主要以日用品、消耗品为主，局限性较为明显。“彩生活”从家庭碎片化商品消费升级为整体一站式消费平台，囊括更多的商品覆盖，其盈利转化率更高。

但是，从 B2F 的目标客户群体来看，是以家庭为单位的消费群体。如果“彩生活”可以成为家庭整体消费的可信赖服务平台，那么对于类似同城电商商品消费结构的限制会有所突破。

总而言之，“彩生活”模式的本质是拓展了“彩生活”服务的对象，在更多的对象间建立更广泛更具黏性的连接，通过这种连接形成社区服务平台，通过服务平台多方获取了收益，拓展了新的价值创造空间，最终平台通过这种新的价值创造获取自己的分成收益，这是一个整体的新的良性的生态体系。

5.2.6 【案例5】万达：重线下轻线上的O2O模式

作为中国商业地产的王者，万达拥有不可复制的大量线下资源，如图 5-12 所示。在电商方面无法做过巨头的前提下，万达的 O2O 核心就是在线下对会员进行精准营销。万达 O2O 的实质，是利用万达线下消费平台的资源，加上腾讯、百度强大的线上资源、技术，形成融合，使线下消费变得智能化。

图 5-12　万达广场

随着 2013 年 12 月 12 日万达集团旗下电商网站万汇网的上线，筹备已久的万达电商版图的雏形终于浮出水面，如图 5-13 所示。返点、抽奖等方式只是万达电商吸引会员的方法，万达电商真正的核心是大会员大数据。万达当下要做的事情是将这些客流量尽可能多地转化成会员。万达集团董事长王健林称，万达的目标是力争 3 年，最多 5 年做到超过 1 亿会员。

图 5-13　万汇网主页

同时，万达还推出了“万汇”APP，如图 5-14 所示。从“万汇”APP 中可以看出，前期在全国 5 个万达广场先行试点，因此它承担更多的责任是帮助用户逛万达。

言简意赅的“随时随地逛万达”的标语，让用户一目了然，马上知道这是围绕万达的核心产业万达广场研发的。仅从这一点上看，或许我们可以将万汇看作用户逛万达广场的“得力助手、智慧小伙伴”，这就是万汇“重 O2O”的论据。

图 5-14 “万汇”APP

在内容设置上，“万汇”APP 则是按照各个万达广场进行汇总。仅从产品内容设置的大方向看，这也是其“重 O2O”的印证。至于一些次要地方，包括扫二维码、晒宝贝、找商户、活动、优惠券和餐饮等。不过，其中的晒宝贝并不是平常的用户晒宝贝，而是商家晒宝贝，如图 5-15 所示。

“万汇”APP 的其他内容也基本跟名称想表达的没有区别，诸如万达广场的营销活动、优惠券下载、餐饮团购等，这些都算是比较实用的功能，同时也都很好地结合了万达广场的线下资源，可以满足大部分用户逛万达广场的需求。例如，“找车位”功能对于女性用户或者方向感不强的用户挺实用的，这个功能又是一处与线下的深度结合，如图 5-16 所示。

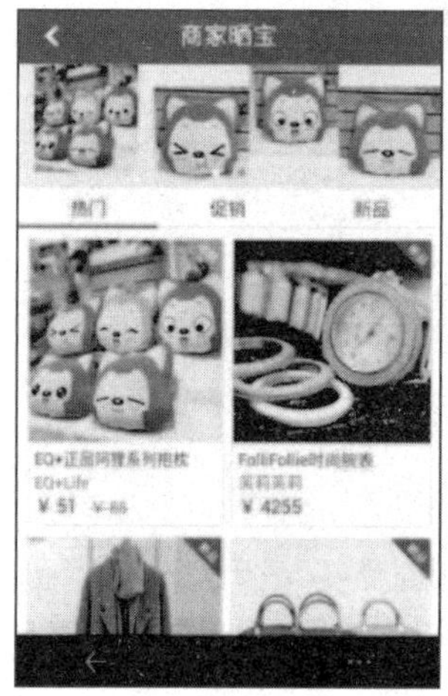

图 5-15 “商家晒宝”界面

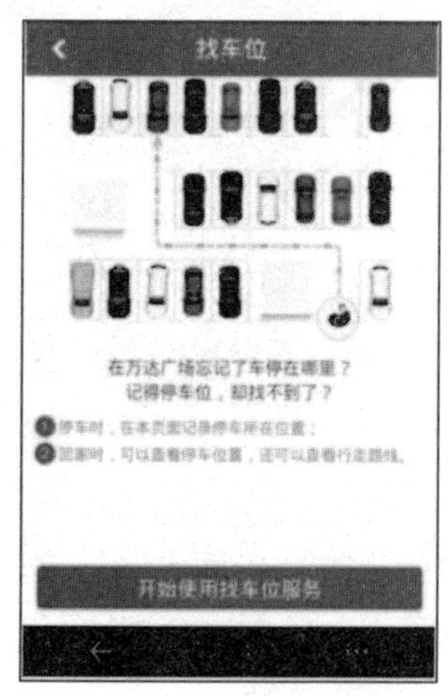

图 5-16 “找车位”功能

值得注意的是，“万汇”APP 有意打通万达广场原有的大歌星和万达电影两大独立 APP，实现各业态的互补。再配合线下品牌店的活动，万达将有机会把原有万达会员实现线下和线上的打通。

总结来看，一款在较短时间内研发出来的客户端和网站能做到这样已经值得称赞，其中很多功能点确实非常吸引用户去万达广场试用。无论是整体还是细节，万汇处处都体现了线上与线下的深度结合，并充分印证其“重 O2O”的特性。

5.2.7 【案例6】阳光新业：发展现代智能商业中心

阳光新业的新战略目标是致力于打造“中国领先的商业地产集团”，发展方案明确规划：重点加强商业地产的发展，改变以往纯住宅开发的运作模式，逐渐增加持有型物业的数量，提高出租收入在公司主营业务收入的比例，形成以商业地产为主导的发展格局。

据悉，阳光新业在商业地产领域的产品体系中，意图打造出3条产品线：阳光新生活广场、阳光新城市广场和阳光新业中心，定位分别是社区型购物中心、区域型购物中心和城市综合体项目。如图 5-17 所示，为阳光新业中心效果图。

图 5-17 阳光新业中心效果图

阳光新业此项针对社区型购物中心的创新逻辑是，社区型购物中心本身就是一个多频次的支付方式，另外，购物中心必须要满足集群的概念，未来商业地产取胜的决定性在于开发商对于目标市场的应变能力。

另外，阳光新业已开发手机 APP“新业汇”，战略转型 O2O 平台商，如图 5-18 所示。其 APP 功能包含：电子卡包、商场团购、商品特卖、智能停车等。“新业汇”APP 的推出，无疑是阳光新业实践移动互联网服务战略的重要一步。

图 5-18 “新业汇”APP

笔者认为，传统物业应重新定位其在行业发展大势中的地位，夯实基础物业管理能力并提升向智慧社区物业管理转变的能力，在综合平台上争得一席之地，发挥物业管理核心竞争能力，将物业管理线上线下做精做好。另外，可以学习“新业汇”“万汇”“彩生活”等模式，在社区 O2O 浪潮中，借助移动互联网综合平台之势，珠联璧合，分享更大范围内的蛋糕，这样岂不是涉水不湿身，且走得更快走得更远。

5.3 互联网改变社区内的文娱生活

从 1994 年 4 月中国首次实现与国际互联网的完全连接，到如今 2015 年互联网时代的风起云涌，短短的 21 年间，互联网已经如此大地改变了我们的生活方式。互联网重构了整个中国文化娱乐行业，从教育、公益、游戏、影视、音乐到明星的打造，“互联网＋文娱”将会是未来的发展趋势。

5.3.1 互联网教育：从线下走向线上

在互联网时代，传统的教育行业由线下走向线上，不仅打破了教育时间地域限制，且使教学内容向多媒体化、互动化发展，并推动了教育教学资源更加高效的配置，如图 5-19 所示。

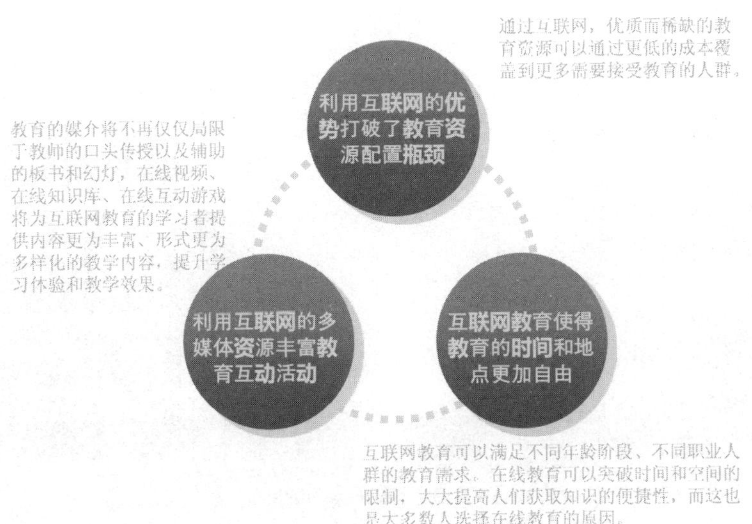

图 5-19　互联网教育的优势

在线教育，顾名思义，主要依靠互联网和移动互联网作为教学的渠道，对学习者的自觉性、注意力的集中度要求都非常高。而传统的在线教育无论是视频教学，还是题库、拍照答疑，学生和家长都不能直接与老师进行完全透明、畅通的交流，互动性明显不足，不利于实现教育的最终目的。

O2O 模式的出现，为在线教育提供了新的出路。结合了 O2O 的在线教育通过打通线上与线下，学生可以通过线上找到最适合的老师，然后再通过线下去接受老师的课程；而不像其他的在线教育模式，过多或完全依靠线上的方式。

笔者认为，在执行教育 O2O 时，一定要时刻意识到线上与线下应双向互通，理想的状态是线上与线下能够互动起来，这样才能让 O2O 的效应得到最大化的发挥。

【案例7】孩子学：连接老师、家长、孩子的O2O学习平台

“孩子学”是上海宜学网络技术有限公司于 2014 年 2 月推出的一款连接老师、家长和学生，同时具备学习及社交属性的 O2O 平台类 APP，如图 5-20 所示。“孩子学”APP 可根据用户的地理位置（小区及商圈）、年龄段、课程类别实现快速筛选。

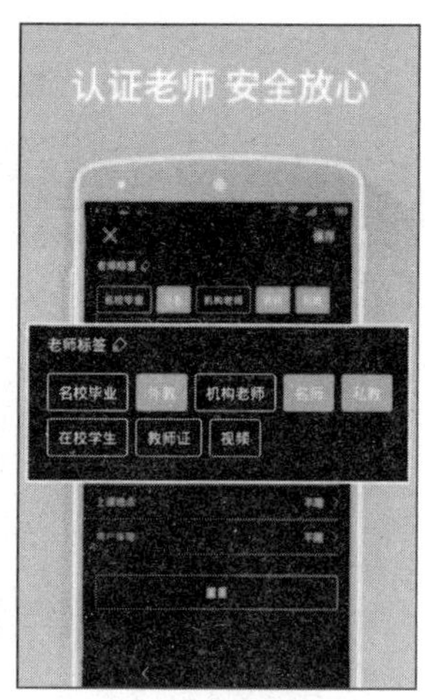

图 5-20 “孩子学”APP

“孩子学”APP 主要为家长提供所在城市最全面、最真实、有评价的老师及课程信息，各类老师也可以通过 APP 平台充分展示自我形象和资质、丰富的课程，建立线上个人品牌。目前，平台上已有过万的老师入驻，遍布全国15个核心城市，既有名校名师、学霸家教，也有个性鲜明的个人教练。

家长用户可以通过“孩子学”APP 直接搜索适合孩子的老师、课程及机构，同时支持课类、商圈、价格、课班大小、上课地点等条件进行筛选。老师用户（包括机构）可以通过“孩子学”APP 发布课程，寻找生源。

首先，从“孩子学”APP 的功能来看，主要搜索维度包括老师名、课程名、机构名、商圈名、小区名等，可以根据多个条件来缩小选择范围，既省时又高效。“小区名”还独家支持搜索社区附近的老师和教育机构，满足孩子随时就近学习的需求，这在行业内也是走在前沿的。

其次，“孩子学”APP 也是在中国教培领域率先用分享模式来解决直接连接老师、家长和学生的问题。即老师作为知识与技能的拥有者，在“孩子学”平台通过分享的方式获得利益与社交的回报，再产生新的生产力。

2015 年 3 月 17 日，大众点评对外宣布将全资收购亲子教育 O2O 平台——“孩子学”。“孩子学”创始人吕广渝加入大众点评担任首席运营官（COO）。吕广渝表示，“孩子学”的目的更加注重连接，连接老师、学生和家长，让更多人连接起来共享分享型经济的成果。这样用户既能轻松找到自己想要的信息，而且信任度也提高了，老师也更加有动力去分享，整个平台连接成一个良性的循环。

5.3.2　【案例8】小麦公社：做下一个校园流量入口

小麦公社是针对全国高校快递物流市场的物联信息整合项目。2013 年 10 月，小麦公社第一个营业厅落户北京理工大学，如图 5-21 所示。2014 年 8 月，小麦公社获得红杉资本 1 000 万美元注资。截至 2015 年初，小麦公社的服务已拓展至全国 438 所高校的 800 多万人群。在未来，小麦公社的目标是覆盖 100 个城市的 1 500 所高校。

高校校园作为相对封闭的社区，需要快递服务的进入，但其生态系统中，对快递的承载能力又十分有限，单个快递企业的进驻只能解决该企业一家的问题。因此，在校园快递的生态系统中，急需一个公共服务平台来对接各快递公司，而具备资源整合能力的小麦公社，正顺应了这种趋势和诉求。

图 5-21　小麦公社营业厅

小麦公社做的是“最后 100 米”的服务，和快递公司是互为补充、相互促进，而非竞争关系。小麦公社不但解决学校的问题，也解决了快递公司的问题。目前，小麦公社已经与包括顺丰、圆通、中通以及 FedEx 等在内的多家快递企业签署合作协议。

小麦公社进驻校园的形式与其他第三方校园共同派送大体一致：在校内设立营业厅，承接快递企业及电商企业的快件，向校内师生提供派件或自提服务。盈利主要来源于和快递公司之间的费用结算。

另外，小麦公社自己研发的 IT 系统、APP 客户端，每一票进入小麦公社的快件，都有唯一与之相匹配的小麦条码，消费者可以通过手机 APP 和小麦公社进行互动，选择是上营业厅自提还是送货上门。如图 5-22 所示，为“小麦公社”APP。信息系统的应用，不仅增加了小麦公社和客户之间的黏度，还借此实现了运营管理中的标准化、信息化。

随着电子商务、O2O 的发展，人们的消费习惯和对快递的认知正在发生变化，“校门摆摊送件”已经从快递服务的“痛点”变成社会物流的“痛点”，需要一个社会化的方案来解决，小麦公社独立于快递企业和学校之外的第三方地位，提供的正是这样的社会化解决方案。

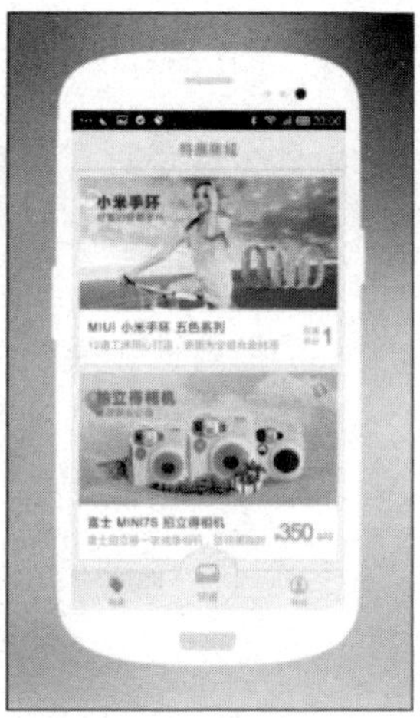

图 5-22 “小麦公社”APP

小麦公社联合创始人张树泉表示，“与‘电商＋快递’这对‘命运共同体’所构成的产业链式生态圈不同，随着 O2O 的快速崛起，以校园、社区等为中心，以‘最后一公里’配送为载体的本地生活式的生态圈正在形成，未来可供拓展的空间与商机巨大。”

在小麦公社未来的业务板块中，传统的快递服务只是一部分基础性服务，随着消费者的观念从追求“低价”到追求“有品质”的“便捷”服务，满足消费者的“个性化”需求的“个性化”服务，将是小麦公社未来业务的着力点。

O2O 模式下，消费者对时效的要求，对快递服务能力的要求都会更高，比如说校内的外卖送餐等，“本地生活”对物流配送的需求，会进一步加速市场的细分，传统快递不能做到的，而小麦公社可以做到。细分市场的需求相对较少，但利润会更高。

5.3.3 【案例9】约拍啦：提供摄影服务的O2O平台

“约拍啦”成立于 2014 年 2 月，致力于打造全国最大的摄影 O2O 服务平台，为需求方提供婚纱摄影、婚礼跟拍、儿童摄影、个人写真、商业摄影、职业照、微电影、模特预约、化妆师预约等全方位、个性化、多样化摄影服务。经过 1 年多的发展，“约拍啦”积累了大量的摄影师资源，并完成了商业模式的初步探索，开始进入快速扩张发展阶段。

“约拍啦”于 2015 年 1 月成功发布升级后的第二版 PC 网站和移动网站，如图 5-23 所示。

图 5-23　“约拍啦”PC 网站

“约拍啦”核心团队来自互联网、摄影和投资领域，还有来自百度、阿里等知名互联网公司的团队成员，具有非常强的互补性。

“约拍啦”同时在有对第三方的资金托管与监管、分级评价体系、用户认证、专业度、服务水平、后续增值服务与售后都有着一整套严格的体系变成一件完全根据自己喜好进行选择的事，省去了大量的奔波时间；对于用户来说，通过“约拍啦”创业，也为自己节省了大量的宣传推广费用。

另外，“约拍啦”为用户提供自我展示与作品发布的平台，通过专业的运营手段为用户创造出无限的发展空间和网络订单，从而大幅提高用户的知名度和收入水平，实现了用户和需求方的无缝链接，使平台、用户与需求方实现三方共赢，如图 5-24 所示。

如今，人们对个性化、多元化审美的需求，是流水线作业的传统拍摄所不能满足的。在“约拍啦”，消费者可以从数以万计的摄影师、化妆师、服装和场景中自由选择，并且价格公开透明。

图 5-24　摄影师的自我展示与作品发布平台

“约拍啦”不是一个简单的摄影网站，而是以满足用户全方位需求为中心理念的 O2O 平台，提供极致而创新的服务体验，使科技的便利真正惠及摄影师和用户，正是“约拍啦”这个摄影服务平台的最大价值。

目前，“约拍啦”平台每日的入驻用户与需求方在不断攀升，并且还针对有潜力的用户进行包装推广，为更多的需求方提供更加垂直的服务，还将继续打造专业的线下影棚与摄影基地、主题商城和摄影学校，实现摄影行业的全产业链融合与闭环。

“约拍啦”正在进行全国性城市网络建设，目前已开通北京、上海、广州、深圳、成都、南京、西宁、兰州、西安等全国各大城市服务站点，在未来的 1～2 年内，将陆续开拓 100 家以上国内外城市，为全国消费者提供个性化、多样化和专业的第三方服务。

5.3.4 【案例10】唱吧：进军线下KTV，试水娱乐O2O

“唱吧”是基于手机的 K 歌工具以及娱乐社区，相当于一个虚拟的 KTV，各种包房里有人唱有人听，如图 5-25 所示。

据悉，“唱吧”即将进军线下 KTV 领域，或以投资并购的方式建立旗下的 KTV 品牌。“唱吧”决定做自有品牌的 KTV，实现线上与线下的互动，打造从线上点歌、支付到线下互动、消费和服务的闭环。

图 5-25 “唱吧”移动端产品

对于拥有 1.4 亿用户的“唱吧”来说，在移动互联网领域显然已然占据一席之地，然而如何完成从流量到盈利的转型还是一个悬而未决的问题。“唱吧”的玩法类似于“经济型 KTV”，有点像当初酒店领域的如家、7 天，根据用户分布和密度，每个店服务几公里内的用户。

目前，全国 KTV 包厢数量大概是 500 万间，门店数量 10 万家，从业人员上千万，带动音响、酒水、小吃、耗品等相关产品，市场规模约 4 000 亿元人民币。若移动互联网的杰出代表“唱吧”能划走其中 10% 的收入，有 20% 的利润，那将又是一家市值 100 亿美元的公司。

5.3.5 【案例11】猫眼电影：团购行业另类O2O标本

继红包之后，电影市场成为互联网企业另一个支付战场。来自国家电影专项资金办公室的数据显示，从 2015 年大年初一到大年初五，全国票房累计收入 14.91 亿元，打破 2014 年春节 7 天电影票房 14.1 亿元总和。由此可见，电影选座业务可以肯定将成为 2015 年 O2O 方向的新战场。

随着电影业务的快速生长，“团购”这件外衣已经无法容下它日渐庞大的身躯，因此“美团电影”改名为“猫眼电影”。改名意味着对这家中国最大团购网站而言，电影已经不只是众多团购业务的一部分，而是一个独立的新生命。

2015 年春节档期间，以大众点评、美团猫眼为首的互联网公司推出的各种 9.9 元、19.9 元特价电影票直接刺激了票房。其中，“猫眼电影”APP 是美团电影的全新升级，是美团网倾力打造的看电影必备手机软件，为用户提供最全最新的影片资讯、数千家影院的放映时刻表，以及电影团购、电子兑换券和在线选座服务，如图 5-26 所示。

图 5-26 “猫眼电影”APP

“猫眼电影”提供全国 1 400 家影院在线选座服务，超过 4 000 家星级影院的上映排期、交通指南以及团购优惠信息。另外，美团“猫眼电影”每周都有低至 2.5 折的抢票活动，并提供超值的购票团购和优惠券，让每一位消费者获得真正的实惠。

“猫眼电影”利用在线选座作为切入点，并加入“团购”因素，利用低票价解决中国电影票太贵这个“痛点”，使得看电影先从网上买票变成一种习惯。在线选座则更进一步，让看电影这件事真正的互联网化：用户在手机上选座、购票、支付、拿到验证码，整个过程十几秒就可完成。到点去电影院的出票机取票，也是几秒钟的事，并且全程不需要人工参与。

“猫眼电影”这个从团购中“诞生”的新生命，它的成长过程既是一个绝佳的 O2O 标本，也给整个团购行业转型创造了新的可能。

5.4 社区医疗——移动互联网的最后一座金矿

2014 年，互联网巨头大举进军医疗 O2O，最终奠定医药平台电商三足鼎立之势。与此同时，尽管移动医疗创业也迎来井喷之年，并持续被业界和资本市场看好，但仍未形成成熟的商业模式来撬动医疗 O2O 市场。作为零售业的最后一片蓝海，医药电商堪称互联网巨头抢占传统零售业的最后一役。

5.4.1 O2O又下一城：社区医疗服务空白

社区医疗（primary care）是指一般的医疗保健，即患者在转诊到医院或专科前的一些医疗。社区医疗为居民提供整合的便利的医疗保健服务；医生的责任是满足绝大部分个人的医疗需求，与患者保持长久的关系，在家庭和社区的具体背景下工作。

社区药店作为医疗 O2O 的“最后一公里”，其意义不言自明。号称“最强药店”的沃尔格林的成功即源于以社区药店为入口，将公司旗下的专科药店、诊所和建立在公司或大型机构内部的分支机构全部整合起来，进而推出便利的系列服务，如图 5-27 所示。

在大多数国家，社区医疗是患者首先求医之处，是以人群为基础的医疗服务，也是提供连续医疗服务之处，包括治疗慢性病患者、老年患者，也就是需家庭护理和姑息疗法的患者。

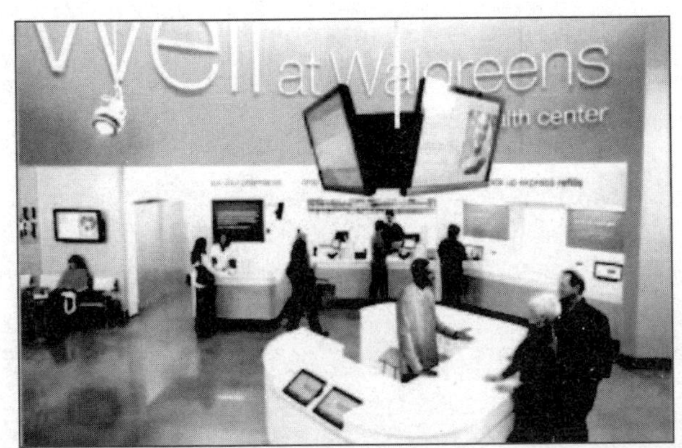

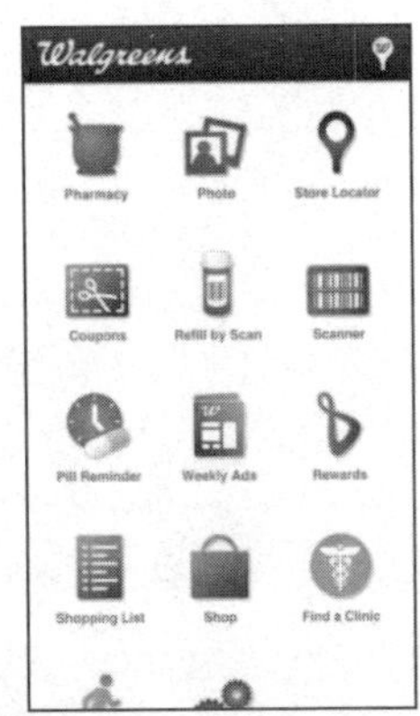

图 5-27　沃尔格林的社区药店与手机 APP

然而我国 80% 的医疗资源集中在 20% 的大城市，导致看病等待时间长，住院床位急缺，而社区医疗网络和基础设施严重滞后。同时围绕着社区医疗，各种垂直化的配套服务也没有相应的得到发展，包括慢性病管理、专科服务、互动社区以及医学教育等。

据《中国社区医疗行业市场前瞻与投资战略规划分析报告前瞻》显示，我国社区医疗服务尚处于起步阶段，社区医疗机构的人力资源状况也还有较大的改善空间，市场基本处于“空白”时期。

5.4.2　BATM医疗O2O：消费医疗正在爆发

在中国，“看病难、看病贵”这个问题比较突出，而且“看病难、看病贵”也是世界性难题，即使是一些发达国家，这个问题也没有完全解决。尤其是在国内大中城市稍有名气的医院，你会发现挂号是一件非常困难的事情，有的人大老远从外地过来，排上几天的队都可能挂不上一个号，好不容易挂上一个号，受到的医疗服务还相当不满意。

不过对于互联网公司来说，这却让他们找到了一个新的市场痛点。2015 年以来，腾讯、百度、阿里巴巴、小米等互联网巨头纷纷布局互联网医疗，如图 5-28 所示。不过由于药品的特殊性、政策、网购假药等诸多因素，医药电商却始终无法登上大堂。即便如此，这仍然没能阻挡互联网改变传统行业的大趋势，社区 O2O 的兴起再次让互联网公司看到了新的机会。

阿里巴巴：“未来医院”计划
战略投资：投资寻医问药网、U医U药、华康全景网等医疗平台。
阿里健康：支付宝将对医疗机构开放自己的平台能力，包括账户体系、移动平台、支付及金融解决方案、云计算能力、大数据平台等，以帮助医院建立移动医疗服务体系。
支付宝钱包：用户可以在线完成挂号、候诊、缴费、取药，甚至医患互动。

腾讯：微信仍然是核心
战略投资：投资邻家医生、缤刻普锐、丁香园、挂号网获得了大量医生资源和用户资源。
智慧医疗：腾讯推出以“微信公众号+微信支付”为基础的“智慧医疗”解决方案。通过借助微信公众号，患者就可以先在平台上咨询、问诊、上传检查报告、挂号等全程医疗服务。

百度：大数据是其最大优势
战略投资：百度与301医院合作，共同建立医疗领域的O2O服务模式。另外，百度还投资医护网，作为对百度医疗O2O最有力的战略补充。
百度医生：为用户提供了找医生、约医生、评医生的服务闭环。百度医生移动端与301合作是对服务的补充，上线百度医生则是对入口的补充。百度医生APP将借助百度在移动应用分发领域的实力迅速占领移动端市场。

小米：以可穿戴设备切入
战略投资：2007年，投资好大夫在线300万人民币；2012 年，向丁香园投资数千万美元；2014年9月，小米又向九安医疗投资2500万美元。
智能医疗：推出主打健康的小米手环，以及小米 iHealth血压测量计。

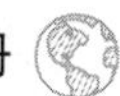

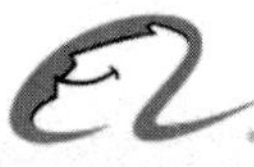

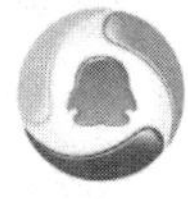

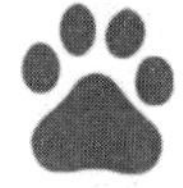

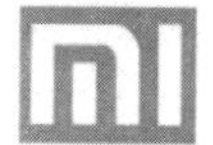

图 5-28　BATM 巨头的医疗 O2O 战略

（1）**阿里巴巴：阿里云和支付是优势**。大数据将让医疗服务变得更加有效，而线上一体化预约挂号缴费等就可以省去诸多不必要的麻烦，让患者看病更方便快捷。此外，还有消息称，支付宝正在考虑将医保纳入“未来医院”计划。

（2）**腾讯：移动互联网最大平台的微信入口优势**。腾讯以微信公众号为入口，同时补足医院、医生等资源，利用微信支付成功地完成了医疗 O2O 闭环。

（3）**百度：“平台＋大数据”的思路**。百度借助超大流量的平台优势，抓住患者的流量入口，以健康大数据为核心，用开放平台的方式提供医疗服务，可进可退，可攻可守。

（4）**小米：通过智能医疗硬件打造医疗 O2O**。一方面小米不断推出新的智能医疗硬件产品（见图 5-29），另一方面小米也在通过投资努力弥补自己在医疗生态上的不足。

从目前BATM巨头的频繁参与可以看出，医疗O2O步伐已经逐步加速。虽然 BATM 巨头的战略都是针对医疗 O2O 的发展，但真正决定引领医疗 O2O 领域发展的关键并不在于率先抢占更多的用户，而是以服务资源为重点的医疗资源的把控，以此真正打造医患双选平台，实现医生和患者无缝对接，从而将用户就医体验进行全方位提升。

小米 iHealth 云血压计主打三大功能：“即插即用”“一人测 全家知”“关心 叮咛 提醒”。用户只需下载配套的“爱家康”APP 即可在手机上使用，提供云同步功能，子女可以及时获知父母的血压状况。

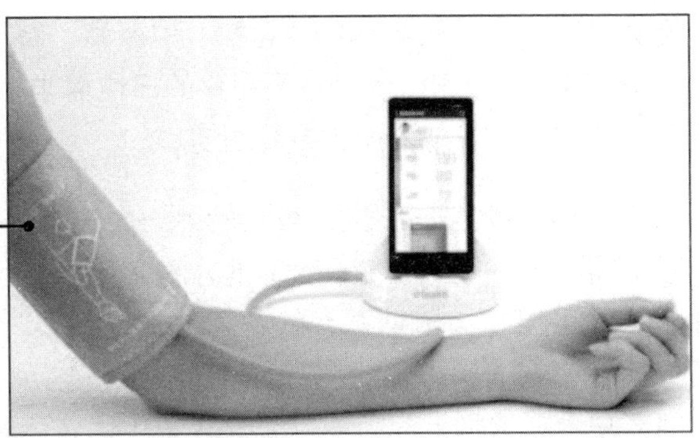

图 5-29　小米 iHealth 云血压计

5.4.3　【案例12】上门帮：开启足疗O2O

“上门帮”于 2015 年 1 月正式上线，是一款基于 LBS 提供上门足疗、中医推拿的手机应用，如图 5-30 所示。用户可以通过手机 APP、官方网站、400 电话、微信等直接预约，可以根据平台上的项目、上门师傅、价格、距离、籍贯等信息，选择符合自己要求的上门人员。在下单后，师傅会在约定时间上门来做项目，用户足不出户即可在家、在办公室等其他地点享受“送上门的健康”服务。

用户端：再也不用驱车到门店做足疗按摩，在家、办公室或餐馆即可随时随地手机预约，很快师傅就能上门，客户甚至可以选“老乡”师傅边做足疗边用家乡话交流。

商户端：“上门帮”的师傅皆来自实体店，加入平台需要经过严格的面试和筛选过程，筛选之后有统一培训和上岗考核。只有技术过硬、品德品相良好的师傅才能上门做项目。师傅除了有薪金外，还享有极具诱惑的其他奖励。

O2O 平台：“上门帮”厚积薄发，主打 O2O 理念，结合线下服务经验，将互联网思维和传统行业运营进行了巧妙结合，解放了手艺人，便利了用户，未来将与更多上门服务一道优化人们的多样化生活。

图 5-30　“上门帮”APP

“上门帮”是基于 LBS 的应用，结合实时定位追踪系统，师傅出发做项目前会做记录，一个项目做完了，后台会有提醒，若超过提醒时间，则会启动报警系统。另外，“上门帮”除了提供上门足疗服务外，还有中医推拿、

刮痧修脚等项目，其服务项目分为初、中、高、特 4 个等级：初级和中级定价 30～100 元，用以满足普通用户的日常需求；高级和特级则满足顶级客户更高层次需求，偏向于定制化服务。

除了 APP 平台外，"上门帮"的另一大法宝就是以实体店为依托。据悉，"上门帮"的线下实体店在北京也小有名气，并有一定数量的忠实会员。实体店不仅可以作为前期蓄客的本营，更是新客户尝试的一个窗口。"上门帮"上线初期，实体店的会员参与到 APP 内测中。很多对上门服务不放心的客户，在选择上门前，可先选择到实体店体验一把。

笔者认为，"上门帮"通过从线下打入社区 O2O，能从实打实的线下服务中快速戳中客户的"痛点"，同时配合线上的推广，是很有优势的，有望打破医疗健康服务 O2O 的现有局面。

5.5 用社区O2O去旅游

2014 年可以说是社区 O2O 元年，外卖、零售、家政、装修、美业、旅游等各领域都开始打起了 O2O 的大旗。而旅游 O2O 经历过去一年的酝酿和准备，将于 2015 年迎来里程碑式的一年。携程、去哪儿、途牛、同程、驴妈妈等在线旅游领军企业，纷纷向线下延伸；万达、海航、中青旅也在不断涌向线上；穷游、蚂蜂窝、面包旅行、在路上等移动端的积极探索；而美团则像是一匹"黑马"，突然杀入旅游 O2O，BAT 三巨头也在纷纷布局。由此可见，旅游 O2O 这一趋势已越来越明晰，但旅游 O2O 不是仅仅有概念就够的，它更需要的是脚踏实地地去落实，每一个环节都要考虑消费者价值的实干态度。

5.5.1 旅游行业的O2O分析

与团购、租房、租车市场相似，在线旅游是中国 O2O 的典型模式。由于旅游行业的信息化水平相比于其他服务业态度而言较高，因此旅游行业的互联网化路径则稍显轻松。可以说，互联网为旅游行业的发展开启了一扇窗，而移动互联网为旅游业打开了一扇门。

如果根据 O2O 的一般定义，online to offline 或者 offline to online，旅游实际上是较早走向 O2O 的领域之一。例如，携程早期的线下发卡，吸引用户网上预订酒店，再回到线下消费的模式算是 O2O 的雏形。不过，真正的旅游 O2O 是在移动互联网高速发展、行业产业结构升级、消费者体验需求提升的综合背景下爆发的。目前，旅游业各代表已经陆续明确提出旅游 O2O 的大方向，如图 5-31 所示。

2014 年9月3日，百度推出“直达号”，明确表示发力旅游O2O 及其他生活服务领域，连接人与服务。

2014 年12 月26日，去哪儿投资了旅游连锁机构旅游百事通，并成为其第二大股东，明确提出去哪儿将联合线下资源发展旅游 O2O 方向。

2015 年1月31日，景域集团董事长、驴妈妈创始人洪清华发表《2015 年景域集团实现旅游O2O 生态圈的关键年》演讲，明确了旅游O2O 的发展方向。

途牛旅游网也在尝试向线下发展，通过开设线下门店实现向二、三线城市和区域扩张。

图 5-31 旅游业各代表提出旅游 O2O 的大方向

旅游 O2O 要真正形成，需要线上线下都完成资源配置、利益分配及各环节的完全畅通。从旅游产业链的角度看，整个环节可以分为上游供应商、中游代理交易平台、下游网络营销平台和用户，如图 5-32 所示。

图 5-32 旅游产业链

据艾瑞数据显示，2014 年中国在线旅游度假占整体休闲游市场的比重为 10.0%，未来几年会持续上升，预计 2017 年将达到 15.6%。同时，旅游线下消费体验的本质无法完全线上化，这一特点决定旅游必然还是 O2O 模式，这个趋势仍不变。

5.5.2 【案例13】哈达旅行："搭载"P2P的达人旅行

哈达旅行是一个半定制化深度自由行旅游预订平台，专注P2P出境游，分享旅游达人旅行经验，如图5-33所示。

图5-33 哈达旅行网

达人旅行会是未来中国出境游人群的一个主要方向，即由当地的达人制定特色线路，旅行者可以通过平台预订特色线路，这些达人可以是当地的地接导游，也可以是对本地非常熟悉长期居住在本地的人，可以是留学生，也可以是当地居民。这些人对当地是最了解的，他们可以给出最佳的游玩线路与游玩体验。据悉，哈达旅行目前覆盖泰国、法国、意大利等50多个国家，城市达到400多个，2 000多位旅游达人。

哈达旅行创始人兼CEO段继奎认为，互联网时代下催生了在线旅游，出境游消费市场雄厚，却面临着游客在海外难以找到"合适"的人的状况，其咨询、服务等落地工作都难以实施，需要一个把线下资源与线上用户连接起来的沟通平台，而O2O模式正适合旅游行业；并且，在同属一个大业态的P2P与O2O，平台使得海外落地资源与用户实现了对接。

5.5.3　【案例14】去啊：阿里布局在线旅游行业

“阿里旅行·去啊”是淘宝网旗下的综合性旅游出行服务平台，整合了数千家机票代理商、航空公司、旅行社、旅行代理商资源，为旅游者提供国内机票、国际机票、酒店客栈、景点门票、国内国际度假旅游、签证（通行证）、旅游卡券、租车、邮轮等旅游产品的信息搜索、购买、售后服务的一站式解决方案，如图 5-34 所示。

图 5-34 “阿里旅行·去啊”主页

和阿里巴巴旗下的很多业务模式一样，“去啊”也采取平台的方式来为消费者提供服务，这和很多在线旅游网站并不相同。目前，在“去啊”旅行平台上已有数以万计的卖家，提供机票销售、酒店宾馆预订、度假产品销售、签证等服务。

互联网与旅游产品和服务具有天然的结合性，尤其是在移动互联网快速发展的背景下，旅游消费、预订、服务的互联网化将实现跨越式发展。例如，天津市旅游局与“阿里旅行 • 去啊”签署战略合作协议，将通过“阿里旅行• 去啊”平台聚集天津线下优势旅游资源，开设天津旅游产品主题馆与旗舰店，启动天津旅游“O2O”模式。

另外，“去啊”有着鲜明的平台特色，并提出了四大战略：无线、服务、创新、平台。除此之外，阿里生态链中的其他与移动互联网及 O2O 相关的品牌，也有望在未来与“阿里旅行 • 去啊”平台进行对接，如快的打车、一号专车和高德地图等。

5.6 社区O2O智能化浪潮势不可当

在物联网、云计算等新一代信息技术的支撑下，形成了一种新型信息化的城市形态——智慧城市。全球的智慧城市建设计划都在热火朝天地展开，智慧城市将会是物联网等新技术的重要试验场地，而这些新技术也会推动并加深智慧城市的建设。

近年来，在国家大力提倡智慧城市概念下，由 O2O 衍化出的智慧社区 O2O 开始进入人们的视线。越来越多的人开始思考一个问题：如果将社区 O2O 和智能化结合起来，两者又将出现什么样奇妙的化学反应呢？

5.6.1 智慧社区O2O商业模式创新

智慧社区 O2O 能充分利用互联网技术，采用大数据模式，同时综合了电商模式低成本省资源的特点，和传统模式服务与体验兼具的优点，实现居民足不出户的消费方式。它的意义是通过互联网更好地服务居民的社区生活。

从城市的结构上分析，社区可以看作一个城市的基本组成单元，也是最接近人的日常生活的小单元，更是网络购物环节中物流配送的“最后一公里”。社区居民足不出户，在家轻松单击即可享受最基本的生活服务进行消费，这正是互联网渗透国民经济的体现。

智慧社区 O2O 作为融合了线上交易与线下交易二者的优点，且有着进入居民家中的良好就近优势，其未来的发展不可限量。如今，越来越多的商家青睐 O2O 模式的经营。BTA 等互联网巨头已经通过多次在实践中探索 O2O 商用模式在人们生活中方方面面的应用，从海量、复杂、实时的大数据中发现有用的信息，提升智能，创造价值，而 O2O 商业模式则是当下“大数据”的重要体现。

智慧社区 O2O 服务平台通过全面整合小区物业、周边商圈、小区居民和智能家居四方资源，通过搭建物业管理平台、周边商圈 O2O 平台、小区居民兴趣交友平台以及智能家居平台，将各种物业服务如通知公告、投诉报修、查缴费，以及周边商铺在线商城、社区活动、社区圈子、兴趣交友等诸多生活相关信息与服务整合在一起，为小区居民带来便捷、科技、时尚与舒适的生活体验，如图 3-35 所示。

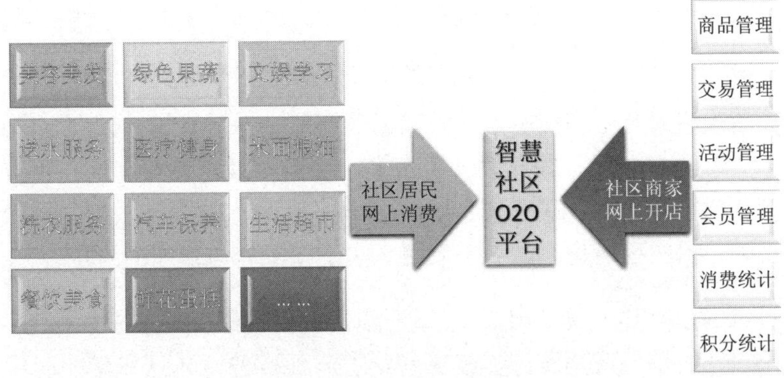

图 5-35　智慧社区 O2O 服务平台

5.6.2　车联网 + O2O：加速触网的汽车行业

汽车从发明到现在确实给我们的生活带来了不少的便利，应该说还是一个质的变化。如今，人们出行时已经离不开汽车这个交通工具了。在城市中，车辆是构成城市交通的基本因素，在智能交通系统中，物联网技术使得汽车也具备了“智能”个性，越是高档的车所运用到的高新技术也会越多。

移动互联网时代，汽车产业面临一场巨大的革命，通过引入线上线下一体化的 O2O 模式，汽车将被改造成为一种移动智能终端设备，全球汽车工业也将面临一次行业大洗牌。例如，通过在汽车上配置了大量的触摸屏，增加了人机交互、智能驾驶功能，完全颠覆传统汽车操作台和仪表盘的设计。通过自主设计研发新能源电动汽车，打造超级汽车，建立汽车互联网生态系统，有效解决城市雾霾及交通拥堵。

智能汽车具有十分广阔的发展前景，这种智能的空间对人们的生活影响将十分深远。智能汽车的普及化将会加强驾驭体验，避免事故实现零伤亡，人们在汽车上能够互通互联，会有更多 O2O 的生活方式。

【案例15】沃尔沃：SENSUS智能车载交互系统

2014 年沃尔沃汽车在中国正式发布 SENSUS 创新科技子品牌及相应的智能车载交互系统，引领汽车与移动互联网融合的科技和产业大趋势。SENSUS 将安全作为创新的基本原则，以大数据积累和用户体验为核心优势，以开放融合为发展思维，提供包括娱乐（Entertain）、导航（Navigate）、服务（Service）、互联（Connect）、控制（Control）在内的车载互联功能，为用户带来安全、便捷、智能、高效的车内外互联体验，如图 5-36 所示。

移动互联时代，开放与融合成为布局智能交通的关键。以 Sensus 为平台，沃尔沃汽车现阶段已联合了百度、联通、爱立信、高德、豆瓣、博泰等多家科技企业，构建一套完整的基于互联网、车联网、物联网和大数据的独树一帜的智能化汽车生态系统，实现了概念与功能的对接。

例如，VOLVO ON CALL 随车管家是一项车载智能多功能服务系统，采用开创性的手机应用程序，使客户能够与他们的沃尔沃车辆随时保持联系，如图 5-37 所示。

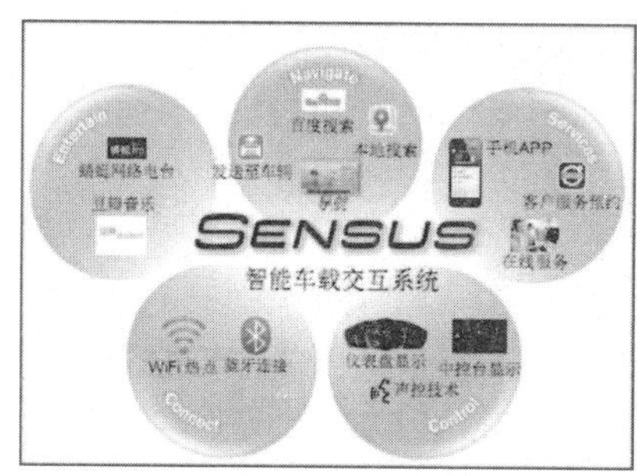

图 5-36　SENSUS 提供功能

图 5-37　VOLVO ON CALL

VOLVO ON CALL 随车管家服务提供挽救生命的紧急救援和安保方面的服务，除此以外，服务还涵盖了道路救援、紧急救援、防盗警报以及被盗车辆定位等方面。

在不远的将来，沃尔沃将以 SENSUS 作为开启未来互联世界的窗口，借助云技术以及自动驾驶等科技优势，构建智能化汽车生态系统和安全、幸福的未来生活新秩序。对于未来智能生活，沃尔沃基于消费者需求构思出多种体现车联网和物联网概念的新兴商业模式。

例如在 SENSUS 上有望配备的“代收快递”功能，可以在保证用户财产安全的基础上，让汽车自动收取网络预订货物。

再比如，沃尔沃全球首创的停车付费应用，可以实现 SENSUS 与停车场系统连接，让用户在抵达目的地之前就选定车位，并用电子支付方式交付停车费。

未来，基于 SENSUS 系统、汽车互联技术和云技术，车辆使用的海量数据可以进行统一收集和实时的分析处理，从而为驾乘者创造出更安全、更舒适的驾驶体验，并降低能耗，提升交通效率，推进智能梦想的实现。并且，沃尔沃汽车与苹果 Car Play 和谷歌 Android Auto 已达成合作，所以未来沃尔沃车主可通过 SENSUS 与当前两大应用最广泛的智能手机平台进行互联和互通。

汽车几乎具备移动互联网时代的所有特性：可移动、智能化、强供应链、线下市场庞大、快速迭代、强用户体验、精准定位、国际化程度高等。由于传统汽车产业链长、关联度高、就业面广和消费拉动大等特点，在带动经济增长、扩大就业、拉动内需等方面起着重要的作用，因此受到各大互联网巨头的极度青睐。汽车连网的想象空间如此之大：将成为 O2O 的一个入口，这是互联网大佬们发动抢车大战的原因。

5.6.3　智能家居和可穿戴的O2O新图景

物联网的兴起，使得智能家居行业备受关注，越来越多的人们也希望用物联网技术对智能家居做出改造，希望智能家居可以变成无线的、可自己安装的，并且能够用电脑或者手机控制，还有一些高端人群希望智能家居能够提供更加智能的服务。

回家时，门，灯光，空调自动打开；客人到来时，饮水机、咖啡机会自动工作；灯光、背景音乐，浪漫温馨的场景一键启动；瞬间也能让你享受到前所未有的家庭影院效果……除此之外，展示区、办公区、会议区等区域的灯光都可以用手机或者平板电脑来控制，所有的家电都是智能控制的，随手掌控。这些场景便是智能家居带来的智慧化生活。

传统的家居生活中，很多家电如电视、空调等都是用遥控器控制开关，这些都只是进程控制，也就是说，离开了房间，对它们就无法进行控制，而智能家居中的家电，是可以用每天不离身的手机控制的，手机控制家电已不是梦，但是它们离不开技术的支持，如图 5-38 所示。

图 5-38　智能家居控制系统

随着建设科技社会、生态社会步伐的加快，以及“十二五规划”中明确表示要大力扶持和发展智能化高新行业。智能家居产业迎来了前所未有的发展契机，智能家居市场作为一块“大蛋糕”，潜力巨大，前景广阔，已经是一个不争的事实，智能家居亦会引领着未来的潮流，面对中国庞大的需求市场，预计该行业将以年均 19.8% 的速率增长，在 2015 年产值将达 1240 亿元。

另外，随着社区 O2O 的兴起，可穿戴智能设备也会颠覆我们现在的生活方式。可穿戴设备与 O2O 模式结合起来会产生多大的能量？我们可以想象：在未来，当你走在街上，你可能随时会用耳朵上架着的谷歌眼镜搜索附近的美食，进而决定午饭在哪里吃，如图 5-39 所示；也会通过手上的智能手表查看公司发来的邮件；也许更会通过头上戴的智能头箍和朋友在微博里交流……随着曝光的可穿戴设备越来越多，这仿佛专门为走在路上的 O2O 设备已经逐渐引起了人们的注意。

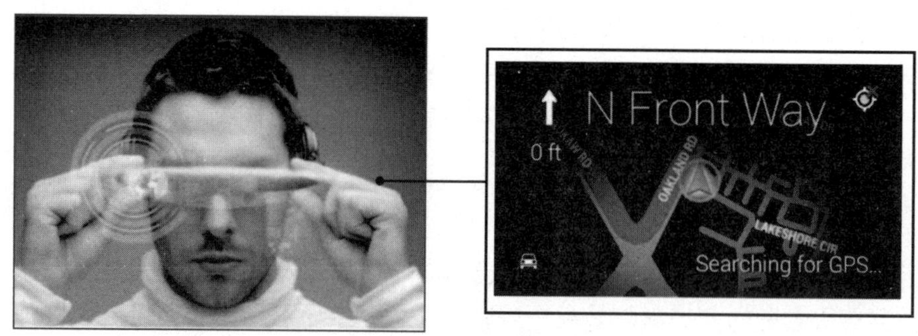

图 5-39 谷歌眼镜

可穿戴设备仿佛是专为 O2O 模式打造的定制设备，而且这种定制设备还是走在路上，一直在移动着的，它带来的改变比智能手机的全面爆发还要深刻。

第6章

主打“宅”类人群生活新方式

移动互联网已经成为推动O2O发展的亿级用户入口，使得本地化、场景化的社区O2O服务平台得以成形。在社区O2O领域中，社区服务软件主打“宅”类人群的生活新方式，为消费者和门店提供新的服务方式，让双方都获得实惠，同时也给予上下游的供应商与服务商更多利润空间。依靠深化服务，“社区服务软件”将为用户打造优质社区生活提供更多帮助。

◇ 以O2O模式改造社区服务行业

◇ 社区服务O2O行业应用案例

6.1 以O2O模式改造社区服务行业

随着用户对本地购物需求的多样化，“一站式生活服务”的社区 O2O 平台成为电子商务行业细分发展的新热点。

6.1.1 “懒人经济”：推动社区O2O发展和兴盛

社会的进步就是让一切都变得越来越简单，越来越方便，换句话说，就是在培养越来越多的“懒人”。人类在漫长的生产活动中，不断去创造各种工具和服务来满足这个追求，这不仅是“懒人经济”形成的原动力，也是整个人类经济活动的原动力。

随着信息技术的发展，人类走到了互联网时代，通过互联网人类的生活方式发生了前所未有的改变，生存的舒适度大幅提升，而社区 O2O 又将互联网这一工具的利用发展到了一个全新阶段，“懒人”从来没有这么幸福过。

使用 O2O 线上产品的用户，多是对互联网产品熟悉的 80 后、90 后。这些由青年构成的主力消费人群有两方面特征，如图 6-1 所示。

图 6-1　社区 O2O 主力消费人群的特征

在当今社会，“懒”已经不是传统意义上“好逸恶劳”的贬义词，而被赋予了更多褒义与时尚的概念。“懒人经济”可以说是推动社区 O2O 发展和兴盛的内在需求，从社区 O2O 的各个细分行业可以很明显地折射出来。

据数据显示，有 53% 的用户对洗衣的上门取送表示有兴趣，有强烈需求的用户达到了 20%，社区 O2O 从家政、洗衣、生鲜配送等方面全面服务于“懒人”群体。

尤其是在移动互联网时代，人们生活实际上已被各种应用与技术所绑架，“懒人经济”开始从电脑向智能手机等移动智能终端延伸，这也是近年来呈现出来的新趋势。笔者认为，想让“懒人经济”真正火爆，最重要的还是要抓住消费者的心理，大大增强社区 O2O 平台服务的实用性能，以满足“懒人们”“懒到底”的要求。

6.1.2　社区服务O2O：正悄然改造社区商业

社区服务类 O2O 或将成为社区商业高速发展良机。“社区服务 O2O”这个词清楚地概括了这个行业的三个关键环节（见图 6-2）：第一，“社区”；第二，“服务”；第三“O2O”。

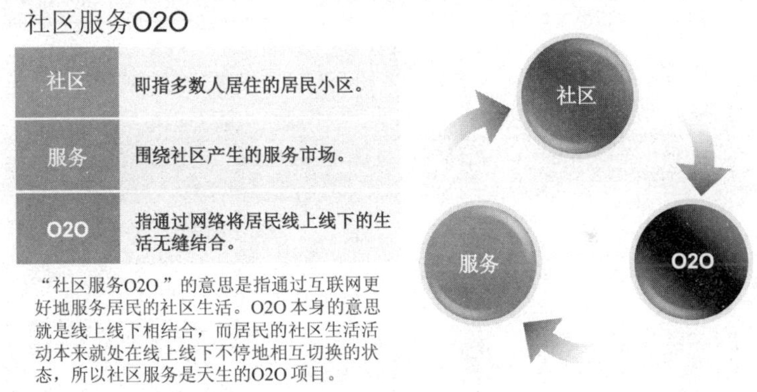

图 6-2　社区服务 O2O 的三个关键环节

社区服务类 O2O 项目的兴起成为社区商业发展的新引擎。虽然互联网公司与社区物业都无法单独做社区服务 O2O，但双方可以通过合作来创造更大的市场价值。互联网公司整合某区域的众多社区负责提供技术与运营，每个社区物业负责其社区的服务与组织活动，这样发展的问题将不再是问题，并且又可以挖掘一块新领域的市场价值，起到“1 + 1 > 2”的效果。

未来，电商与传统零售商将会不断联手，促进传统产业以互联网思维转型升级，推动线上线下融合发展。

6.1.3 揭秘：社区服务O2O的五大玩法

电子商务的快速发展让人们看到互联网思维对传统商业模式的颠覆性。资本市场的青睐使人们看到了社区服务业创新发展的巨大潜力，社区服务业也成为如今商业发展的重点之一。社区服务业大体可分为电商类、服务类、媒体类、工具类、社交类 5 类，如图 6-3 所示。

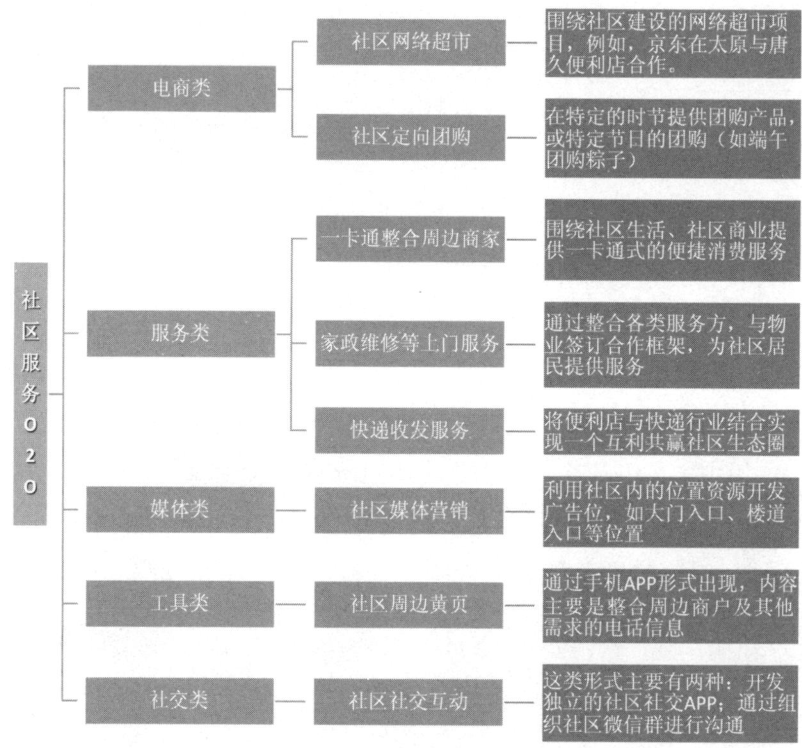

图 6-3　社区服务业的玩法分类

6.2 社区服务O2O行业应用案例

社区服务作为离消费者最近的消费业态，已成为电商巨头和新创业者眼中的一块大蛋糕。互联网化使得社区 O2O 项目创业低门槛化，而低门槛让大量项目涌入同一细分领域，使得企业不得不面临巨大的竞争压力。本节将介绍一些主要的社区服务 O2O 行业应用案例，通过对这些案例的分析，探讨社区 O2O 发展的趋势和难点。

6.2.1 【案例1】小区无忧：小区生活信息服务平台

“小区无忧”是指弋（上海）网络技术有限公司自主研发的第一款基于移动O2O的小区生活信息服务平台，也是中国第一家小区生活服务应用，支持包括外卖、生鲜蔬菜、超市、水果等居家宅配，规范家政、开锁、维修、疏通、搬家等生活服务，提供快递、洗衣、教育、宠物等小区周边生活信息，如图6-4所示。

图6-4 “小区无忧”APP界面

“小区无忧”APP的主要功能如下。

- 微信登录：支持微信账号一键登录，免去烦琐的注册流程。
- 精准定位：LBS定位用户所在小区，精确匹配用户小区周边直径3公里内的商家。
- 在线支付：支持手机付款，用户即使没有现金也能叫外卖。
- 订单跟踪：下单后，可查看订单进度，随时查看外卖配送情况。
- 小区广播：小区周边优惠、最新物业通知、热门活动实时推送。
- 常点功能：记住用户历史点过的外卖店，快速找到常用店铺。
- 实地认证：通过专人实地验证商家信息，确保商家真实可靠，以便用户放心使用。

- 电话热度：为用户提供商家电话被拨打的次数，帮助用户轻松找到周边热门商家。
- 手机开店：用户用手机即可轻松开店，无须租金，在小区里就能做生意。
- 商家置顶：支持商家置顶，查看常用店铺更加方便。

“小区无忧”定位碎片化生活服务的社区移动平台，立足于向家庭用户提供餐饮宅配、家政服务、电器维修、教育培训等 100 多个服务类别，被认为是社区生活服务界“淘宝+家庭宅配顺丰”的模式，其商业模式主要是为用户提供小区生活服务信息检索、匹配、支付和小区周边配送服务，向商家提供推广和展示的同时，“小区无忧”从商家订单流水中收费获取营收。

例如，2014 年下半年，“小区无忧”发现上门推拿这个机会后，先是在小范围测试、调查，然后才决定把更多的资源和人才注入“熊猫拿拿”这个子项目，将上门推拿业务做大做强，如图 6-5 所示。同时，上门推拿是未来“泛健康”非常好的切入口，这是“小区无忧”在社区 O2O 推进摸索中发现的巨大机会，是未来的增长点。

“熊猫拿拿”于 2015 年 3 月 8 日正式上线。据“熊猫拿拿”官方披露的最新运营数据，正式上线仅一周时间，日订单量业内首先突破 1 000。从 2014 年年底开始内测，2015 年 1 月正式开始在上海运营，迄今为止已覆盖了上海、广州、深圳、杭州四个城市。

图 6-5 “熊猫拿拿”通过微信平台进行预约

TIPS：

“小区无忧”创始人唐皓说：“小区无忧定位于‘小区生活服务平台’，期望在未来三年改变一百万手艺人的就业机会与再造小微服务的个人信用体系，让大众回归社区和提供更多个性化的本土服务。”另外，在提供服务的同时，“小区无忧”还将致力于提倡人们重新回归社区、重视社区，建立完善的社区环境和服务生态。

据悉，“小区无忧”现已覆盖全国 56 个城市、28 万个小区，为近 100

万服务商家和手艺人提供营销服务，生活服务需求日匹配量过万单，近一年来为社区连接和提供服务超过 200 万次。

2014 年 10 月 13 日，“小区无忧”宣布完成 A 轮 2 000 万美元融资。据悉，这是“小区无忧”18 个月内的第三次融资，在此之前已获得种子和天使投资，公司目前团队规模过百人，地推队伍将近 1 000 人。

社区服务垂直领域的切入点数不胜数，洗衣、家政、快递、超市配送、物业、外卖等一系列的基础生活服务都有很多的尝试者，目标都锁定在成为未来社区服务 O2O 的入口。在笔者看来，“小区无忧”同样是社区服务 O2O 的探路者之一，与提供某种垂直服务不同，“小区无忧”选择了平台型的定位，换句话说，就是把所有社区相关服务都一并囊括。

6.2.2　【案例2】民生小区：用社区O2O发展金融业务

“民生小区”是民生银行为推广理财业务开发的便民 APP，如图 6-6 所示，用于聚集人气，发展银行客户。“民生小区”是民生银行通过搭建小区周边高关联主体的多边市场，为小区居民打造的 O2O 本地化生活服务平台。该平台以互联网和移动互联网为手段，以客户日常生活为内容，整合特惠商户服务、物业管理服务、小区周边生活服务、贵宾服务、银医服务以及第三方合作服务等资源，将非金融服务和金融服务有机整合。

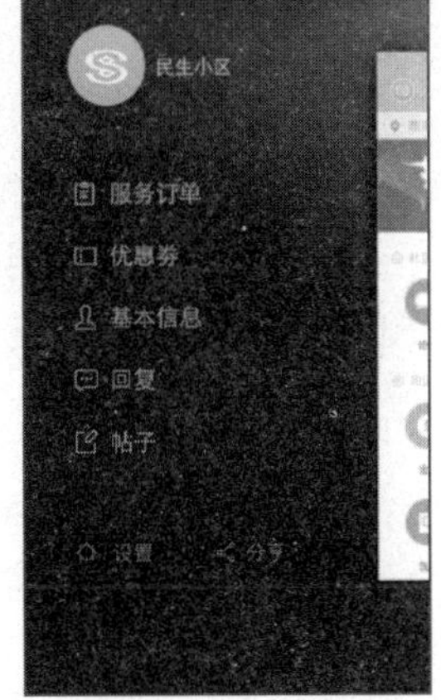

图 6-6　“民生小区”APP

"民生小区"APP 的主要功能如下。

- 周边服务：优选的洗衣、洗车、家政、送水商家，为用户所在的小区提供定制化的上门服务，如图 6-7 所示。例如，首次注册的用户仅需通过手机银行支付 1 元即可享受上门洗车服务。

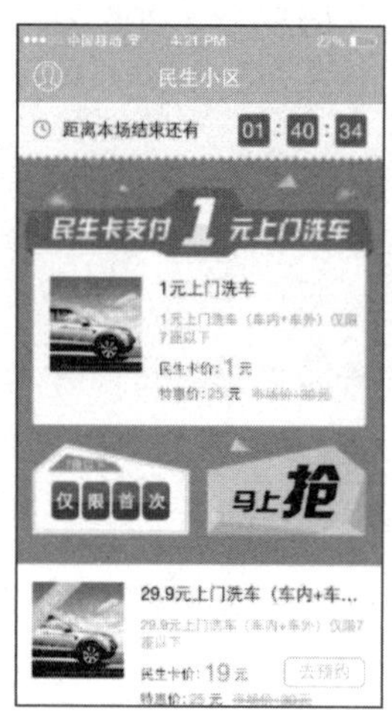

图 6-7　上门洗车与送水服务

- 金融理财：用户身边的金融小助手，通过 APP 可以快速找到附近的民生银行客户经理，为用户推荐银行的理财业务。

- 互动活动：为用户优选各种"给力"的活动，包括办卡送礼、注册送大米、下单抽奖等。

民生银行为了激活和利用好遍及全国的 5 000 家线下社区网点，对社区网点进行多层次、多类型的进一步细分布局，如强化理财咨询功能或强化消费信贷处理能力的细分类型等。另外，民生银行还同时强化了线上、线下渠道功能互补，将丰富的线下资源与便捷的线上渠道通过微社区云平台、APP 等进行结合，使小区居民足不出户就可以获得便捷的金融体验。

民生银行以个人客户家庭居住地（社区）为核心，通过传统零售、信用卡、直销银行、小微等内部渠道以及广泛的物业合作、生活服务商合作等外部渠道，实现小区客户的普惠制批量化获取。

在此基础上，民生银行依托互联网、大数据的应用，深入分析和挖掘小区客户数据，通过数据化营销手段，实现以小区客户需求为中心的个性化服务。在产品创新方面，民生银行为小区客户提供了丰富的定向理财及消费信贷等产品。

民生银行始终着力打造“小区 1.5 公里生活圈”，围绕小区进行了大量特惠商户拓展工作，初步建立了小区周边特惠商户资源体系。在生活圈互动平台上，可以实现特惠商户及商品信息、主题社交活动信息、小区信息及民生银行产品信息的线上分类检索及发布，用户可以“线上浏览、线上订单确认、线下参与”，有效提升了小区居民的生活便利性。

笔者认为，民生银行通过线上线下相结合的 O2O 闭环模式，不但成功打造线上线下 O2O 社区生活圈，更为小区居民同步提供专业化金融和平台化非金融服务，这些服务不仅给居民们带来实惠，还解决了生活琐事。据悉，截至 2014 年底，民生银行小区金融项目下的有效客户 30.24 万户；金融资产余额 756.23 亿元，较年初新增 696.82 亿元，占整个零售银行金融资产新增的 43%。

6.2.3 【案例3】智慧社区：移动时代新的居家生活服务

“智慧社区”APP 是由上海电信推出的一个社区服务 O2O 平台，如图 6-8 所示。“智慧社区”以提供物业服务为主，如小区通知、房车租售、二手市场、故障报修、物业员工、小区活动等；也可查看周边服务，如美食、银行、家政等。

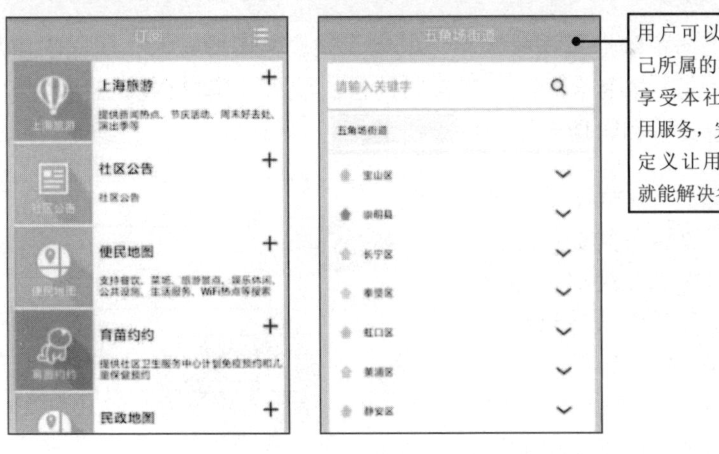

图 6-8 “智慧社区”APP

“智慧社区”专注于本地化服务，用户可以通过平台提供的高品质应用，完成民生、饮食、购物、养老、医疗、健康、教育等各种与自己相关的全方位生活服务。用户可以将与自己息息相关的应用订阅在首页，应用将通过卡片的形式为用户展示需要获取的信息与服务，真正感受智慧生活的便捷与智能，如图 6-9 所示。

据悉，在上海电信对“智慧社区”手机客户端的未来规划中，将重点打造健康、教育两大板块。例如，“智慧社区”中“天天菜价”的栏目，未来不但只提供菜价菜谱信息，还将为用户甄别体质和疾病情况，推荐针对个人健康化的食品、菜谱及运动信息，如图 6-10 所示。

由上海电信提供技术支持打造的延吉街道“育苗约约”智能系统，已经让众多延吉街道的宝宝妈妈们享受到了生活的便利。只要手机打开“智慧社区”，就可以轻松预约疫苗打针，查看当天预约人数，还可以设置预约日当天的自动短信提醒。

图 6-9 “我的卡片”界面

图 6-10 个性化推荐美食

另外，上海市政府正积极实行市民电子健康档案的打造，居民们以从“智慧社区”的“健康档案”上查看到自己的就医及病史情况，用科技带来的智能系统记录和管理自己的健康档案。

笔者认为，“智慧社区”深层的意义在于整合各类资源与信息，提高社区内部及跨部门协作水平和整体工作效率，为用户提供了更为优质及可靠的社区服务，随着上海地区“智慧社区”建设的全面覆盖，社区居民将会获得更精准、更便捷的服务，如图 6-11 所示。

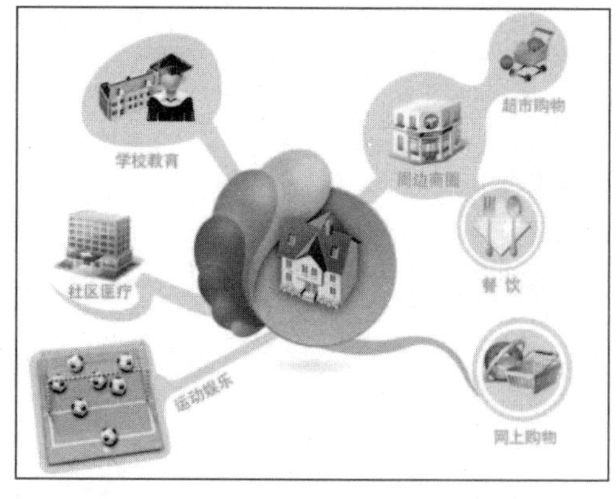

图 6-11 “智慧社区”提供的服务

6.2.4　【案例4】住这儿：盘活社区用户O2O价值

近一两年来，国内房地产商集中掀起了一阵移动互联网热潮，意图通过移动互联网整合周边业务，而社区 APP 几乎已成为很多地产商或物业的标准配置。

其中，“住这儿”APP 就是面向全体万科业主、住户群体，致力于打造便捷的物业服务、社区交流与商圈服务平台。“住这儿”APP 将助力物业服务再升级，为实现构建新型邻里关系以及创建智慧社区奠定良好基础。

打开“住这儿”APP，首先跳出的是欢迎页面，随后就引导用户开始认证。在选择了一系列住房信息比如居住的小区、哪个单元、哪间房之后，还需要将注册的手机号和在万科物业留下的手机号相对照，完全符合才可以认证成功。虽然感觉略微麻烦了些，但这也在最大限度上保证了 APP 用户的真实性和可靠性。而且只要用户事先留在物业那里的信息足够完善，认证起来还是很方便的。

“住这儿”APP 的主要功能如下。

- 随手拍：分享社区新鲜事，邻里互动零距离，如图6-12所示。此外，“住这儿”APP 同样整合了社区用户的生活服务产品，入驻用户可以发帖子和评论。不少养狗经验、美容美发等信息在上面都有分享。

“住这儿”背后是房地产开发商万科，瞄准的用户也很精准，锁定在万科的各小区业主（注册很严格，用户必须提供房屋业主预留手机号），主要功能涵盖社交、物业服务、商户点评。业主可以分享图片、文字，查看物业账单，也可以对周边商户进行点评。

图6-12　“随手拍”界面

房屋：主要包括访客通行、房屋报修、房屋交易、投诉物业等基础功能，如图 6-13 所示。例如，如果有客人到访，只要事先输入访客姓名、性别，是否驾车来访等信息，系统就会自动生成一个二维码。用户可以把这个二维码发给朋友，届时，保安只要拿个机器扫一下这个二维码，核对身份信息，就能立即为朋友放行，省去了朋友在门口打电话的尴尬和不便。

- 物业百宝箱：社区公告、热点议事厅、租售等信息，应有尽有，如图 6-14 所示。

例如，业主在家里发现厕所漏水，可以通过“住这儿”APP 报修，信息直接到达呼叫中心并定位其住址，呼叫中心通过系统派单给当班且拥有相应技能的维修工，维修工通过手机终端接收工单、反馈关闭工单，由呼叫中心跟进回访，整个处理问题业主可随时通过 APP 查询，让服务更加高效、信息更加透明。

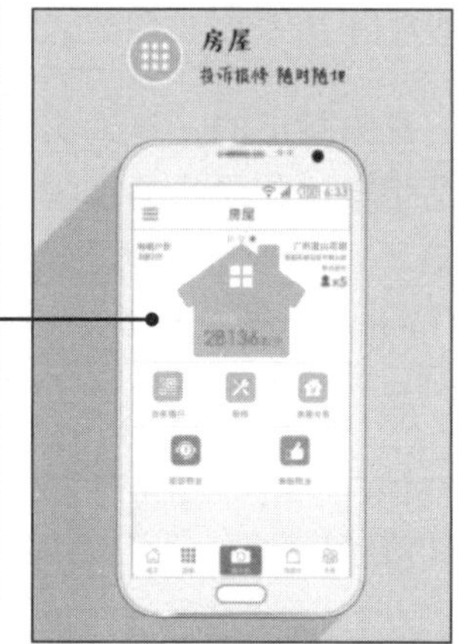

图 6-13 “房屋”界面与访客通行证

- 活动：认识邻居，一呼百应。用户不但可以清晰掌握所在小区的最新公告、热点事情，并且还可以由住户自己在 APP 上发起相关活动，如图 6-15 所示。

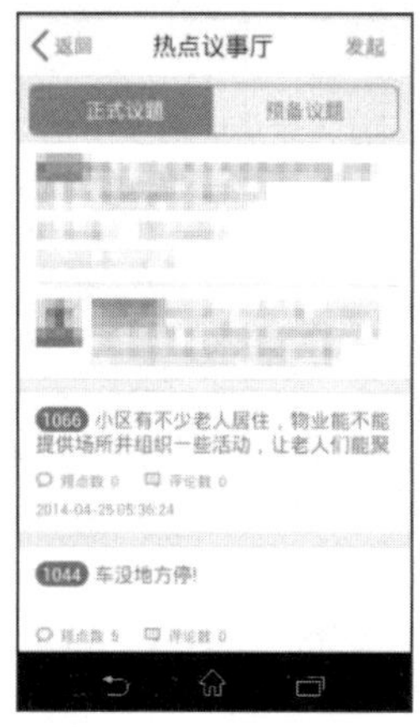

图 6-14 热点议事厅

图 6-15 活动

TIPS:

对于万科物业的商户，万科“住这儿”APP 里单独打造了“良商乐”，集合了附近美食、美发、超市、中介等商家，面对这些商家，万科依靠数据分别推出了“活力排行”和“黑榜”。每个商家最初都有“100 滴血”，用户可根据商家表现选择“砍一刀”还是“加滴血”，此外还可“送鲜花”“扔鸡蛋”并发表评论。当“血”被砍光后，商家就会进入“黑榜”，需要加“100 滴血”才能“复活”。这样的设置，无形中赋予了业主更大的话语权，从而也体现了万科一直推崇的“对人的尊重”。

笔者认为，“住这儿”APP 虽然只是万科开发的一个简单的物业管理互联网化，却无意间开辟出来一套关于社区 O2O 发展的新途径，特别是在实用功能上，更加让住户喜欢。另外，开发商对业主资源的挖掘不仅是做社区，还要做社群。将兴趣一致的人、同一行业的人聚集到一起，甚至把他们引导到同一社区，基于这样的人群展开延伸服务。因此，推出 APP 这类社交软件或许将成为未来的主流。

6.2.5　【案例5】天通苑生活圈：建立小区中的信任关系

北京天通苑是一个人口在 30 万～40 万之间的超级社区，具有外地人多、人口密度大等明显的本地特征。“天通苑生活圈”正是在这个用户基数固定的小区内实现产品渗透的社区 O2O 平台，如图 6-16 所示。

图 6-16　“天通苑生活圈”APP

“天通苑生活圈”具有全面的社区商家和服务机构信息，如商场、店铺、维修服务、汽车相关服务（维修、接送车、保养、救援、上门服务）、房

屋租售、快递电话、餐厅、银行、ATM、代驾、五金店等。

另外，"天通苑生活圈"还提供了居民互动板块，如小区爆料、邻里论坛、宠物吧、亲子吧、羽毛球俱乐部、单身男女、宝妈群。"天通苑生活圈"支持用户线上开店，提供"东三跑腿"服务（东三区送货上门服务）。

对社区用户的获取，"天通苑生活圈"采用的方法是：跟社区内店铺合作，店内下载注册消费减免 8 元；流动推广人员通过"扫楼"、摆摊、现场赠送礼品等方式。目前，"天通苑生活圈"已经累计获取了 10 万用户，而且每天的活跃用户数在 1 万～1.2 万人。

通常情况下，提供社区服务的应用很容易在用户使用频次不高的情况下被卸载，而通过社交建立的平台更容易让人产生依赖。"天通苑生活圈"就此采用了小区爆料的方法，让用户通过与他们切身相关的社区新闻事件产生共鸣和交流。

目前看来，"天通苑生活圈"为单一社区，业务综合性强、面面俱到，可能没有线下门店，属于轻社区 O2O 运营模式。现阶段，"天通苑生活圈"的目标就是建立平台与用户、用户与用户之间的信任关系。而一旦这种信任的氛围形成，平台未来的发展将拥有无限的想象空间。

6.2.6 【案例6】彩之云："把社区服务做到家"

"彩之云"是彩生活"一站式服务"的社区平台，以互联网技术与社区服务为基础，进一步提高物业服务的工作效率，合理优化、配置与应用社区诸多资源，积极搭建与业主（物业使用人）的沟通桥梁，从而为小区业主带来全新的社区生活服务体验，也将为公司注入新生的品牌力量，实现从传统物业到科技、个性化增值服务的转变。彩生活以"彩之云"社区服务平台为业主提供物业管理、投诉和报修，停车缴费，水电煤的代收代交等在线便民服务，将社区居民资源从线下向线上导入，使其成为在线交易的潜在用户。如图 6-17 所示，为彩生活的商业模式。

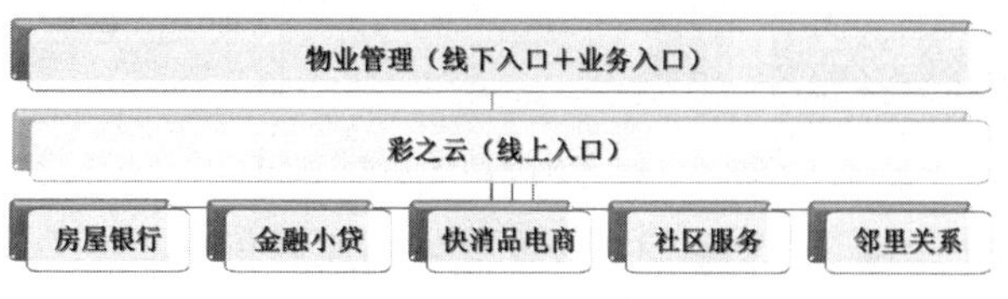

图 6-17 彩生活的商业模式

彩生活将业主的需求整合起来形成一定的服务：通过识别业主的一些及时性、特殊性的公共需求，来与外界专门的供应商合作，如电脑维修、开锁、通下水道等；彩生活和这些商家签订战略合作协议后，商家成为社区服务的供应商，业主打电话或登录彩之云（彩生活社区服务平台），就可以享受相应的服务。

“彩之云”APP（见图 6-18）包含以下功能模块：缴物业费、缴停车费、投诉报修、有奖问答、幸福中国行、小区通知、周边优惠、天天特价、生活超市、充值中心、机票、旅游酒店、火车票、推荐好友、招商加盟、彩票等。

图 6-18 “彩之云”APP

具体来看，“彩之云”提供物业服务、B2F 商业服务、虚拟服务、商品服务、智能管家和连锁经营的社区服务等，通过实质性的运作与探索，打造别具特色的“彩生活•把社区服务做到家”服务模式。

彩生活由原来传统的服务商、物业管理公司，变成了整合社区资源进行服务的服务商，而“彩之云”就是彩生活的服务具体模式。彩生活将线上的服务集中到“彩之云”平台上，业主到云上自助寻找相应服务，就可以满足生活中方方面面的需求。

6.2.7　【案例7】365小区宝：致力做邻里综合管家

“365 小区宝”是由三六五网研发的一款最方便快捷、最具人气的小区生活服务类 APP。"365 小区宝"拥有百万级用户，云集包括商超优惠、家政、兴趣圈子、二手市场、拼车、宠物等 10 余种服务。

"365 小区宝"拥有以下五大特色功能。

- 最优购：是指最有价值的电商网站和商超的信息，如图 6-19 所示。

图 6-19 "最优购"功能

- 最家政：为小区用户提供真正的互联网家政平台，提供最优质的厨房、室内以及卫生间各种服务，如钟点工、月嫂、保洁、住家保姆等，是用户的家庭好帮手，如图 6-20 所示。

图 6-20 "最家政"功能

- 最圈子：用户可以在此参加感兴趣的活动，放松身心结交朋友，如图 6-21 所示。

图 6-21　“最圈子”功能

- 最小区：包括二手市场、拼车上下班、宠物约会、亲子等贴心社区服务，如图 6-22 所示。

图 6-22　“最小区”功能

- 在线支付：用户可以通过 APP 低价抢购千余种生活消费用品，拥有 3 000 余家联盟商家，线下消费时出示手机凭证即可享受优惠。

三六五网对“365 小区宝”的定位是邻里综合的好管家，希望给广大的市民业主在生活中可以享受到综合的服务。三六五网相关负责人表示，“365 小区宝”只做三件事情：整合商户资源；整理优惠信息；满足业主的

生活需求，一切都是围绕社区生活，一切也是为了社区生活。

此外，“365 小区宝”重点分两部分，第一是商业部分来提供各种的优惠和团购；第二是在互动方面将提供兴趣圈以及及时通信，重点来完成使用者对于大社区生活各个方面的需求。

“365 小区宝”通过挖掘小区及周边的商业资源，真正实现 B2F 的范围模式，并且通过活动、广告、商户这样的模式构建多体系的融合，形成整个小区宝的用户链、服务链和供应链，完成社区 O2O 的服务闭环。

6.2.8 【案例8】小区问问：享受无处不在的社区便利

“小区问问”APP 主打 O2O 电商，提供社区周边电商信息，其主要功能如下。

- 小区公告，停水停电提前知道：当用户所在的小区停水停电时，“小区问问”会第一时间提前告诉你，不再遗漏重要的物业、居委会、街道通知，如图 6-23 所示。
- 水果蔬菜订餐，快速送货上门：支持小区便利店、周边餐厅外卖、水果蔬菜配送等，用户使用手机下单后立即有专人送货上门，如图 6-24 所示。

图 6-23 物业服务

图 6-24 生活配送服务

- 物业服务，随叫随到：包括马桶疏通、家电维修，开锁、保洁、送水、家教等，各种生活服务应有尽有。

- 邻居互动，交友互助：邻居间的二手货交易、拼车上下班、宠物配对、活动聚会，邻居互助解决问题，如图 6-25 所示。
- 小区周边优惠：小区周边 2 千米内的所有团购和优惠一览无余，用户可以在 APP 内直接下单使用，方便快捷，如图 6-26 所示。

图 6-25　邻居圈服务

图 6-26　邻居推荐商家服务

“小区问问”分别抓住用户懒惰、爱凑热闹、贪便宜等共性，而其中生活配送是这款 APP 的重要功能，生活配送将周边商铺以列表的形式显现出来并提供拨号评价支持，信息比较常见，在大众点评或百度地图上都有相关信息，但对于没有资金及数据支持的 APP 而言，这一块廉价但有用的数据还是能留住一部分用户的。

总的来说，“小区问问”是另外一种形态的便民圈子，物业维修、快递、家政保洁、二手交易、邻居拼车等功能全部包含在内。据悉，“小区问问”已经覆盖了全国 200 多个城市，50 多万个小区，并提供了近百种的生活服务。

6.2.9　【案例9】考拉社区：将“懒人精神”发扬到底

“考拉社区”是一款小区生活服务的移动端社区电商应用，是好屋中国 2014 年度又一创新产品。“考拉社区”倡导“懒”文化，以舒适、便捷为初衷，为有理想、有态度、有智慧的懒人带来品质与轻松兼得的生活体验，如图 6-27 所示。“考拉社区”APP 为用户提供物业、餐饮、家政等多重服务，天天为懒人发红包福利，并提供邻里在线交流互动平台，随时共享信息。

图 6-27 “考拉社区”的“懒”文化宣传

“考拉社区”的主要核心功能如下。

- 懒人必备手机应用，致力于营造惬意生活，倡导“懒”是人类必备的生活智慧，为追求品质的懒友带来全面的生活便利。“考拉社区”APP 优选蔬果、餐饮上门、周边便利店、家政保洁、干洗等服务，邻里二手交易、社区活动等，丰富的生活体验，动动手指轻松享，如图 6-28 所示。

图 6-28 “考拉社区”APP

懒人有懒福，开启懒人舒适赚钱新方式。在“福利社”界面，单击“红包”选项，用户可以分享商家广告以赚取红包，如图 6-29 所示。

- 懒得出门？社区公告、邻里八卦随时看，和周围的懒人做手机里的老朋友。

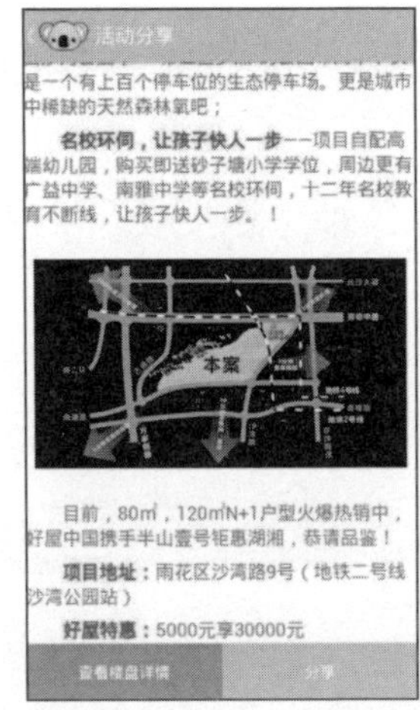

图 6-29　“考拉社区”的赚红包功能

- 懒得折腾？足不出户，吃喝玩乐送上门，从早餐到消夜，周边美食任意点。

“考拉社区”APP 能定位客群到指定小区，真正做到精准信息投放，让感兴趣的人参与其中。社区 O2O 的边界应由社区生活决定，而不是业务种类，像“考拉社区”这样的社区服务综合平台，必定会逐步取代目前市面上大部分垂直平台，成为社区 O2O 的最终归宿。

据悉，截至 2015 年 3 月，考拉社区 APP 拥有 320 万注册用户，单上海用户就有 28 万，传播量级可媲美传统电台广告。

TIPS:

如今，在“懒人经济”发酵的大背景下，中国社区的密集型特点，以及社区能够冲击购物平台物流成本高、时间长、货源复杂的弱点，直接贴近业主，与业主建立近亲互信的关系，都成就了社区 O2O 的巨大商机。在这一波机遇中，谁能真正抓住这些“懒人”用户，谁就能占领社区的“最后一公里”。

第7章

电商之变，O2O的终极逆袭之路

O2O作为电子商务发展的深层进化阶段，让互联网在改变生活方式上大放异彩，甚至改变了之前电商的运营方式，让人与人、人与服务更密切地连接。社区电商也就是在这个阶段内开始发展壮大，并将成为电商领域的“下一个风口”。

◇ O2O连接社区中的“店商”与“电商”

◇ 微信——充分挖掘社区O2O的电商价值

◇ “社区O2O＋电商O2O”应用案例

7.1 O2O连接社区中的“店商”与“电商”

如今，原本不起眼的社区小店以其便利性，正在成为电商的新宠、O2O 的“试验田”。社区电商除了让传统电商有利可为，也是给了零售业、物流业等周边行业一个迎合移动化浪潮逆袭的机会。

7.1.1 商业零售业的O2O转型，供应链决胜

如今，电商已经成为很多人生活的一部分。2015 年 4 月，中国电子商务研究中心发布《2014 年度中国网络零售市场数据监测报告》。报告指出 2014 年中国网络零售交易规模达 28 211 亿元，较 2013 年的 18 851 亿元，同比增长 49.7%。中国网络零售市场交易规模占到社会消费品零售总额的 10.6%，2013 年达到 8.0%，同比增长 32.5%。

值得关注的是，2014 年中国网络消费品交易整体中，跨境电商和微商的贡献度上涨明显，移动电商更是异军突起，交易规模占网购整体 1/3。

另外，报告还显示，2014 年中国移动网购交易规模达到 9 285 亿元，而 2013 年达 2 731 亿元，同比增长 240%。在 2014 年移动购物市场规模份额中，淘宝无线占据第一的位子，达 85.9%。

电商迅速扩张的情形下，传统百货零售业面临转型。O2O 能否成为拯救传统零售业低迷的最后一根稻草尚未有定论，但由此带来的新机遇和变革，却足够令人惊讶。O2O 电商模式对传统百货零售业的影响如图 7-1 所示。

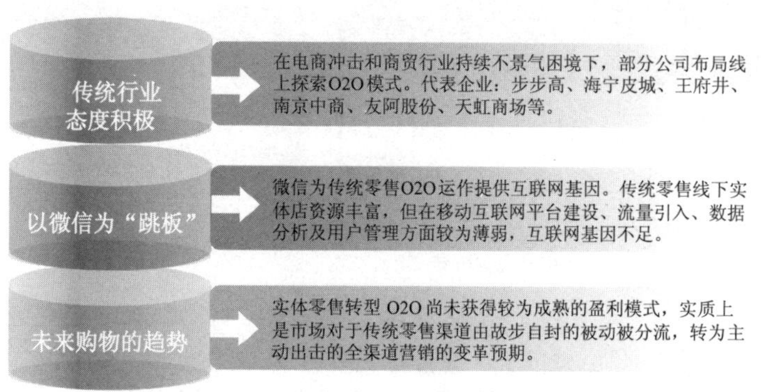

图 7-1 O2O 电商模式对传统百货零售业的影响

中国电子商务研究中心分析师莫岱青表示：“从本质上来看，移动购物所

特有的精准定制、碎片时间、社交分享以及 O2O 的特征已经颠覆了传统的购物模式，因而带动移动购物群体持续增长，也促进了移动购物的快速发展。”

移动互联网春风开始吹进传统百货零售行业，O2O 模式的推行，将使得线上线下的融合成为现实和未来趋势。

【案例1】沃尔玛：积极布局O2O市场

沃尔玛 1962 年在阿肯色州成立，发展到现在已经在全球 27 个国家拥有一万余家分店以及遍布 10 个国家的电商网站，主营业态包括沃尔玛购物广场、山姆会员店、沃尔玛中型超市和沃尔玛社区店，如图 7-2 所示。与众所周知的连锁化扩张、供应链优化、大型信息系统构建一样，沃尔玛在电子商务方面也颇有先见之明，从 1996 年沃尔玛网店上线到目前借移动应用积极布局 O2O。同时，沃尔玛还借助大数据工具来助力 O2O 营销。

从国际的角度，商业零售的发展小型化是一个趋势。目前，沃尔玛旗下拥有 217 家社区超市，且正在加快中小型店的建设，预计到 2016 年将开出 500 家社区超市。

图 7-2　沃尔玛社区店

2011 年 4 月，沃尔玛以 3 亿美元高价收购了一家专长分类社群网站 Kosmix。Kosmix 不仅能收集、分析网络上的海量资料（大数据）给企业，结合沃尔玛商场顾客的结账资料等数据，可能将这些资讯个人化，提供采购建议给终端消费者。这意味着沃尔玛使用的大数据模式，已经从“挖掘”顾客需求进展到要能够“创造”消费需求。

沃尔玛利用 Kosmix 打造了一套完整的零售大数据系统——“社交基因组（Social Genome）”，它还可以连接到 Twitter、Facebook 等社交媒体。数据工程师从每天热门消息中，推出与社会时事相呼应的商品，创造消费需求。分类范围包含消费者、新闻事件、产品、地区、组织和新闻议题等。值得注意的是，如果沃尔玛能够透过社交网络的大数据掌握消费者行为，或许它能重新定义消费的方式。

不过，与实体店营业额相比，沃尔玛的在线业务相对落后。为改善在线业务滞后的状况，让消费者得到更便利和快捷的 O2O 支付体验，沃尔玛推出了可以让消费者进行智能手机支付的应用软件 Walmart APP，如图 7-3 所示。沃尔玛通过对用户过去购买数据的分析，在用户打开 Walmart APP 之后就能自动生成用户的购物单，预判他们想买的商品。

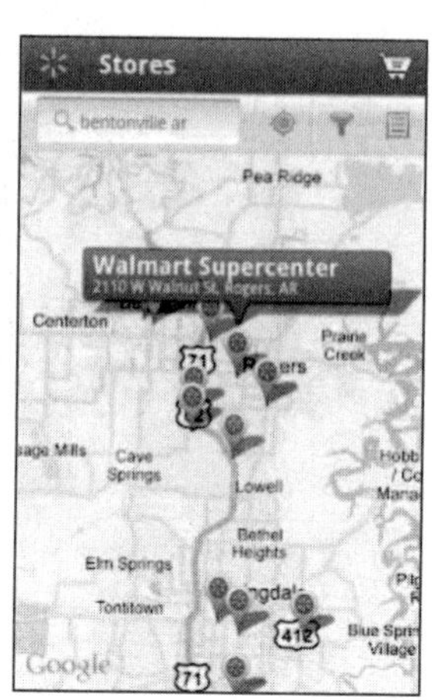

图 7-3　Walmart App

目前，Walmart APP 已经含有购物单的功能，能告诉顾客他们想要货品的位置，而且还发放类似商品的电子优惠券。沃尔玛还在测试一款“Scan and Go”的系统：用户只要在手机上挨个扫描商品，然后在收银台扫一下手机即可埋单走人，避免了浪费时间去排队。

TIPS:

沃尔玛在对消费者购物行为进行分析时发现，男性顾客在购买婴儿尿片时，常常会顺便搭配几瓶啤酒来犒劳自己，于是推出了将啤酒和尿布捆绑销售的促销手段。如今，这一“啤酒＋尿布”的数据分析成果也成了大数据技术应用的经典案例。

沃尔玛全球移动部门的负责人 Gibu Thomas 表示：“完美的购物单就是你根本不用动手去，你一打开它就在那里了，这就是我们想要的。”

在本案例中，沃尔玛结合社交网络媒体和移动 APP，也是为了进一步提高其对大数据的分析、应用能力，将其对 O2O 模式的应用能力提升到一个全新的境界。

O2O 营销的核心点就是：发挥实体店体验优势，用互联网扩展整体体验。通过 O2O 模式，可以使用户的消费行为从可追踪到可衡量再到可预测，所有用户在线上到线下的行为都能够记录和衡量，最终形成基于海量的用户消费行为数据库，进一步通过对这些数据的挖掘与分析来预测相应营销行为对用户的影响。

笔者认为，互联网时代的零售行业要超越竞争对手并抵御来自其他电商的危险，首先还是要发挥自己的供应链优势，把商品组织好；同时发挥自己的实体店优势，让一个购物篮里有更多的东西，让高毛利的商品卖得更好；然后就是利用好 O2O，让互联网全方位地服务于商家。

7.1.2　传统零售业：借O2O重塑商业模式

传统零售行业只有改变固有思维，利用自己既有的线下资源，进行大量数据分析，充分实现网络的便利，实现与线上行业的合作，才是在 O2O 这一新领域的发展出路。线上线下能够连成一片：电商企业流水大、走货快，能快速扩大消费者群体；传统的分销、代理渠道则可以承担品牌推广、二三级城市市场的开发和维护等工作。

总之，实践 O2O，传统零售企业唯有转型创新：零售企业需要从商品信息呈现、货品的采购、物流、销售、售后等一系列环节方面进行转变，如图 7-4 所示。

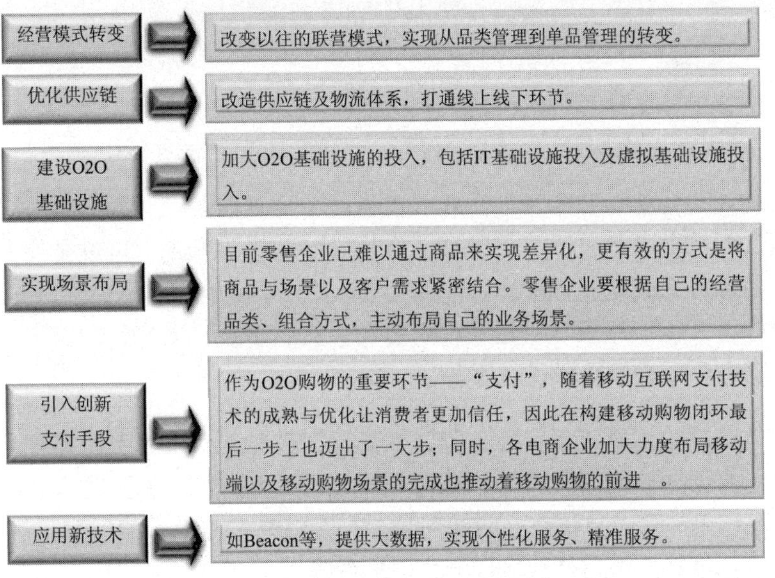

图 7-4　传统零售企业的转变

【案例2】王府井百货：携手微信支付步入O2O

2014 年 2 月 11 日，北京王府井百货发布公告称，已与腾讯签署协议，布局移动端购物场景，双方将基于微信公众平台商户功能、微信支付服务开展具体合作；双方合作的微信购物将于 2 月 14 日在王府井百货旗舰店北京市百货大楼试运行，并随后推出新的合作项目。在其后推出的体验活动中，顾客在百货商场购物时，扫描二维码后使用微信支付一分钱，即可获取礼品，如图 7-5 所示。

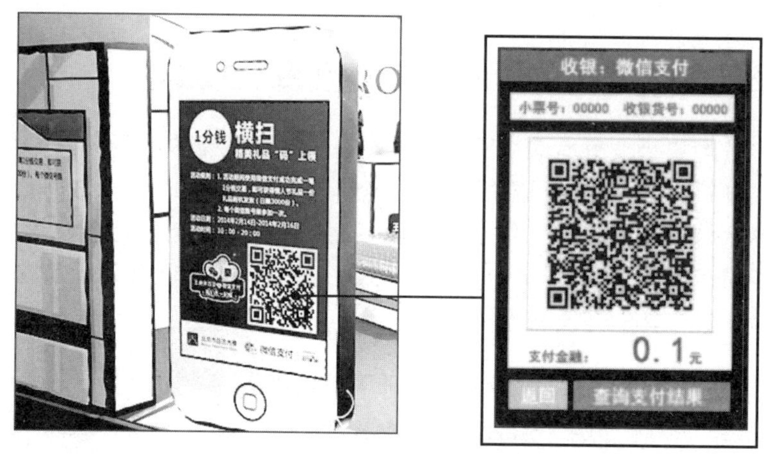

图 7-5 王府井百货活动二维码

不少消费者在尝试过微信扫码支付后，表示“很新奇”“很方便”，希望王府井百货能尽快全面接入微信支付。

据悉，王府井百货还将全面深化与微信支付的合作，逐步推出更丰富的购物体验场景。在未来，顾客可以通过关注王府井百货的微信公众账号获得最新的商品信息、咨询答疑、售后服务和各种互动，通过微信支付在线上或线下完成购买，并且随时随地与亲友分享购物相关的信息。反过来，王府井百货也能记录下每位顾客的每次关注和消费，通过长期累积的大数据，更有针对性地提供优质服务。

借势微信，腾讯正在移动营销方面下狠劲儿。腾讯旗下营销平台“广点通”将面向电商客户推出“商品墙”这一广告形式：主要展示电商平台的商品，用户可以单击商品跳转到 WAP 或 APP 内在线购买。而此前，“广点通”已经接入微信公众平台测试广告系统。

除了腾讯外，支付宝则选择了与银泰、华地两大集团百货合作。传统电商们利用自己的既有优势试图在这一领域建立势力，却也让自己的既有劣势在这一领域继续产生着不利影响。

TIPS：

笔者认为，传统电商的O2O思路之一可以从品牌商入手，通过联合实体店做用户体验，就近发货配送在最短的时间内以最低成本完成“最后一公里”物流服务。如果消费者对所购商品不满意，可以就近找到品牌商实体店退换货。虽然电商需要通过实体店提升用户体验，但是没有必要自行建店，通过强强联合的方式即可实现双赢的效果。

7.1.3　“电商”走进“店商”，增强购物体验

只要是零售，归根结底，无论是“店商”还是“电商”，本质都是零售和服务。笔者认为，零售商业模式朝“更低成本，更好体验”方向发展是不变的真理。目前，传统电商有两处明显缺陷，如果改善，则会明显降低成本，提升体验，如图7-6所示。

图7-6　传统电商的缺陷

对于传统电商来说，由于距离较远，线下的服务很难及时跟上，最典型的一个方面就是物流。放眼未来，我国物流业存在很多问题，物流管理体制各自为政。

物流是一个跨部门、跨行业的复合型产业，其发展涉及国家宏观经济与对外贸易，涉及铁路、公路、水路和空运等多种运输方式，也涉及口岸监管、商务、土地、税务和信息等其他相关部门。但各部门之间缺少有效沟通与协调，各自为政。因此，跨地区的物流服务往往受到区域性局部利益的影

响而难以得到良好的发展。物流基础设施相对薄弱，建设规划缺少合理统筹。

另外，企业自营物流增加了企业投资负担，削弱了企业抵御市场风险的能力。企业为了自营物流，就必须投入大量的资金用于仓储设备、运输设备以及相关的人力资本，这必然会减少企业对其他重要环节的投入，削弱企业的市场竞争能力。对于一些规模较小的企业来说，甚至会出现对物流的投资比重过大而导致企业无法正常运转的情况。

另外，对于传统电商来说，提供线下服务的场所或许是他们最为头痛的部分。毕竟在“寸土寸金”的中国，房地产已经成了最大的资金黑洞，对传统电商的实体化威胁非常大。特别是体验店不同于仓库，需要形象方面的装潢等，这也是以往不需要建筑设计人才的传统电商面临的全新的问题。

同时，即使在既有场所里，服务的优良也需要具体保障。因此，要想仍旧实现消费者的主动权，提供一个消费者和商家之间的支付平台不失为一个稳妥的办法。例如，传统电商中的腾讯财付通和淘宝支付宝，在这方面就有着丰富的经验。通过第三方的支付平台，消费者的钱可以做到并不直接进入商家的腰包，这将促使着商家为了最终实现交易，而在服务中谨慎小心，真正体现服务业的价值。

社区O2O作为电商发展的新模式，成为很多传统电商希望介入的领域。笔者认为，社区电商采取O2O的模式，不仅打破了传统零售业的局限性，更有望成为传统零售对抗电商的新措施，甚至将成为移动互联网时代线上线下互动的新型商业模式。

社区电商看上去正是“懒人经济”中消费场景的完美补充和再现。这些“懒人们”更年轻，生活更互联网化，而社区中的“电商+店商”正好也能提供所需服务。

【案例3】百度地图全景图：线上服务的极致体验

作为百度LBS论坛中主推的功能之一，百度地图全景图成为连接商户与用户的新形式，以北京南锣鼓巷目前标注的数十家商铺为例，如图7-7所示。

在地图下方会显示商家列表，单击相应的缩略图，即可“进入”到建筑物的内部。在商家进行标注并进行全景申请后，百度LBS高达两亿的活跃用户，通过百度地图客户端即可访问商铺店内360度全景，如图7-8所示。

图 7-7　百度地图全景图

图 7-8　商铺店内 360 度全景

百度地图全景图不仅具有逼真的视觉效果，还能做到与线下的商业结合起来，打造本土版的线上线下结合的商业模式。比如公交换乘、自驾车、步行的路线，用户都可以搜索到，在线上就可预订消费。比方，街道旁有一家酒店，用户在单击进入这家酒店后，认为内部的场景还不错，即可在线下单，预订后再去酒店消费。

通过百度街景图片，消费者可以更直观地看到店内布局及特色，使之可以更好地概览、了解店铺。对于商家来说，不仅增加了"进店率"，还有了更多的机会将他们的特色呈现在了消费者面前。同时，在商户中心标

注的商户将得到百度实名认证，向用户承诺电话和地址的准确性，赢得消费者的信赖。相比于消费者耗费大量精力的“逛街”而言，动动手指和眼睛的效率显然更高，更不易遗漏有特色的商铺。

7.2 微信——充分挖掘社区O2O的电商价值

随着手机、平板等移动智能终端的普及，依托于移动终端的电商开始进入人们的视野，微信便是其中的典型代表。

腾讯微信于2011年1月上线，其积累1亿用户花了14个月；从1亿用户增长至2亿用户，花了6个月时间；从2亿用户增长到3亿用户，仅用了4个月时间，这也证明微信进入用户增长爆发期，如图7-9所示。凭借着微信的庞大用户基数，融入微信电商的社区O2O势必会变得火热。

7.2.1 O2O的最佳运营：社区微信公众平台

微信公众平台是腾讯公司在微信的基础上新增的功能模块，借助这个交流平台，个人和企业都可以打造一个微信的公众号，并实现和特定群体的文字、图片、语音的全方位沟通、互动。

微信公众平台的广告语就是：“你的品牌，让亿人看见。”它的目标用户就是企业和机构等，它向所有用户打开了一个门户，信息和资本在这里高速流通。

公众平台推送的信息会直达手机端，属于强关系，影响力远强于微其他媒介，每条微信基本上都会被用户看到。微信公众账号又可以分为服务号、订阅号和企业号，如图7-9所示。

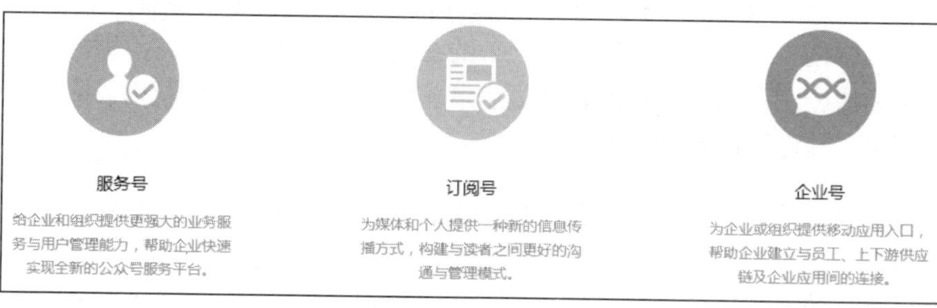

图7-9 微信账号分类

其中，服务号一般是企业申请注册的，可以帮助企业快速实现新的公众平台，而且服务号可以通过认证增加信任度。服务号给企业和组织提供更强大的业务服务与用户管理能力，帮助企业快速实现全新的公众号服务平台。

目前，用微信等新媒体平台来发布社区新闻，快速及时地传递便民信息已经成为国内不少社区的新潮流。他们用微信公众平台发布各种社区新闻和活动，小到修补破损窨井盖，大到各类创建考核等，不仅及时宣传社区工作，同时还加强了和社区居民的交流互动。

【案例4】百步亭：创建全国首个社区微网平台

武汉市的百步亭社区作为中国人居环境范例社区，其完善的生活配套、和谐的社区文化一直是武汉地产界的典范。2013 年 11 月 6 日，百步亭社区推出“微网”平台，社区居民只要关注百步亭社区微信公众号“whbbtsq”，足不出户就能及时了解社区动态、享受社区的各项便捷服务，如图 7-10 所示。

社区公众平台上线后，除了能定期向居民发送社区新闻、便民信息、生活提醒等社区服务外，该平台最大的特点就是能为居民提供随时随地看房子、找工作、电话查询等众多在线“微”服务。例如，在“微服务”菜单中单击“微餐饮”选项，用户即可在线点菜或订位，如图 7-11 所示。

图 7-10　百步亭社区微信公众平台

图 7-11　微信订餐

在公众平台上单击“微社区”按钮即可进入百步亭的微社区平台，如图 7-12 所示。微社区是基于商家微信公众账号的社交平台，社区虽小，但商家互不相识的粉丝，可以在社区内进行互动，在互动中共同创造内容发生传播，并且支持图片、视频、文字、表情等方式，让交流无限。

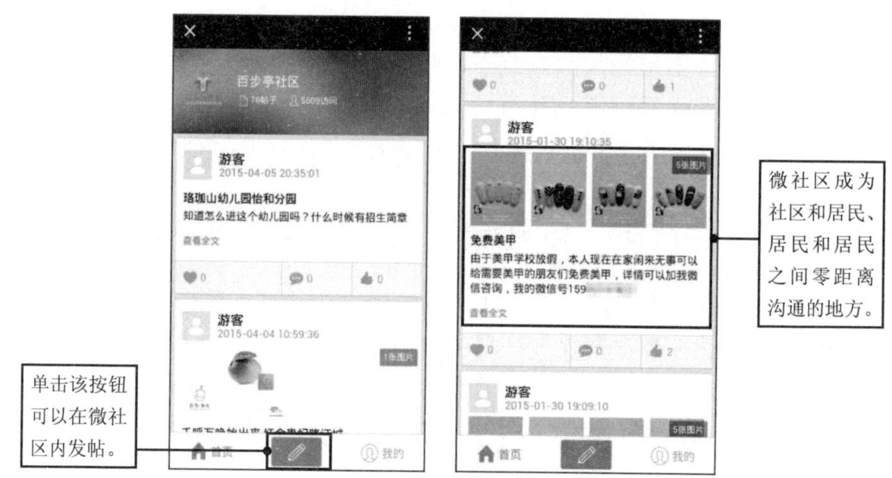

图 7-12　百步亭微社区

微社区正在打造一个连接微信与手机 QQ，以传统社区站长、公众号运营者、移动开发者为主要服务人群的全新移动创业平台，以帮助社区站长开创移动互联网新时代，助力微信公众号运营者、移动开发者成就移动创业梦想。

社区的出现极大地增加了微信朋友圈的局限性，提高了用户的黏性，交流区域范围不断增大，这就使得我们在手机客户端的朋友圈开始建立起来。

用户可以把微社区当成移动互联网时代的网上家园，或者是平行于现实生活轨道的虚拟空间，每个人眼里都有一个不同的微社区，并都在不断发现、创造新的微社区。截至目前，已经有数十万移动创业者、传统社区站长、微信公众号开通微社区，并且有百万用户加入微社区。

微信早已不是什么新鲜名词，但是把它用到社区服务中，特别是根据社区特色建立一套服务居民的全微信网络社区，这一点百步亭社区走在了全国前列。

7.2.2　微信小店：朋友圈的社区“微商圈”

2014 年 5 月 29 日，微信公众平台宣布正式推出“微信小店”，将形形色色的小店搬进微信里，如图 7-13 所示。这不但让曾经的那句“微信，不仅仅是聊天工具”成为现实，也让移动电商大战正式拉开帷幕，“微信小店”一经推出便引发热议。

微信小店是腾讯基于微信公众平台打造的一款原生电商平台。社区商家只要登录微信公众平台，按照相关步骤操作，即可获得轻松开店、管理货架、维护客户的简便模板，真正实现了技术“零门槛”的电商接入模式，方便了广大的基本电商用户。

图 7-13　微信小店的宣传语

微信小店上线后，已接入微信支付的公众号，即可申请开通微信小店功能。此前已经出现风铃、微信商城、微店等不少第三方开发的商店应用，微信推出官方微信小店，意味着其希望以类似淘宝天猫的模式，为线上商户提供统一的商店架构，做提供水电煤的社区生活平台。

有了微信小店，即使没有技术开发能力的社区商家，也能很容易接入微信公众平台实现电商模式。微信电商真正的优势是基于社交情感的病毒式传播，这是社区商户在其他平台难以获取的。“微信小店”商品推广最好的方式莫过于社群中的分享推荐，朋友间的口碑传达正是其中一种主要方式，微信电商身处具有强烈社交属性的微信中，借助微信社交传播是其最大的迸发点所在。

TIPS:

社区商家需要注意的是，社交传达需要一个适当的度，这正是微信一直对朋友圈微信营销谨慎有余的原因，如果无法有效把控，摧毁整个微信生态的也可能是社交的病毒式传播。

【案例5】九州通：上线“好药师”微信小店

九州通医药集团股份有限公司是一家以西药、中药和医疗器械批发、物流配送、零售连锁以及电子商务为核心业务的股份制企业，是湖北省最大的民营企业，下属公司 70 余家，直营和加盟的零售连锁药店 776 家。

九州通医药集团旗下药店连锁品牌"好药师"作为首批接入"微信小店"开启内测的药店连锁品牌，借"微信小店""即接即用"的简捷、零门槛开店模式，目前已经搭建起了自己的"医药商城"，成为连锁药店领域微信 O2O 模式的典范，如图 7-14 所示。

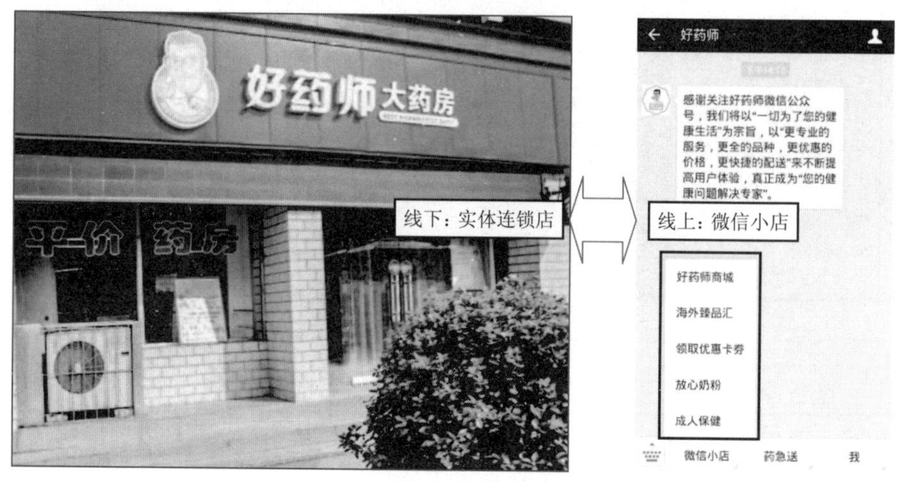

图 7-14　九州通医药集团的微信 O2O 模式

用户关注"好药师"的微信公众号后，进入"微信小店"中的"好药师商城"界面，即可看到所售卖的药品种类，如"中西药品""医疗器械""养生保健""计生用品"等，非常直观，如图 7-15 所示。

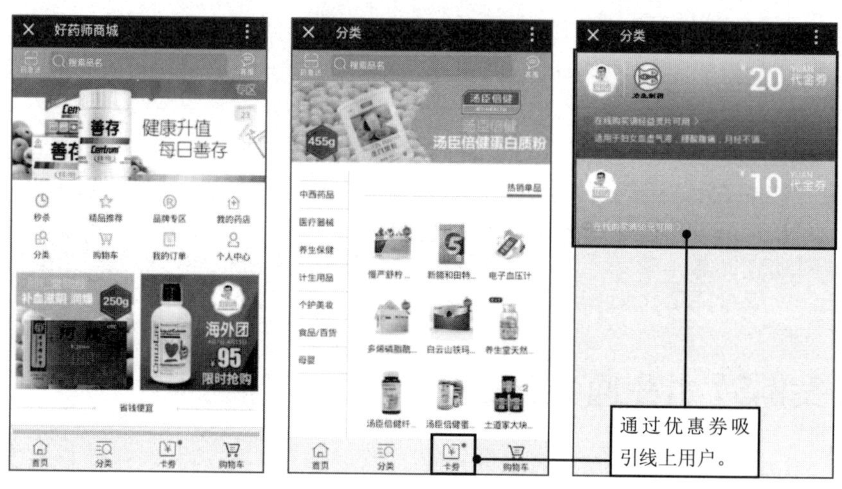

图 7-15　"好药师"微信小店

目前，借助“微信小店”，好药师已经在微信上成功建立起了自己的“医药商城”，并形成了一整套完善的医药销售服务系统。如进入“小店首页”，可以直接单击药品查询详细信息，如图 7-16 所示，或联系客服进行咨询；单击“购买”按钮，即可用微信支付直接购买，购药体验非常便捷，如图 7-17 所示。

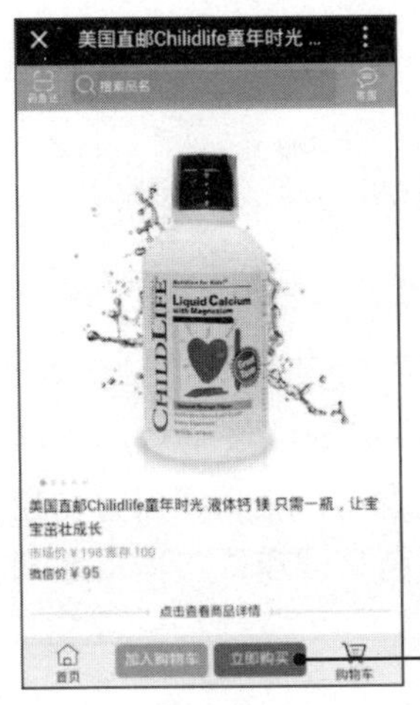

单击“立即购买”按钮即可使用微信支付快速下单。

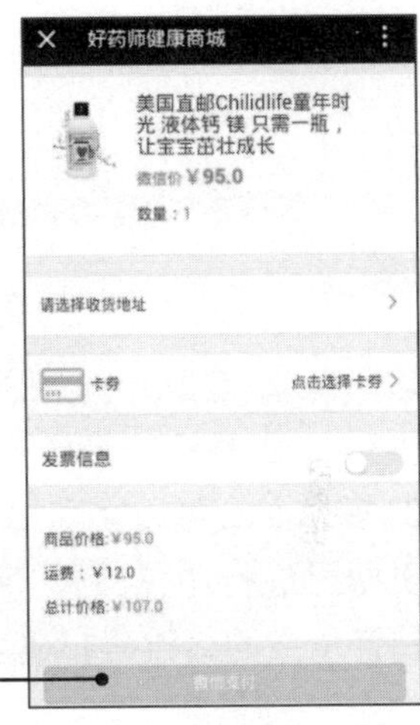

图 7-16　“商品详情”界面　　　　图 7-17　直接通过微信支付

另外，在“好药师”微信公众平台的中间一级菜单项便是“药急送”服务，这是好药师 O2O 的入口，如图 7-18 所示。

“好药师”要将 O2O 加盟药店变为九州通大物流的最后的 100 米仓库，实现零库存。目前，九州通合作的药店达 10 万家。九州通到药店的距离已经完全打通，只差药店到用户最后 100 米尚未打通。O2O 的意义在于打通面向用户的最后 100 米，这也是“好药师”O2O 项目的目标。

图 7-18　“药急送”服务

目前，“好药师”只是选择重点城市的重点药店合作，不会大规模覆盖，“好药师”网上药店的兄弟单位好药师大药房连锁本身在全国有大量门店网络，但不管是不是“好药师”自己的药店，只要有意愿都可以加盟，如图7-19所示。

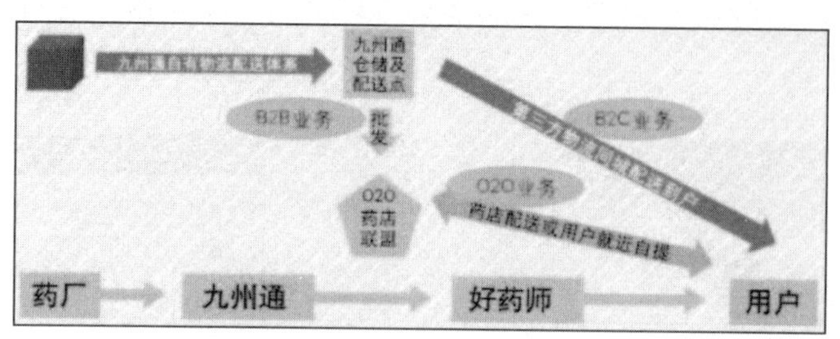

图7-19 “药急送”流程

除了微信 O2O“药急送”服务，“好药师”正在利用微信的二维码、微信支付，试图打造多个应用场景。例如，好药师的线下药店中经营的5 000 多个商品可以实现扫条形码获得商品信息与微信购买链接，用户拿起手机即可进行微信支付；新版的官网将实现商品详情页与微信联动，用手机扫详情页的二维码扫码后实现微信购买。

据悉，“好药师”接入“微信小店”试运营之初，只是在自定义菜单中添加了一个店铺，在没有任何宣传和运营活动的情况下，半个月时间其交易成交数和交易金额都已经超出了他们的预期。

笔者认为，“好药师”微信小店的商业模式和战略思维的确很惊艳，但未来能否成功还要看其具体的运营能力。但毫无疑问的是，“好药师”正在赋予这个稍显传统的医药电商行业更多的想象空间。

7.2.3 微信支付：社区用户的全能钱包

微信支付的普及对移动互联网意义深远，实现了从线上到线下的完整闭环，打通了社区 O2O 的最后一环。尤其对线下商家而言，开通微信支付是微信开店的必备条件，只有开通微信支付，才能把线上与线下，人与服务紧密地结合在一起。

腾讯 CEO 马化腾对微信支付的定义是：只需将微信账户绑定银行卡就可以在微信内公众号、APP 以及身边随时可见的二维码，简便、快捷地完成付款，从而为商业场景在手机中的闭环提供一种全新的解决方案，如图7-20所示。

微信平台给认证服务商家开通微信支付接口，意味着商家可以打造属于自己品牌的微信小店或微信商城，构建自己的营销平台，分享6亿用户的流量。同时，微信本身完成了一个巨大的O2O闭环生态交易链，甚至是发展F2F最好的平台。

线上：
社区商家微信平台

O2O

线下：
社区个人微信用户

图 7-20　微信支付

用户只需在微信中关联一张银行卡，并完成身份认证，即可将装有微信 APP 的智能手机变成一个“全能钱包”，之后即可购买合作商户的商品及服务，用户在支付时只需在自己的智能手机上输入密码，无须任何刷卡步骤即可完成支付，整个过程简便流畅。

拥有良好体验的微信支付，因其日渐丰富的多元应用场景和海量用户基础开始显现其商业价值，如图 7-21 所示。笔者认为，微信支付最终的使命并不是要去替代传统零售业或是替代银行卡，而是为用户提供一种更为轻便的消费体验。

扩大交易半径

- 微信支付的出现扩大了整个线上交易和移动支付的半径，带来的积极影响会再次创造线上交易的盛举。
- 微信支付并非是一个搅局者，而是共同做大移动支付市场的参与者。
- 用户在玩手机的时候，顺带就进行支付消费，提示消费者体验，带来价值增值。

降低交易成本

- 如果微信支付可以绕开银联，直接将其数据接口与银行连接，那么在支付比例分成方面会减少银联的份额，从而为降低支付费率创造了可能，直接受益的是商家。
- 商家成本的降低会使其更关注线上销售，采取一系列优惠措施推广微信平台。
- 由于渠道费用的降低，也为线上商品降价提供了可能。

图 7-21　微信支付的电商价值

纸币的出现，终结了物物交易；银行卡的出现，终结了纸币交易；移动支付的出现，终结了银行卡交易；支付宝率先改变了支付手段，而微信支付正在对支付场景进行深化。这些改变的结果，往往都是使人们的生活

越来越便利。目前，包括手机充值、买电影票、买彩票、买商品券、收看互联网电视付费节目、图片打印、购买咖啡等功能都可通过微信实现。

- 商家通过自定义菜单、关键字回复等方式向订阅用户推送商品消息，用户可在微信公众号中完成选购支付的流程。
- 商家也可以把商品网页生成二维码，张贴在线下的场景，如车站和广告海报。用户扫描后可打开商品详情，在微信中直接购买。

【案例6】友宝：一元购买饮料体验微信支付

例如，自动售货机运营商友宝开启了“一元购买饮料体验微信支付”的活动，用户在地铁站里的友宝自助售卖机上，采用微信支付作为购买方式，就可以 1 元钱买到售卖机上任意一瓶饮料，如图 7-22 所示。因购买方式快捷、新鲜，刚一面世就吸引了不少年轻人尝试。

随着微信生活平台的建立和商业化进程的加速，微信支付的使用场景也在不断延伸。微信支付后续的使用场景也将基于 O2O 模式，将线下扫码全面铺开，包括一些典型的线下场景，如电影票购买，公交卡充值，景区门票等，抛开传统电商模式的禁锢，微信支付的几大场景非常值得期待。

图 7-22 微信联手友宝的支付场景

此外，微信具有传播分享的能力，尤其是朋友圈的信息分享，将会通过连接带来二次购买的机会，而这对线下商家来说，将能有效降低其拓展新用户的成本。

TIPS:

通过微信支付，微信已经慢慢建成微信平台内部交易完整闭环的雏形，包括商户入驻、营销、支付、客户服务的整体服务平台；在对微生活服务、移动游戏、增值服务等方面，微信支付将提供垂直化的直线支持，成为微信商业化过程中核心组成部分。另外随着微信生活平台“购物场景”的不断增多，个人用户通过将微信与银行卡绑定，微信直接“变身”成为用户的随身小钱包，立即让支付变得顺畅起来。

【案例7】AA收款：打造超便捷AA制生活

如今，很多社区商家已经在微信上把生意做得风生水起，因为社交情感营销的基础，双方的信任已经完全可以脱离第三方平台，微信已经悄然退出了这种支付模式：AA 收款。至此，微信已经完全实现了中小商家的商业闭环。

从某种意义上来讲，“AA 收款”变成了商家微信小店的微团购，如果限定 50 人缴费就相当于 50 个消费者就能享受微信小店的团购价。

使用微信“AA 收款”功能实现 AA 付款的流程如下。

（1）首先在手机上登录微信，单击主界面下方的“我”按钮，进入“我”界面，单击“钱包”选项，如图 7-23 所示。

（2）进入“我的钱包”界面，单击“AA 收款”按钮，如图 7-24 所示。

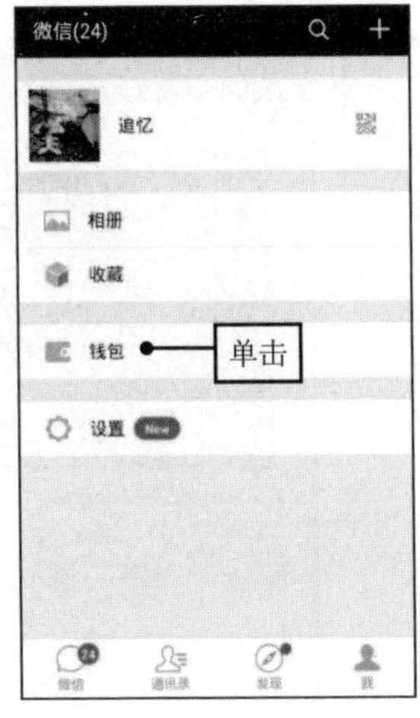

图 7-23　单击“钱包”选项

图 7-24　单击“AA 收款”按钮

（3）进入“AA收款”界面，可以看到收款的项目包含“小伙伴聚餐”“小伙伴活动”、“普通收款”等，如图7-25所示。

（4）例如，选择“小伙伴聚餐”选项，进入设置页面，输入聚餐人数和账单金额，单击“确定”按钮，如图7-26所示。

图7-25 “AA收款”界面

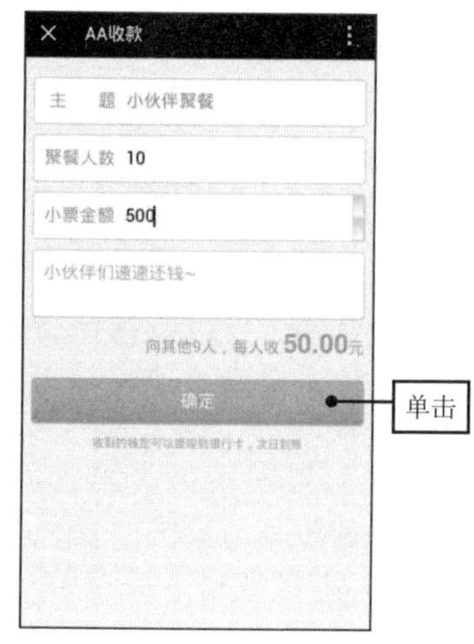

图7-26 单击“确定”按钮

（5）在收款的明细页，可以看到收款人、金额、人数，单击“向小伙伴们发起AA收款”按钮，如图7-27所示。

（6）商家可以通过分享到朋友圈或发给朋友来收款，也可以单击“扫一扫AA”按钮通过扫二维码来收款，如图7-28所示。

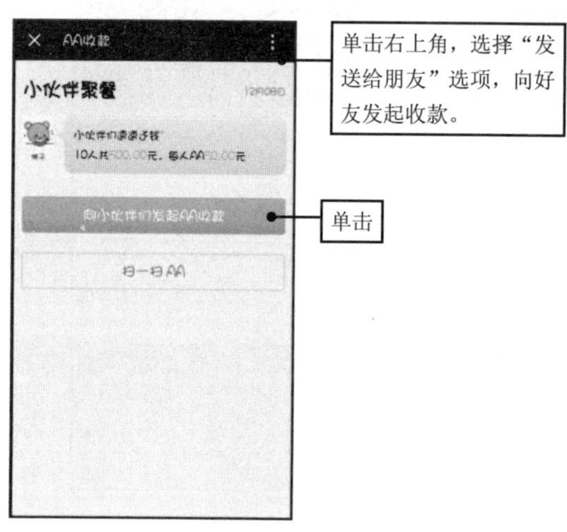

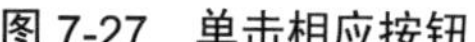

图7-27 单击相应按钮

图7-28 扫二维码收款

（5）收到消息的用户在聊天页面，单击消息，用微信支付就可以完成AA 付款操作。收到汇款信息将实时同步，收到的现金还可随时申请提现到已开通微信支付的指定银行储蓄卡账户。

“AA 收款”既为个人用户带去了便利，也为行业发展提供了更多元的方向和想象。“AA 收款”可随意扩展为各种电商形式，如团购，用“AA 收款”以团购的形式发起一个 10 人付款（最多限定 51 人，最少 2 人），马上就可以让对方享受到一个很优惠的团购促销。

7.2.4　微网站：打造专属企业移动网站

微网站是为适应高速发展的移动互联网市场环境而诞生的一种基于 Web APP 和传统 PC 版网站相融合的新型网站。微网站可兼容 iOS、Android、Windows Phone 等多种智能手机操作系统，可便捷地与微信、微博等网络互动咨询平台链接。简而言之，微网站就是适应移动客户端浏览体验与交互性能要求的新一代网站，如图 7-29 所示。

对于社区商家来说，微网站不仅仅是一个手机网站，更是移动互联网时代的企业应用与商业服务平台，创新性地结合了移动互联网技术与企业信息化建设，实现了企业品牌展现、互动营销、商业交易与服务功能。

微网站的网站页面完全适合手机、平板，而且能够自动识别客户屏幕大小，网站内容精简，页面资源小，加载速度快，用户体验好，尤其是对于拥有广大用户的微信市场来说，微网站的开发与推广蕴含了不可估量的商业价值。

图 7-29　微网站

过去，社区企业在互联网上做营销，就必须拥有基本的 PC 版网站；如今，社区企业要想到移动互联网上做营销就必须要有微网站，这是微信营销成功的必要步骤。

总之，谁占领了用户手机，谁就占领了市场，微网站为企业微信营销之战打好前锋，快速进入用户手机，让你的企业在目标用户的手机里安家落户，把握住一对一精准营销。

【案例8】柴公子：微网站旗舰店

柴公子通过在微信朋友圈卖板鸭，月销 8 万元。除了他尊重每个朋友、多和好友互动、多分享趣事和干货之外，还在微博、QQ 空间、QQ 签名上发布微信号进行推广，而且也及时与用户进行互动。

除了在微信运营上做到无可挑剔外，柴公子的旗舰微店在装修方面也别具一格，如图 7-30 所示。在整体的色调上，柴公子旗舰微店采用“小黄鸭”式的黄色调，不禁让人眼前一亮，在体现品牌特点的同时也带来了很好的视觉效果。

 **TIPS:**

随着微信支付的推出，微信正在从 CRM 营销功能向交易闭环推进。而微网站则有可能在此基础上完成腾讯电商乃至整个零售业态的战略转移，从而绕开 PC 端的激烈角逐，在移动电商领域提前卡位。

柴公子的微网站采用黄色为主色调，不仅符合其产品特征（板鸭），而且可以提高厌食症患者的食欲。黄色在网站配色中是使用最为广泛的颜色之一，通常会给人一种朝气活泼的感觉，它通常可以使原本抑郁心情豁然开朗。充满活力的黄色会给人健康的感觉，所以黄色常用于食品类、卡通玩偶类产品。

使用了高亮度黄色的店铺主页通常都会给人一种晴朗新鲜的感觉，而通过将黄色、黄绿色等类似颜色与成色搭配使用，通常都能获得非常好的效果。同时，中等色调的黄色类似于泥土的颜色，所以也经常用来创造自然的氛围。

图 7-30　柴公子旗舰微店主页

7.2.5　微会员：移动时代社区会员管理平台

微生活会员卡即微信会员卡，是腾讯移动生活电商旗下的 O2O 产品，以二维码为入口连接消费者与商家。微生活会员卡已经打通商家 CRM 系统，完成实体卡与微生活虚拟会员卡的无缝对接，其主要功能如图 7-31 所示。

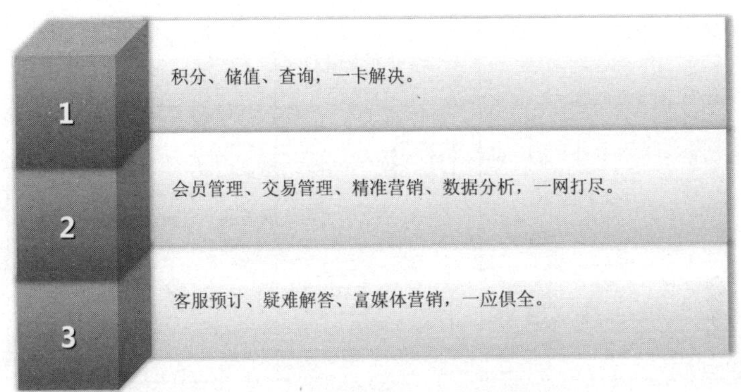

图 7-31　微信会员卡的主要功能

微生活会员卡完成的闭环其实有两种：一种是支付闭环，是消费者在移动端完成从选货到支付的全过程；另一种是信息闭环，即用户行为分析、积分、优惠促销均在系统内实现可视化。

在微生活会员卡平台上，广大消费者可享受移动互联网的便捷，获得生活实惠和特权；同时该平台更是精准的泛会员管理与营销平台，帮助商家与企业建立泛用户体系，搭建富媒体的互联网信息通道。

【案例9】大众点评：推“大众微生活会员卡”平台

2014 年 6 月 6 日，大众点评宣布与腾讯的战略合作进一步深化，将整合腾讯微生活会员卡业务及相关团队。新的微生活会员卡业务，将在大众点评体系下，保持相对独立运营。

在未来，微生活会员将可能直接使用大众点评的预订、外卖、点餐等社区 O2O 服务。微生活会员卡所服务的商家则能通过微信、大众点评等多平台触达用户。

（1）关注“大众微生活会员卡”微信公众号（微信号：qqicard），并打

开“提供位置信息”功能，如图 7-32 所示。

（2）进入消息界面，单击“+”号按钮，弹出相应菜单，单击“位置”按钮，如图 7-33 所示。

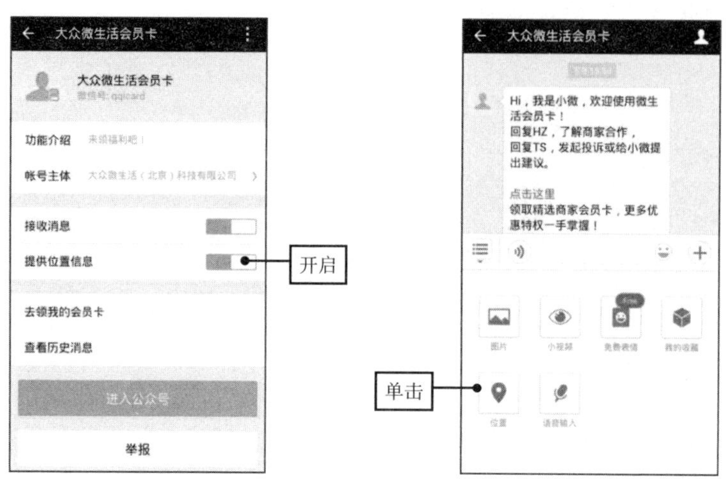

图 7-32　打开“提供位置信息”功能　　图 7-33　单击“位置”按钮

（3）弹出相应菜单，单击“发送位置”选项，如图 7-34 所示。

（4）进入“位置”界面，在地图上显示用户具体位置，单击“发送”按钮，如图 7-35 所示。

（5）执行操作后，即可找到附近的会员卡，如图 7-36 所示。

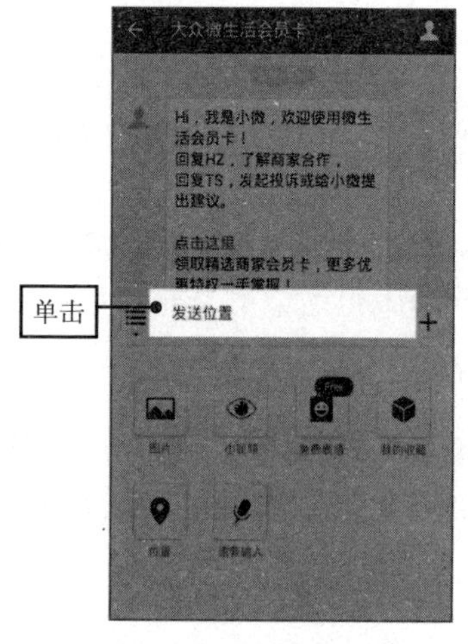

图 7-34　单击“发送位置”选项

图 7-35　单击“发送”按钮

(6) 用户可以单击相应菜单，查看附近的更多会员卡，如图 7-37 所示。

图 7-36　附近会员卡推荐　　　　图 7-37　查看附近的更多会员卡

(7) 单击相应的商家名称，进入商家界面，显示相应的会员卡，单击“关注并领新会员卡”按钮，如图 7-38 所示。

(8) 执行操作后，即可领取该商家的会员卡，并显示相应的会员优惠情况，如图 7-39 所示。

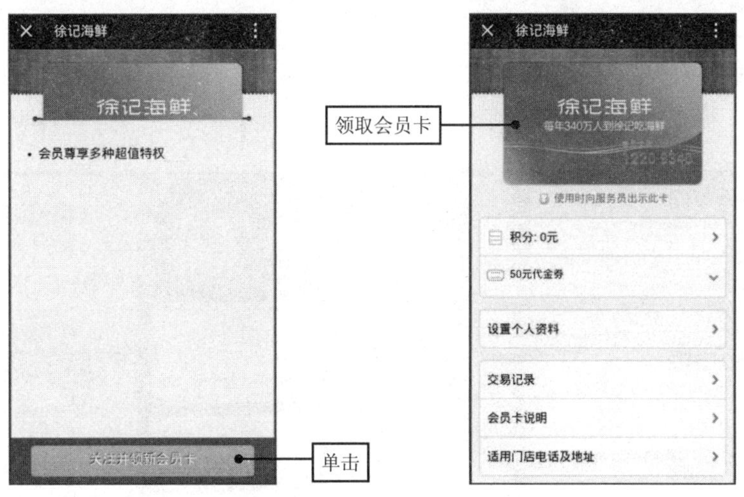

图 7-38　附近会员卡推荐　　　　图 7-39　领取会员卡

据悉，腾讯微生活已经拥有超过 5 000 万会员，未来大众点评将在微生活现有产品的基础上不断探索更优产品形态。原腾讯微生活的合作商家也将可以在大众点评平台上进行发卡和会员招募，而大众点评原有会员卡业务的合作商户也可以选择与微生活打通。

TIPS:

微生活会员卡的产品理念为：在用户侧发送会员卡；在商户侧，为商户开发 CRM 产品，以实现从用户到商户的 O2O。

7.2.6 微活动：一站到底的社区会员再营销

微活动，顾名思义是通过微信发起的活动。现在已经由于其传播的广泛性、迅速性，而被越来越多的人熟知认可。使用微活动可以吸引客户，提高客户的黏度，提升自己公众号的娱乐性，如图 7-40 所示。

微活动的基本要求如下。

- 微活动的玩法必须简单，人人都能很快上手。
- 微活动参与性要强，参与数量越多越好。
- 微活动需要一定的神秘感，吸引别人兴趣，神秘感造就了活动的高传播性。
- 微活动一定要有惊喜，礼品是最常见做法。
- 微活动要有趣，无趣的东西礼品再大也没几个人愿意玩，特别是在微信圈。

图 7-40 常见的微活动类型

TIPS:

下面介绍两个经常被使用的微活动。

（1）微信集赞送礼：公众号通过微信公众平台发布文字活动信息，让粉丝回复关键词获得活动的页面，然后在活动中通过集赞来送礼。这种集赞送礼活动，首先就是活动文案要有创意，然后就是礼品要有特色，能够勾起用户的兴趣。

（2）微信投票活动：投票活动的效果通常都不错，一旦用户参与进来，就会在其所有圈子分享自己参与的活动链接，甚至还会到处去拉陌生人来投票，让活动很快传播开，这无形中就是在帮这个微信公众号做推广，吸引新粉丝。

【案例10】招商银行：爱心漂流瓶

招商银行曾发起过一个微信“爱心漂流瓶”的活动：微信用户用“漂流瓶”功能捡到招商银行漂流瓶，回复之后招商银行便会通过“小积分，微慈善”平台为自闭症儿童提供帮助，如图 7-41 所示。

图 7-41　“爱心漂流瓶”活动

据悉，在此活动期间，有媒体统计，用户每捡十次漂流瓶便基本上有一次会捡到招行的“爱心漂流瓶”。

“漂流瓶”从 QQ 邮箱移植到微信上后，其功能基本保留了原始简单易上手的风格。“漂流瓶”有两个简单功能，即“扔一个”与“捡一个”。

- “扔一个”：用户可以选择发布语音或者文字信息，如图 7-42 所示，然后投入“大海”中。
- “捡一个”：“捞”起“大海”中无数个用户投放的漂流瓶，“捞”到后也可以和对方展开对话，但每个用户每天只有 20 次机会。

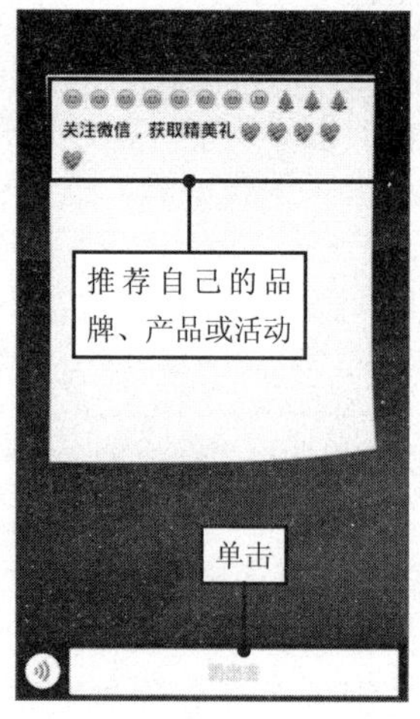

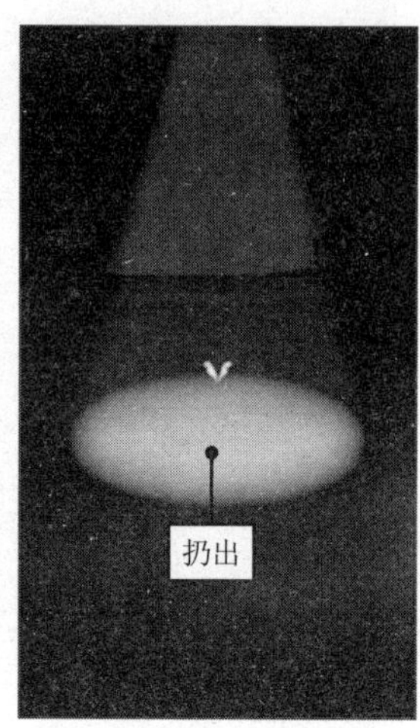

图 7-42 “扔一个”的用法

微信官方可以对漂流瓶的参数进行更改，使得合作商家推广的活动在某一时间段内扔出的“漂流瓶”数量大增，普通用户“捞”到的频率也会增加。加上“漂流瓶”模式本身可以发送不同的文字内容甚至语音小游戏等，如果营销得当，也能产生不错的营销效果。而这种语音的模式，也让用户觉得更加真实，但是，如果只是纯粹的广告语，会很容易引起用户的反感。

 **TIPS:**

“漂流瓶”一般发出后，由网络自动分配，不定收件人，双方是完全陌生的，更容易把营销信息发给潜在客户，减少销售广告的成本。

7.3 “社区O2O+电商O2O”应用案例

社区 O2O 和电商 O2O 分别满足了不同人群的需求，通过 O2O 扩大自己的业务范围，电商、社区和 O2O 的结合能够将社区服务做到最大化，同时也是逐步实现社区商业生态圈的一个过程。

7.3.1 【案例11】京东快点：最靠谱的社区外送服务

“京东快点”是京东旗下的社区配送产品，整合周边超市、便利店的商品，顾客线上下单后，京东完成配送。据悉，这项服务现在正在北京地区测试，并且已经开通了微信公众号，如图 7-43 所示。

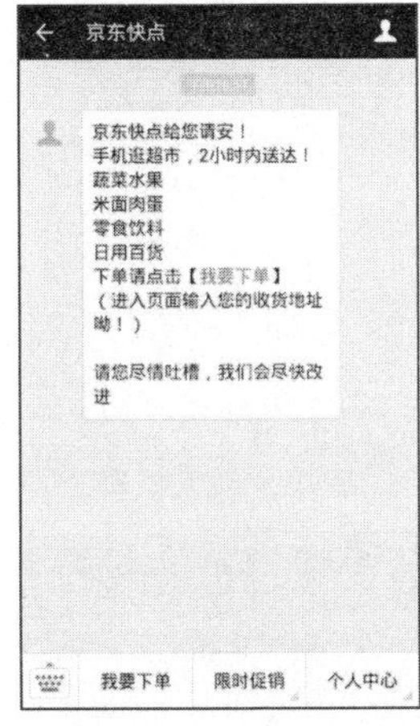

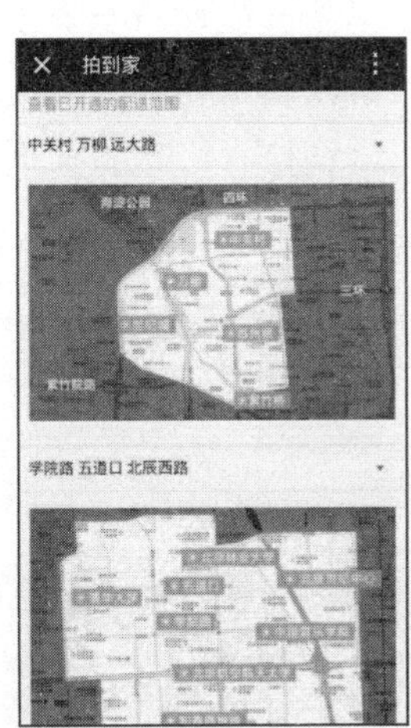

图 7-43 “京东快点”微信公众平台

“京东快点”主要经营 6 个类目的商品，分别是奶品冻品、生鲜果蔬、休闲零食、酒水饮料、米面粮油和护理用品等日用百货产品。京东方面称，如果用户在 9 点至晚上 8 点半之间下单，两小时内就有可能收到货。

此前，京东已经与唐久、36 524 等万余家便利店合作进行了社区化配送的活动，让社区便利店成为京东物流的细分，完成最后一公里的配送，号称能实现“1 小时送达”，甚至“15 分钟送达”。

而此次上线的“京东快点”将会率先选取几个地区收集潜在用户细化需求和更多使用场景信息，免运费门槛为每单 10 元，而且仅支持货到付款。

在未来，社区 O2O 拼的是与用户的连接能力，互联网企业处于线上，而传统企业处在线下，多数互联网企业在线下缺少通道，而遍布全国的快递和配送网络相比门店，是典型的强连接。

相比其他同行来说，京东有现成的快递配送站和人员网络覆盖，又与终端用户有高频的连接和接触，可以说已经具备完善的商业渠道，只需把超市、商城、便利店、外卖、美甲、家政、洗衣、按摩等社区 O2O 业务“装”进来即可。但究竟能不能成功，或许取决于与外部商户的谈判和整合能力。

7.3.2 【案例12】收货宝：便捷的代收货服务体验

“收货宝”网是由 O2O 模式的引领者和推动者——CollectPlus 公司投

资与运营的国内首家第三方代收货服务平台，如图 7-44 所示，致力于为电子商务的用户与社区居民打造安全、自由、便捷的代收货服务体验，与众多网购平台和连锁服务品牌网点一起为消费者营造“网上快乐购物，家门口轻松收货”的生活新选择。

图 7-44 “收货宝”主页

据悉，“收货宝”在北京、上海、广州、深圳四个一线城市共整合拥有超过 1 万多家社区便利店，覆盖主要的社区、学校、商业区以及地铁沿线，累计服务了千万用户。例如，像北京人口密集的居住区天通苑、回龙观和望京等社区已经能够服务所有的居民小区。另外，北京已经开通运营的 10 多条地铁出口均有服务网点，让用户在三五百米之内获得便捷的服务。在“搜索网点”页面输入相应的地点，单击“搜索”按钮，即可快速找到该地点附近的“收货宝”网点或代收点，如图 7-45 所示。

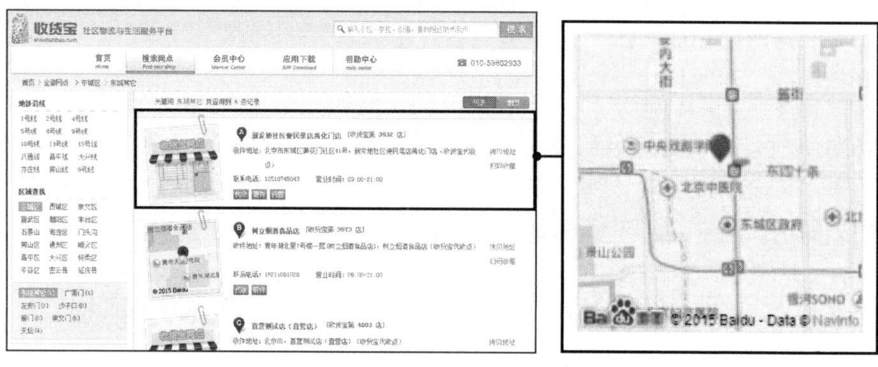

图 7-45 搜索附近的“收货宝”网点或代收点

“收货宝”通过对服务网点系统的建立，提高了“最后一公里”的物流配送效率，至少节约了 30% 的物流成本，满足了用户更高层次的服务需求。随着移动互联网时代的到来，“收货宝”致力于从社区物流的边缘式创新打造社区 O2O 生态闭环。

用户在淘宝、天猫购物后，如果出于种种考虑，如不安全、家里没人不方便接收，可以在地址选项中选择离家最近或者最顺路的网点，或许就是你家楼下的便利店、对面的家政服务中心或旁边的药店。等包裹到了，凭借手机短信找店主取货即可。收货宝会与购物平台进行结算，拿到服务费分成给便利店店主。如图 7-46 所示，为“收货宝”的手机客户端。

图 7-46　“收货宝”手机客户端

随着代收件业务的日益成熟，“收货宝”还推出了“代寄快件”服务，网购用户可以在家门口实现退换货业务。据悉，这项服务是由“收货宝”与顺丰速运联合展开，居民将可以通过就近的“收货宝”服务网点直接投递包裹快件，从而免去在家等快递员上门的时间，同时还能享受比快递员上门更优惠的价格。

另外，“收货宝”成立了“收货宝社区服务联盟”，致力于建立社区服务形象、推广全新的社区服务理念，打造全新的社区服务体验，完善全新的社区服务关系，强势发力社区 O2O 生态系统，如图 7-47 所示。

“最后一公里”是连接社区最活跃用户的精准接口，谁掌握了末端物流，谁就掌握了社区 O2O 商业的未来。而随着融资的到位，“收货宝”将快速对外扩张，提升一线城市的网点数量与质量，同时向全国的省会城市、二三线城市下沉。

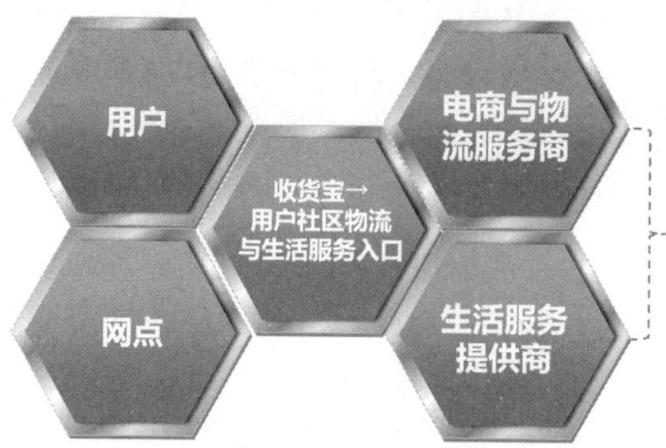

“收货宝社区服务联盟”的网点，从社区小店变成一个渠道，彻底打通了社区O2O的线上线下，在大数据、物联网支持下建立全新的社区服务体验和服务标准。作为社区物流与生活服务平台，收货宝将在电商、物流、供应商、金融等领域逐步完善社区服务体系。

图 7-47 “收货宝”社区 O2O 生态闭环

7.3.3 【案例13】500mi：社区便利店的电商化

“500mi”是一个本地化电子商务平台，整合了杭州绝大部分社区的单体便利店，让大家一起到网上开店，“500mi”以有竞争力的价格为它们统一供货，而且全场免运费，所有商品由这些加盟店负责为顾客送货上门。

“500mi”与淘宝的最大区别在于，它做的是本地社区，整合的网店数量极其有限，比如针对某个小型社区，或许一个网上加盟便利店便就足够；其次，“500mi”是做供应链的企业，通过帮线下便利店解决货品供应问题，将便利店原来的供应链替换掉。

500mi 目前的产品分为两部分。

（1）**针对消费者端的“云超市”**：“云超市”相当于便利店的网店，同时帮助把线下便利店升级成二维码虚拟店面，如图 7-48 所示。

“500mi 云超市”是基于商家与消费者之间构建的社区化电商平台，旨在打造 500mi 生活圈。

- 消费者：通过微信或支付宝关注“500mi”、轻松获取周边 500 米范围超市的商品及服务。
- 商家：加入“500mi”云超市平台后，可以随时获取客户购买信息，立即扩大商圈，获取更多生意机会。

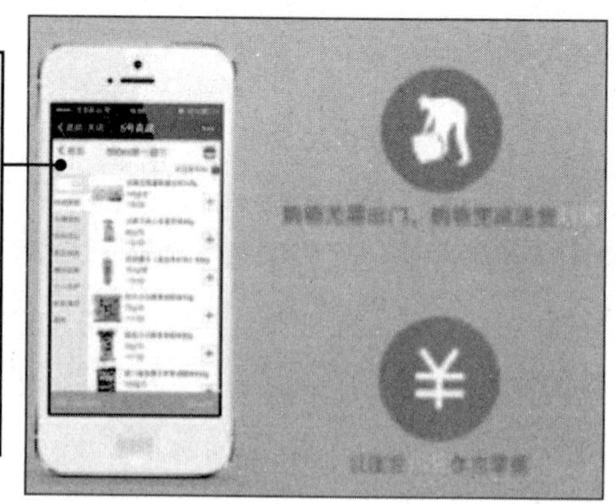

图 7-48 “云超市”模式

（2）针对便利店的“批发站”：“批发站”能帮便利店减少进货成本，并引入区域运营商，吸引供货商前来卖货，如图 7-49 所示。

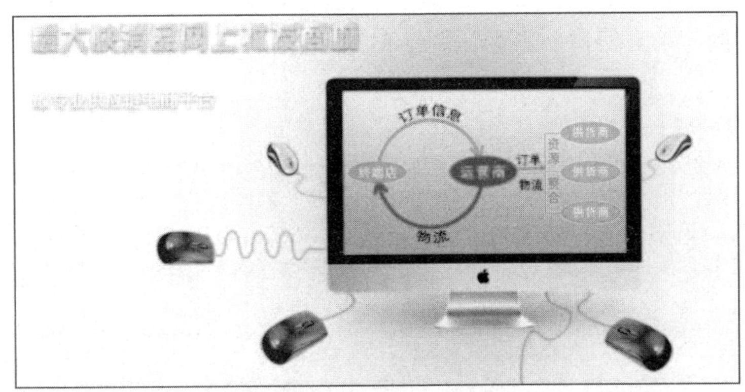

图 7-49 “批发站”模式

用户可以通过线下便利店、网站、微信公众平台、电视机客户端四个途径购买“500mi”的商品。“500mi”微信公众平台还具备地理位置定位功能，不同的小区出现的便利店不同，显示的商品数量和价格也会有所不同，如图 7-50 所示。

“500mi”负责提供快速消费品的运营，只做便利店的电商解决方案和系统平台，帮便利店由“坐商”向“行商”转变，提升店面转化率，帮便利店做客户管理。同时，再将送货上门、充值、收发快递等服务嫁接给便利店。

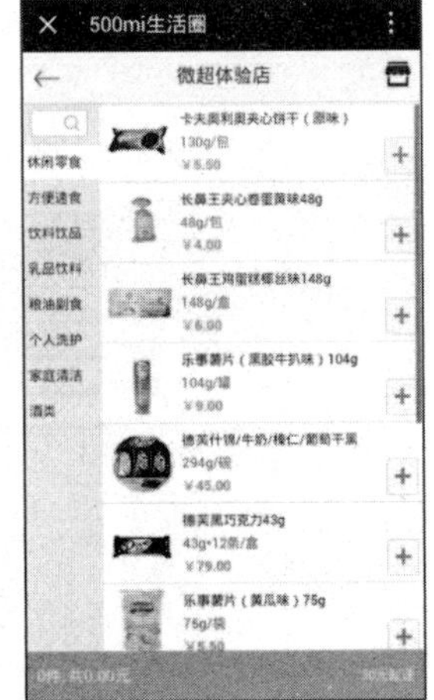

图 7-50 “500mi”微信公众平台

“500mi”签约的客户主要包括便利店和物流公司两种类型，商品涉及生鲜、蔬菜、酒水、饮料、日用品等，目前主要靠收取供应商的佣金赚钱。“500mi”的业务重点是用电子商务的模式做社区便利店的供应链，并承诺12点前的订单当日送，12点后的订单次日送达，并且全场免运费。

TIPS:

早期阶段，“500mi”将配送环节牢牢掌控在自己手里，不断鼓励便利店卖生鲜、水果预订、代收包裹等增值服务。不停提醒商户，强调O2O流量导入的重要性。后来“500mi”还建立仓储，用来帮便利店进货，减少进货成本。只有先帮便利店解决好进货、服务好客户的两项基本需求之后，便利店才有动力增加代收包裹、充值、送货上门等增值服务。

7.3.4 【案例14】嘿客：顺丰网购服务社区店

原本是快递巨头的顺丰速运，因其与电商密不可分的关系，选择了以“社区实体店+网购预售+快速配送”的形式布局O2O。顺丰速运2014年5月18日在全国铺开名为“嘿客”的便利店，首批布局全国518家，如图7-51所示。从未来的发展规划看，顺丰速运还将继续扩大在全国“嘿客”店的布点，以完成“最后一公里”的客户与市场的把握。

“嘿客”便利店的主要功能如下。

（1）**商品预购**：“嘿客”店内的海报、二维码墙、PAD等方式展示海量商品，用户可以通过手机扫码、店内下单购买，如图7-52所示，其模式与英国最大的O2O电商Argos十分相似。不过和Argos不同的是，“嘿客”除试穿试用的样品外，店内不设库存。

图7-51 “嘿客”便利店

图7-52 “嘿客”店内场景

（2）JIT 服务：用户不用支付货款即可预约商品的到店试穿（或试用）服务，体验后再决定是否购买，JIT 让网购更加安心。顺丰表示，“嘿客”很多功能是基于其快速物流的优势，如顾客不用支付货款即可向商家预约，待商品到店进行体验后再行购买，无论购买与否配送均由顺丰承担。

（3）**金融服务**：门店为用户提供 ATM、VTM 等金融服务，把银行服务带到家门口。

（4）**便民服务**：门店提供衣服干洗、飞机票预订、话费充值、缴水电费等多项便民服务，用户足不出户即可乐享轻松生活。

（5）**快件自寄自取**：用户可选择到店收寄快件，节省等待收派员上门的时间，保证个人隐私，更可享受一定的优惠。

顺丰还通过已有冷链物流，在消费者购买水果、粽子等生鲜品类时提供上午下单下午送达的配送服务，也方便选购生鲜品类的消费者上门自提。

顺丰对“嘿客”的定位不仅是一个多功能的站点，而是社区活动的物流中心。例如，顺丰与泰笛洗涤的联合也强化了这样的定位。泰笛洗涤作为全球在线洗涤的首创者，其标志性的“24 小时免费取送”服务更是在多个其他服务行业获得了认可。泰笛洗涤通过与顺丰的合作，有助于其巩固在自身领域内的领先地位，并更有效地将“在线洗涤”的新型生活方式向消费者进行推广；而顺丰与泰笛洗涤的合作，则有助于顺丰在提供正常的便民服务之外深化便利店功能，从而在最大限度上强化顺丰便利店之于其他普通便利店的优势。

“嘿客”建立了快速库存流转与样板调换机制，借助互联网软技术重组门店商品货源；利用移动互联网工具、移动支付及电商技术实现门店的服务链改革；最后通过门店分区陈列销售，厂商与店铺全渠道营销政策，以及客流导入策略，以互联网思维重塑实体门店价值。

笔者认为，无论是客户网络、服务理念，还是高科技技术的运用上，顺丰具备成熟的条件。有了“嘿客”实体店之后，顺丰与消费者的接触点会越来越多，其关系也会更加紧密。

7.3.5 【案例15】魔格：结合物流柜和社区电商

在“最后一公里”的物流配送问题上，可谓是“说着容易做着难”。

南京魔格公司独辟蹊径，反向思维，在南京180个小区开始投入“格格货栈”的智能快递柜，快递员将快递放进“格格货栈”，收件人凭微信收到的提取码即可自行提取货物，如图7-53所示。

图7-53 “格格货栈”的操作流程

“格格货栈”智能快递柜不仅成为线下流量的集聚入口，同时智能快递柜是部署在社区的一个智能终端。“格格货栈”的主要功能如下。

（1）**面向区域快递公司**：提高最后100米的配送效率，几分钟即可完成一个小区的派件，无须二次派件，降低人力成本，户外防爆、安全可靠，24小时监控，避免纠纷，也可开放快递柜与区内其他快递公司合作，支持多种收费模式。

（2）**面向物业公司**：提高物业服务能力，不再需要专门的人和场地来代收快件，也避免人为因素导致的丢件和纠纷，同时解决了闲杂人等进入小区带来的小区安全问题，打造全封闭小区，内置多种快递缴费模式。

（3）**智慧城市解决方案**：魔格助力智慧城市建设，智能快递柜集快递收发、水电煤缴费、信用卡还款、政务服务等多种业务为一体，提高社区智能化和社区信息化管理水平。

魔格CEO郑伟杰表示：“小区看似开放，其实是有围墙的，要做社区O2O，首先要能有可复制的方案打通这个围墙，智能柜是很好的切入点；不仅进入了小区，还天天要用到，解决了物业，业主，快递三方的问题。柜子是社区线下流量的一个入口，也还有很大的升级空间，衍生服务就更多了，社区电商、生活服务等。”

同时，魔格正在大力推广其进军社区O2O的首款产品——“格格云店”，格格云店围绕社区需求，提供居家生活解决方案，比如支持生鲜蔬果、粮油食品的社区采购，如图 7-54 所示。

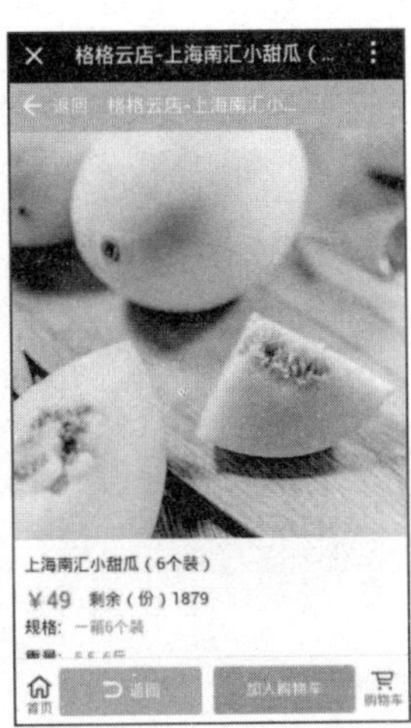

图 7-54 “格格云店”微信公众平台

与其他社区 O2O 模式相比，魔格模式显得更为“接地气”：首先，选择和社区便利店合作，通过“格格云店”电商平台下单的货品可以由社区便利店立即配送；其次，小区便利店的顾客也可以通过扫描便利店二维码商品墙及一些优惠促销活动等方法进入“格格云店”社区电商平台下单购物。魔格通过 O2O 线上线下的整合，增加了客户黏性，最终实现盈利模式的复制。

魔格打破了传统电商的固化思维模式，将 O2O 反向玩转。传统意义来说，一般商家获得流量，都从线上各种活动、营销等手段引流至线下，魔格却打破这一思路，通过线下智能快递柜获取流量与用户，并将其引致线上的“格格云店”中。

7.3.6 【案例16】嗨店：以娱乐游戏为拓展点

2014 年 9 月 30 日，第一家苏宁“嗨店”、苏宁超市同步落地连云港苏宁广场，如图 7-55 所示。与此同时，相隔 400 千米之外，芜湖苏宁广场也同步开业，同样拥有着承载苏宁战略转型的苏宁“嗨店”、苏宁超市以及红孩子。

同时，借助苏宁广场形成的商圈优势，“嗨店”可整合苏宁易购、满座网及大众点评网等本地生活平台，用户可通过手机和“嗨店”触屏设备进入易购和本地生活服务网站选择商品和进行服务预约，然后直接就近在线下享受各类生活服务。

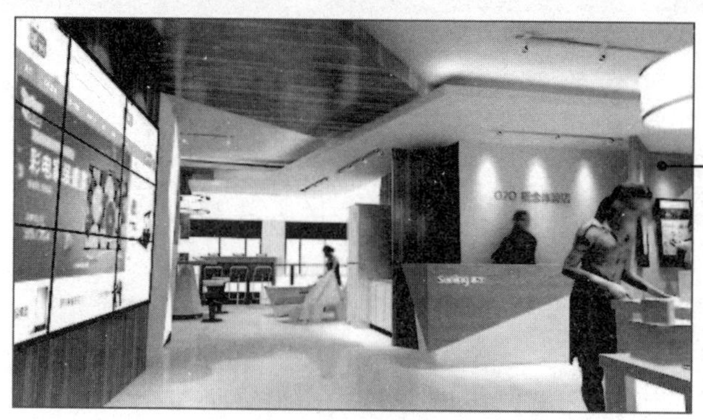

在“嗨店”内设置了X-box 体感游戏、儿童游乐区等集娱乐休闲为一体的体验区。在购物体验方面，通过线下样品展示、多屏扩充SKU，用户可以在线下体验商品，扫码到易购在线支付，取货可在门店也可选择快递配送。

图 7-55 苏宁“嗨店”

作为全国第一家基于苏宁广场的新型互联网门店，连云港苏宁广场的“嗨店”包含着 O2O 模式下所酝酿的各种可能。浓厚的互联网色彩、极致的消费体验、线上线下的随意切换，是首次露面的苏宁“嗨店”带给用户印象最深刻的三个标签。

由此可见，苏宁寄托“嗨店”模式在未来能够继续打通苏宁广场、苏宁易购、苏宁电器、红孩子等各平台的会员体系，为下一步 O2O 会员闭环打下基础。

7.3.7 【案例17】社区001：社区电子化运营商

“社区 001”被业内视为社区 O2O 的先行者，它以社区购物为切入点，与客户所在小区附近的商超合作，凭借自身的配送员，在客户下单后，将 5 千米范围的货品在 1 小时内送达，如图 7-56 所示。

自 2012 年 6 月上线，“社区 001”已在北京各大小区建立了 26 家分店，覆盖了将近 4 000 家小区。2014 年 9 月 10 日，“社区 001”月营业收入已经过亿元，而且从北京发展到了全国 10 多个城市。

“社区 001”扮演的角色更多的是社区服务商，找商超、供应商、厂家来合作，对于厂家和供应商，不收取任何费用，“社区 001”的盈利模式是扣点，没有平台费、广告费、推广费，模式其实跟百货的联营模式一样，这一让合作对象没有负担的模式为其吸引了很多商家和供应商。

图 7-56 “社区 001”的线上平台与线下配送服务

“社区 001”将主要顾客群定位为 35～55 岁掌握家庭“钱袋子、米袋子、菜篮子”的家庭主妇们，这一群体往往决定家庭消费品质，大多数又并不善于网购。在宣传方式上，“社区 001”也表现得跟京东刷墙一样“接地气”——联合物业在社区内以线下体验的方式进行宣传和推广，如图 7-57 所示。

图 7-57 “社区 001”在各个社区举办线下体验活动

笔者认为，社区生意是一座“金矿”，但难点在于找到真正行之有效的商业模式。“社区 001”通过帮助居民购物这第一步，有了整合用户数据的可能，这也为未来探索出更好的商业模式打下了基础。

7.3.8 【案例18】祐惠：便利店的社区O2O转型

“祐惠”便利店是祐康集团推出的智慧社区电子商务模式，于 2014 年 8 月开业，通过“祐惠网”O2O 智慧社区电子商务平台，整合数以百万计的传统社区便利店，打造一个“家门口的万能便利店”，如图 7-58 所示。

目前，“祐惠”便利店以生鲜产品为主，用户在便利店内扫商品二维码之后，通过手机下订单付款，如图 7-59 所示。付款方式有支付宝与微信支付两种。付款完毕之后，用户可第二天上门取货，或者让他们送货上门。

图 7-58 “祐惠”便利店

图 7-59 手机下订单

据悉，“祐惠”便利店未来还会开设团购提货、代收快递、代售长途车票福利彩票、公交卡手机卡充值、缴纳水电煤气宽带费和交通罚款、衣物送洗等业务。祐康集团是以食品为起家主业，现业务也涉及地产、投资等事业，“祐惠”便利店是其传统企业 O2O 转型之举。“祐惠”便利店主要采取直营店和加盟店两种经营模式，每家便利店的辐射半径为 500 米，主要针对周边社区居民的家庭消费。

时至今日，在互联网浸入各行各业的大背景下，社区便利店仍是一块大蛋糕。社区便利店本来是指为社区提供便利服务的商店，早期主要是“夫妻店”模式的小本经营，它们的单品陈列、门面招牌、货品规划普遍带有随意性。之后发展成为连锁便利超市，用以满足商业街区上班族便利生活的需要。

自从“O2O”概念风靡以后，社区便利店就开始站在“风口”上，成为电商巨头打通线上线下紧盯的目标。如今，以智能化、社区化、O2O 一站式的社区便利店，必将开创智慧社区便利的新生活方式。

第8章

谁抓住了线下端，谁就赢得了未来

家政O2O兴起于2013年中旬，现在已经产生多种模式，在不同城市，从多角度切入点出发进入家政O2O市场。2015年以来资本对社区O2O生活服务的关注持续升温，家政保洁是继打车、租车、代驾外又一个巨头关注的行业，未来由上门服务可以向多元业态延伸。

◇ 市场指向：家政O2O将成资本新风口

◇ “社区O2O＋家政O2O”应用案例

8.1 市场指向：家政O2O将成资本新风口

如今，在家政 O2O 领域，资本市场接连加码、BAT 巨头争相注资，家政 O2O 或将成为继打车、外卖大战后的又一个“新风口”。虽然各大家政企业发迹于不同城市并以不同的方式切入，但均通过互联网方式培养用户习惯，改变传统家政模式。

8.1.1 概念解析：什么是家政

家政是对家庭关系及其事物的统称，涉及家业、家法、家风、收支、教育、人与人的关系，家庭与亲戚、朋友、邻里关系等。如今的家政一般指家政服务，包括月嫂、保姆、保洁、护理、小时工等，其主要分类如图 8-1 所示。

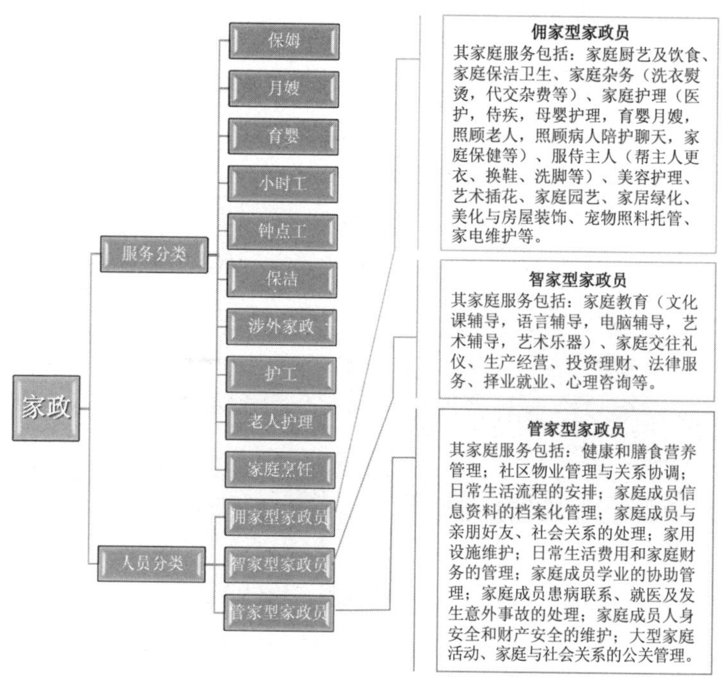

图 8-1 家政服务的分类

随着社会经济快速发展，我国家政服务业面临新的发展机遇，具有广阔的发展空间。有关方面调查显示，现全国共有各类家政服务企业和网点近 50 万家，年营业额近 1 600 亿元，部分大型家政服务企业的年营业额已达到数千万元。

8.1.2　家政O2O：懒人市场的掘金利器

目前，家政行业面临“小、散、弱”的局面，存在服务市场不够规范、培训工作不到位、规范监督机制缺失等问题，造成市场供需矛盾突出。社区居民找不到服务、不敢接受服务，而服务企业又不知道谁需要服务、需要什么服务等，严重影响了行业发展和居民服务需求的满足。

然而，家政 O2O 的出现，为解决这些难题带来了新的希望。从传统家政开始瓦解到互联网思维进驻，家政 O2O 领域吸引众多企业入局，且这些企业更加注重差异化切入家政市场，如从过去保姆、月嫂等全品类服务平台细分至专业化小时工、管家等领域发展。

比达咨询（BigData）针对主流家政 APP 在安卓分发平台上的下载量统计数据显示，在国内 8 大安卓分发平台上（百度手机助手、应用宝、安卓市场、木蚂蚁、豌豆荚、91 助手、360 手机助手、安智市场），懒人家政的下载总量一家独大，为 1 036.85 万次，其他家政 APP 的下载量则均处 50 万次以下，如图 8-2 所示。

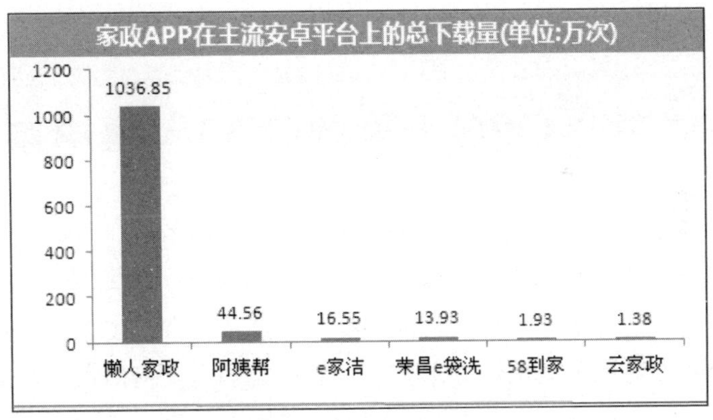

图 8-2　家政 APP 下载量

目前，国内家政 O2O 市场正逐渐受到资本的关注，“e 家洁”“阿姨帮”、“荣昌 e 袋洗”均获得了融资。但由于家政 O2O 行业仍处初级阶段，各路“草莽云集”，地域竞争激烈但相对分散，还有待加大消费者在线家政消费习惯的培养。

目前看来，家政 O2O 的爆发点还远远未到，主要原因如图 8-3 所示。

一方面：家政服务具有强烈的地域性。
通常情况下，一个家政服务员的服务半径只在3～5公里方圆之内。因此市场爆发的前提是拥有足够的家政服务员。即使通过一个APP能够调动几十万量级的家政服务员，也不过是市场很小的一部分。

另一方面：目前家政用户需求以存量刚需为主。
市场如果要爆发，必须大力挖掘改善生活质量的增量需求，而这部分用户基本缺乏使用家政的习惯，需要逐步培养与引导。按照对市场需求和供给的分析判断，预计2016～2017年将会迎来家政市场真正的爆发年。

图 8-3 家政 O2O 目前的状况

总之，家政服务的互联网化势必形成一个庞大的新兴模式。一方面：传统的家政机构开始主动向线上迁移，借力互联网获得更快的增速；另一方面：一些互联网背景的创业者在试图用“互联网”的方式去解决洗衣做饭的难题。

但除了满足用户找“阿姨及时上门”这个表层需求，家政 O2O 背后的人员管理培训、金额结算、个性化需求还需要各路角逐者更多的探索。未来，普通的家政服务者也将和都市上班族一样，怀揣着一台智能手机走入移动互联网时代，掘金社区里的“懒人市场”。

8.2 “社区O2O＋家政O2O”应用案例

如今，用户只需拿起手机，即可马上找到离自己最近的小时工，上门为自己家做保洁，甚至可以直接在线找到一个和用户“八字相合、星座匹配”的住家阿姨，替你照顾孩子以及做家务。当然，在家政 O2O 的大行业下，各个细分品类对服务的要求截然不同，创业者们需要给出不同方案。

8.2.1 【案例1】58到家：打造成蓝领工作入口

“58 到家”是 58 同城投资打造的互联网生活服务品牌，为用户提供专业、便捷、安心的标准化“到家服务”，主要包括家庭保洁、上门美甲、搬家速运三大项服务。“58 到家”以上门服务为切入点，区别于 58 同城提供信息服务的半闭环模式，打造 O2O 闭环服务模式。

（1）**家庭保洁**：经过专业培训的服务人员上门，为用户提供家庭保洁、家具养护、家庭做饭等生活服务，如图 8-4 所示。

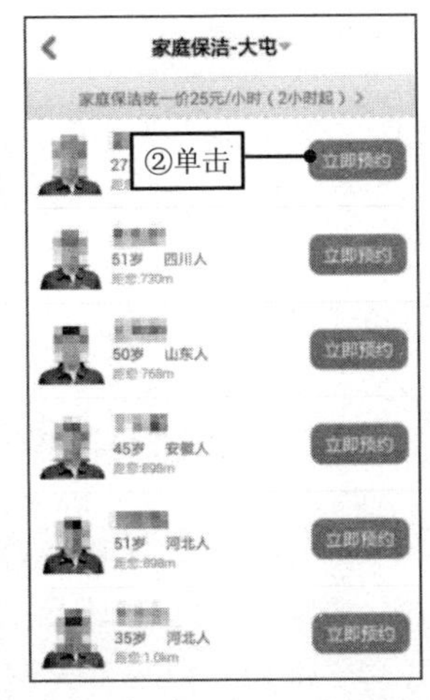

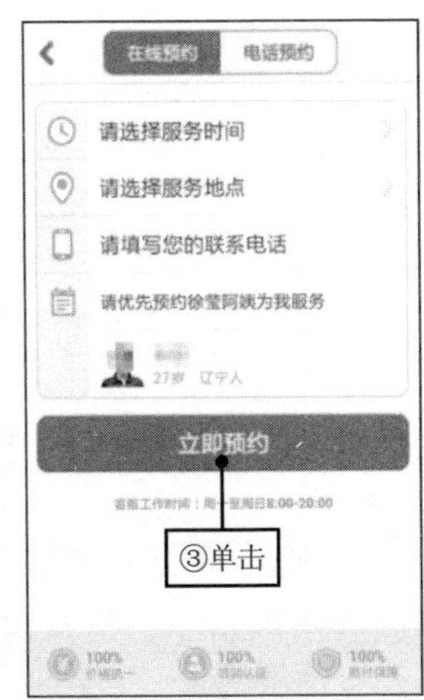

图 8-4　预约家庭保洁服务

（2）**到家美甲**：告别传统美甲店，随时随地为用户定制私属美甲体验，具有极高美学素养的专业美甲师上门服务，如图 8-5 所示。

（3）**搬家速运**：专业资质服务人员，为用户提供上门货运、搬家、物流等快速、实惠的同城配送和物流服务，如图 8-6 所示。

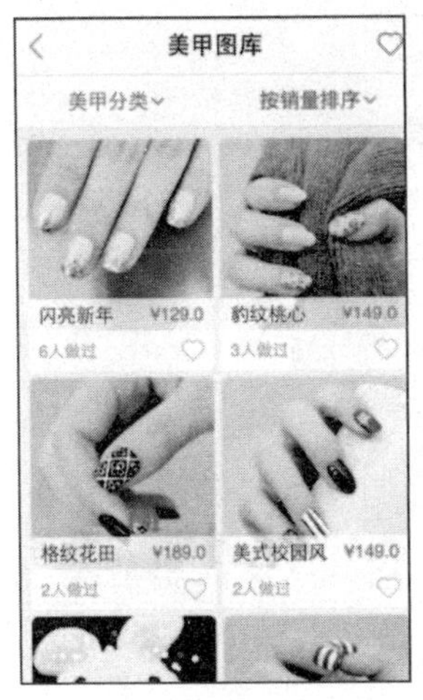

图 8-5　美甲服务

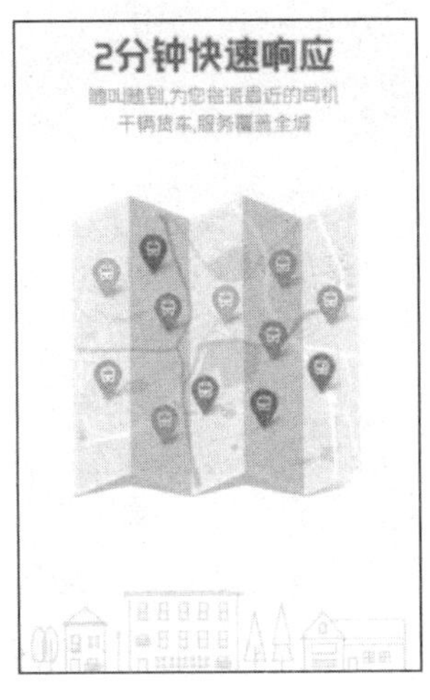

图 8-6　同城配送和物流服务

“58 到家”董事长姚劲波表示：“58 到家是一个全新的服务平台，连接人与服务、人与人，实现 O2O 闭环，因为连接的方式更深入，58 到家未来的成长空间会更大。”在互联网改变一切的今天，“58 到家”用 O2O 的视角开创了“到家服务”这种全新的模式，并且快速建立着“到家服务”

的专业化、标准化。

目前,"58到家"的家庭保洁业务已在北京、上海、广州、深圳、成都、合肥、长沙、济南、天津、杭州、重庆、武汉、哈尔滨、福州、西安、太原、南京、沈阳、石家庄、南昌20个一、二线城市成立分公司。随着公司的快速成长,未来将在更多城市开辟服务市场。

8.2.2 【案例2】叮咚小区:提供邻里社交平台

"叮咚小区"从模仿美国的社交网站Nextdoor起家,主打邻里社交,邻居之间可以互换闲置物品、拼车,近似BBS;当然,"叮咚小区"也不会放过小区公告、号码通、二手市场、宠物、家政这些生活信息服务。

"叮咚小区"倾向于社交,社区论坛、社区通讯录等社区交友交流类栏目为其特色,另外辅以周边商家、物业信息等内容。打开APP应用页面,首先是注册登录,选择所在的小区,之后的主页面显示出针对该小区的具体服务项目,如服务站、号码通、拼车、宠物等,如图8-7所示。

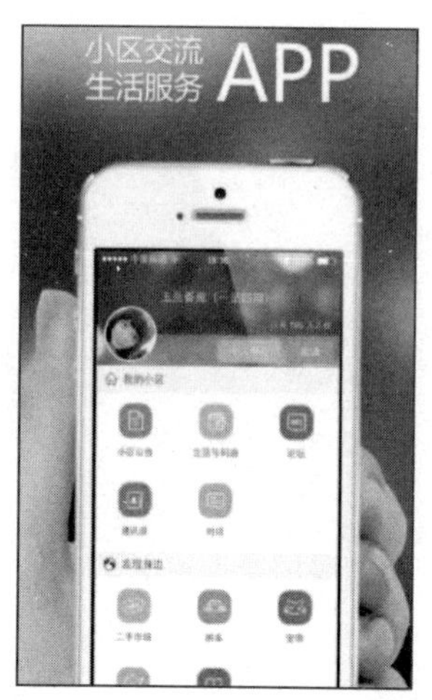

图8-7 "叮咚小区"APP

2015年3月23日,"叮咚小区"APP更新了5.0版本,同时新增了联洋、九亭两个社区实体服务站。5.0版本是"叮咚小区"社区服务生态圈启动的标志,通过叮咚快送、生活社区、到家服务三大内容,构建线下与线上相结合的O2O社区服务生态圈。

作为小区生活服务专家,"叮咚小区"5.0新增了"到家服务"板块,帮用户代收快递、租借工具、干洗衣服……其中，租借工具是 5.0 版本的新亮点，五金工具、梯子、麻将等这些东西价格较高，平时用的时候也不多，很多家庭没有准备这类工具，需要的时候确实让人为难。"叮咚小区"的服务站里配备了各种工具，用户可以通过 APP 来服务站借用。

此外，"叮咚小区"与 O2O 洗衣行业的先锋——干洗客达成了战略合作。"叮咚小区"为用户取送衣物，干洗客提供专业的中央干洗服务，这种 O2O 模式除去了普通干洗的门店成本、物流成本，所以价格比干洗店便宜至少 50%。

笔者认为，"叮咚小区"首先是一个"服务站"，一切活动的主题是"发现"，活动基调是"便捷，欢快"。它是一个以小区为单位的社区 O2O 平台，接近于 58、赶集等商业模式，只是地域颗粒精度的不同。

8.2.3　【案例3】e家洁：找小时工的保洁神器

"e 家洁"APP 基于地理位置查找附近的保洁小时工阿姨，阿姨会准时上门提供专业的家庭保洁服务，如图 8-8 所示。新居开荒、油烟机清洗、擦玻璃、厨卫保养等家政服务都可以在"e 家洁"APP 快速预约，阿姨会自带工具上门服务。

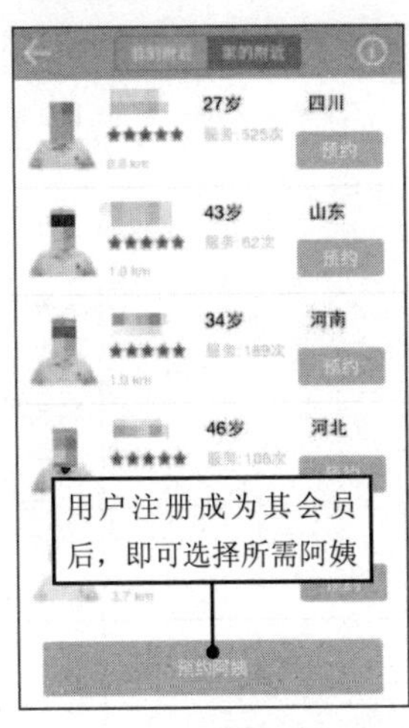

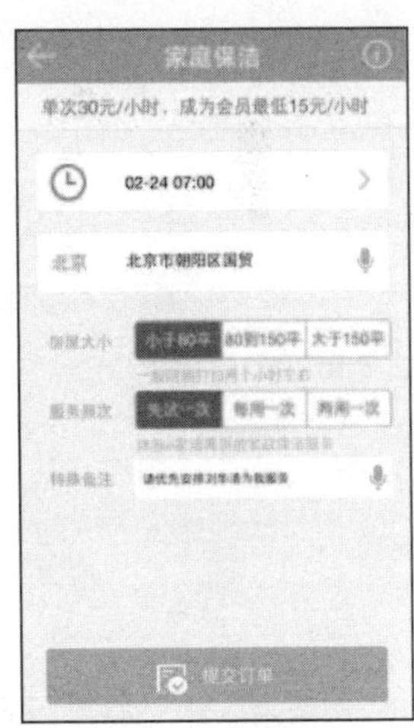

图 8-8　"e 家洁"APP

目前，"e 家洁"已经获得 A 轮融资，在市场中已有相当大的规模，已经在上海、北京两地签约了 6 000 多位保洁阿姨。"e 家洁"提出将服务标准化，下一步将会推出面向高端用户的深度保洁服务，单价可能在 200 元左右，同时上线跟微信的入口合作，如图 8-9 所示。

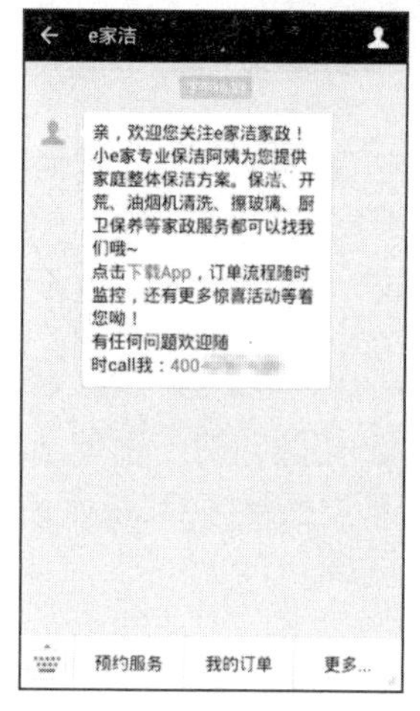

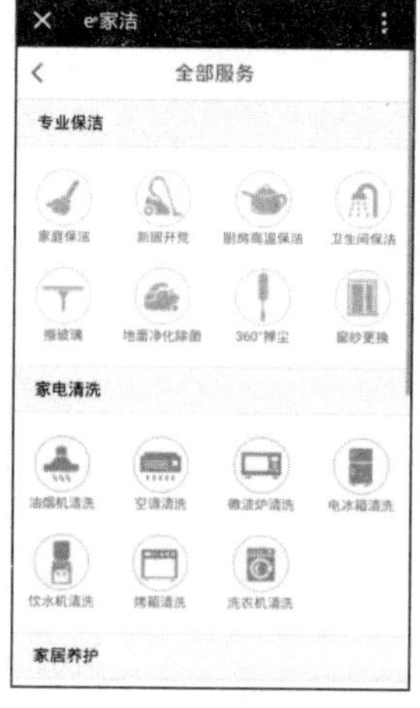

图 8-9 “e 家洁”微信公众平台

“e 家洁”通过 APP 和微信把小时工和用户需求匹配起来。“e 家洁”目前在北京、上海共有 8 家线下门店，不接待用户，只做招募培训，门店与阿姨签订合作协议，虽然不是雇佣关系，但是会约束阿姨的行为，以提供更高、更专业的服务质量。

另外，“e 家洁”还创建了点评和验证系统，将阿姨的信息，如身份证、照片等全部录入，用户可以对阿姨的服务质量进行点评，每位阿姨都有相应的星级和分数，如图 8-10 所示。

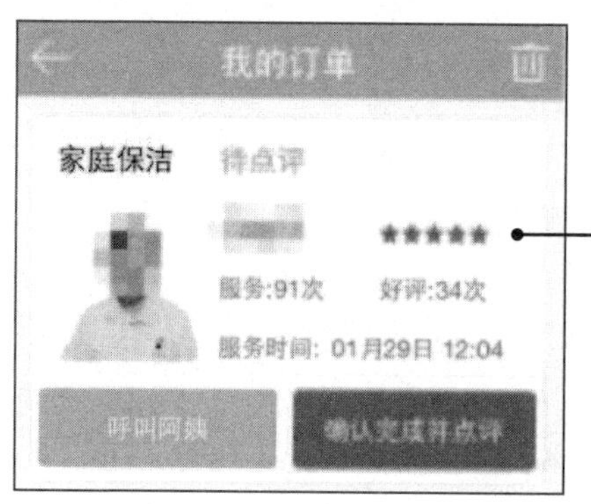

传统中介机构只负责向客户推荐家政服务人员，但是并不负责对质量的监控。而“e 家洁”提供了客户对家政服务人员的评价系统，通过这个系统，客户能够了解为其服务的阿姨的情况；另外，评价系统设置了加价功能，对于客户长期满意率比较高的阿姨，“e 家洁”将提升其服务单价，提高了阿姨的积极性。

图 8-10 “e 家洁”点评系统

“e 家洁”与云家政、集洁联盟相比，是一类重模式的家政垂直领域公司。

这类公司以阿姨为基本核心，阿姨均为自己公司签约阿姨，由线上、线下招聘、介绍而来，阿姨服务质量与对公司的忠诚度是其核心竞争力。一般企业都会对阿姨进行岗前培训，合格后上岗。

现阶段，“e 家洁”也在尝试用阿姨这个线下“活渠道”推广更多的服务，譬如洗衣。当阿姨做完家务可以顺便替你把脏衣服收走，交给楼下的洗衣店，而通过“e 家洁”和洗衣店的合作，用户可以获得更高的洗衣折扣。

不过，“e 家洁”所倡导的“垂直家政”“去中介化”，一直被别人模仿，这也导致了竞争激烈，特别是 58 到家的到来，二者发展模式雷同，“e 家洁”亟须个性化、创新化。

8.2.4　【案例4】懒人家政：足不出户轻松找家政

懒人家政成立于 2014 年 6 月，是由悠家客家庭服务平台推出的互联网产品，是国内首家免中介费找保姆的网站，用户可通过懒人家政直接联系保姆，省去高额中介费用，如图 8-11 所示。

图 8-11　“懒人家政”网站主页

悠家客是北京创客优家科技有限公司旗下的一个面向家庭用户的高端保姆、家教服务平台，提供基于“全实名制＋非中介性质”的高端保姆家教等服务，包括儿童保育、高端家教、家庭事务、老人护理、宠物看护五大类。

“懒人家政”APP 在免费基础上，对于高级人才的招聘推行猎聘收费服务（高级人才的联系方式 / 工作履历非公开），只要一个电话或是通过网络 / 微信下单，就能立刻将高端人才送上门，客户满意后再付款，并由悠家客提供全方位和标准化的售后保障服务，如图 8-12 所示。

图 8-12 “懒人家政”APP 的猎聘服务

阿姨们在“懒人家政”平台享受的是免费提供就职机会，并以忠实阿姨为代表在传统家政公司门前蹲点等方式进行线下拉拢阿姨。目前，“懒人家政”已与 400 位月嫂签约，向前 100 位阿姨收取 5% 的回佣金，这部分回佣金是阿姨在“懒人家政”工作满 3 个月之后收取，签约的阿姨会获取佣金更高、资源更好的服务对象，并在闲暇时间可以承担小时工家政的工作，以提高收入。

目前，“懒人家政”的竞争对手还不是市场上已有的新兴家政 O2O 公司，而是以提供月嫂服务的传统线下家政公司。“懒人家政”的优势主要体现在 3 个方面。

- 不向用户抽成，除签约阿姨外。在给每位阿姨尊重的同时，让阿姨们的利益得到最大的保障。
- 用户、阿姨和客服都有“懒人家政”APP 客户端，三方可用其招聘和应聘，咨询和客服，各自享用专门服务。
- 阿姨水平普遍比一般家政阿姨要高。

一般的家政中介公司主要依靠两者之间信息不对称来赚钱，在用户这边看不到阿姨们的全部信息，且中介费高昂。此外，对于很多中介而言，把阿姨推销出去就完事儿了，后续出现纠纷等问题就完全指望不上，而“懒人家政”要做的事情，就是通过技术手段去消除这种信息不对称，节约双方之间的交易成本。

“懒人经济”创造了市场商机，促进了社会经济的发展。笔者认为，商家只有抓住了“懒人们”的消费心理，增强服务实用性能，满足“懒人们懒到底”的要求，自然就抓住了市场。

8.2.5 【案例5】阿姨帮：消费者的家庭好帮手

“阿姨帮”是一款针对年薪收入在 15 万元以上年轻白领的家政服务手机应用，开发团队囊括了来自 360、新浪及线下传统服务企业的优秀人士，可以说既有线上的互联网基因，又有线下传统经验，理论上说是一个典型的 O2O 团队。图 8-13 所示为“阿姨帮”官方网站的家庭服务列表。

图 8-13 “阿姨帮”家庭服务列表

用户只需在手机上下载并安装“阿姨帮”APP，即可查看附近小时工，以及他们的资料（包括照片、星级、服务价格等），如图 8-14 所示。用户可以通过 APP 上的“阿姨”资料作自由选择，然后直接电话联系“阿姨”。

如果“阿姨”不在家，则可通过预约的方式联系“阿姨”，由系统后台自动匹配，待匹配成功自动推送给用户，最终的沟通仍由用户与“阿姨”双方决定，如图 8-15 所示。

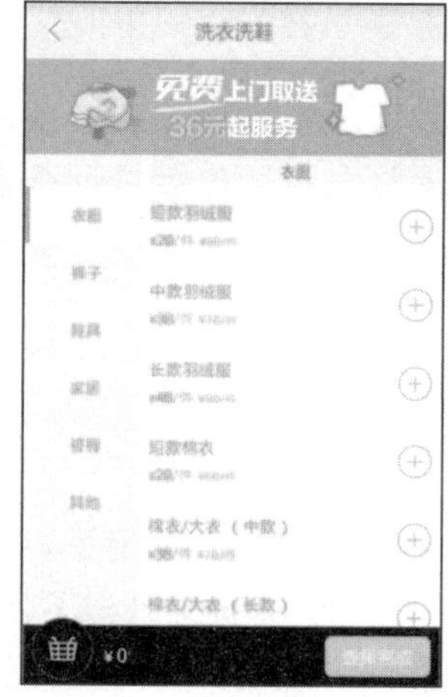

图 8-14　选择服务和阿姨

另外，“阿姨帮”APP 还简化在线办理会员卡的步骤，优化了优惠券使用时的交互方式，如图 8-16 所示。

对于线下的另一端——“阿姨”来说，操作就更加简单了，只需要保持电话畅通，接到电话后通过与用户沟通，即可确认上门服务的时间和地点。如果用户爽约，“阿姨帮”将会把此用户拉入黑名单，使其无法继续接受“阿姨帮”的服务。

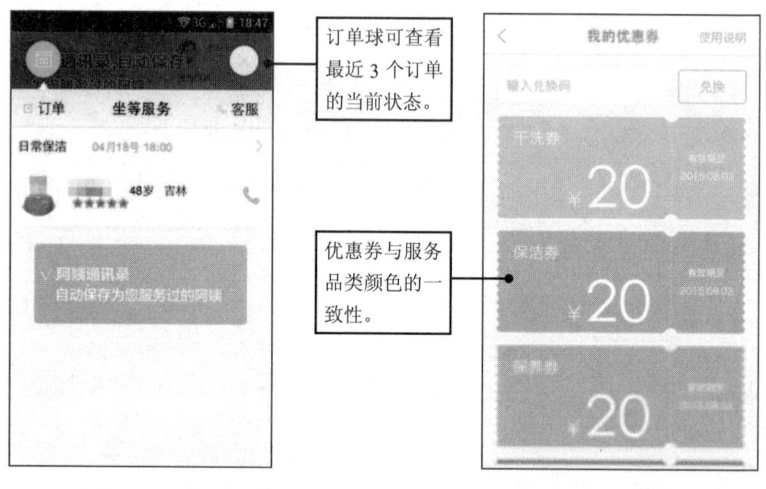

图 8-15　查看订单　　图 8-16　优惠券

“阿姨帮”的团队前期会通过线下去“阿姨”集中居住的地方招聘，后期主要靠“阿姨”之间的推荐。“阿姨帮”的“阿姨”大多都居住在围绕中高端小区周边的老小区中。目前，阿姨帮在北京已开设了 10 家线下门店，主要用作对阿姨的服务进行培训。

“阿姨帮”目前的想法是，打造家政保洁服务的第一品牌，将产品体验及设计尽最大可能做到极致，让更多的用户通过“阿姨帮”找到中意的小时工，让更多的小时工通过“阿姨帮”接到更多的订单。据悉，“阿姨帮”刚上线三周时，在各平台下载量已经突破两万。

在本案例中，就家政 O2O 领域而言，小型创业公司能够跟 58 同城、赶集甚至淘宝本地生活竞争的最重要的砝码就是服务与品牌。

消费者在诸如 58 同城等分类信息网站能够拿到的只是“阿姨”的电话，“阿姨”的服务、态度如何，只能碰运气。笔者认为，“阿姨帮”则可以通过品牌化的体验，让消费者减少后顾之忧。家政 O2O 解决的就是对线下信息沟通环节的缩短和节约，这是提升线下效率的有效办法。但家政服务的重点还在于线下人的服务，这是网络不能替代的。

家政行业的 O2O 模式实际跟分类信息网站的服务很类似，只不过多了 LBS 以及用户点评功能。用户拿到的实际也只是一个“阿姨”的电话，后续的服务很难保证，这也是创业者需要考虑的问题。

因此，家政 O2O 企业就要将这些不可控的服务信息尽量具体、明确，将不可控的因素降到最低，将服务尽可能标准化，如“包裹”般安全地输出。

8.2.6　【案例6】泰笛洗涤：自建物流做洗衣O2O

泰笛网作为全球首家在线洗涤品牌，也是互联网行业的新秀，为人们提供更加洁净的生活，主要服务包括洗衣、洗鞋、洗包、洗奢侈品、洗居家用品等，如图 8-17 所示。目前，泰笛网仅在上海和北京推出洗涤服务。

图 8-17　泰笛网提供的主要服务

泰笛公司做的是高大上的互联网公司都不愿意做的脏活累活：在线洗衣。泰笛推出 APP 之后更名为“泰笛洗涤”，如图 8-18 所示。“泰笛洗涤”设想的用户场景是：用户早上起来，打开 APP，对着 APP 说“我要洗衣”，然后“泰笛洗涤”的派送员上门取衣，洗好后再送回来。

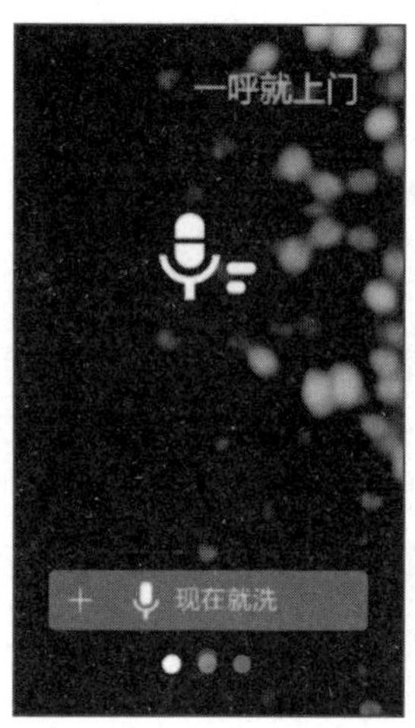

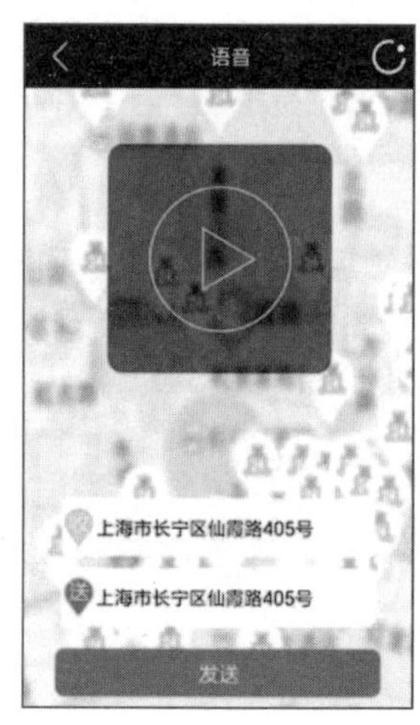

图 8-18 “泰笛洗涤”APP

按照“泰笛洗涤”CEO 姚宗场的设想，“泰笛洗涤”要做的是最靠近用户的上门一环，以此来切入生活大市场，将来或许会依托配送团队将服务扩展至送餐、维修等领域。而对于后方的洗涤等环节则交由供应商来做，自己只制定标准，其服务亮点如图 8-19 所示。

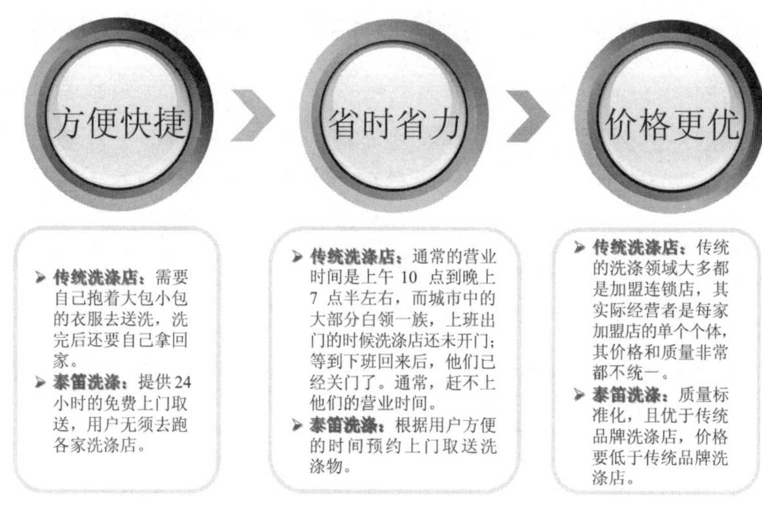

图 8-19 “泰笛洗涤”的服务亮点

据悉，在大本营上海，泰笛有一个约60人的配送团队和25个中转仓库。配送员在接到订单后上门取衣服并送到仓库，而后干线配送员统一将衣物送至洗涤工厂。按照其官方透露的日订单 2 000 单来看，人均每天配送约 40 单。由于取衣高峰在晚间，因此除了全职人员外，泰笛也招募部分兼职人员在晚间配送。

人类科技进步的第一动力就是“懒”：古代，人们总是攒着一堆衣服去河边洗，手脚并用，费时费力；近代，随着洗衣机和全自动洗衣机的诞生，让人们洗衣变得更轻松；而现如今，对一旦放假就以床和卧室为活动界限的宅男宅女们来说，连洗衣机都变成了麻烦的事情。

“泰笛洗涤”就是针对这些“懒人”推出的在线洗衣 APP，与传统的洗衣店相结合实现 O2O，在 APP 中下单自动定位，无须二次沟通确认，可以让用户更懒。姚宗场希望给用户带来的体验是“简单、舒服、爽”，永远给用户超预期的服务。

8.2.7　【案例7】e袋洗：将洗衣服务标准化

“e 袋洗”是老牌洗衣服务品牌荣昌推出的一款基于移动互联网的 O2O 洗衣服务产品，区别于传统洗衣按件计费的洗衣模式，顾客只需将待洗衣物装进指定洗衣袋里，预约上门取件时间，稍后将由专人上门取件。

用户需要洗衣时，仅需通过“e 袋洗”APP 预约时间地点，就会有专业的上门服务人员按时上门收取衣服，如图 8-20 所示。经过 15 道专业清洗工序后，72 小时内将熨烫平整的衣服送回。

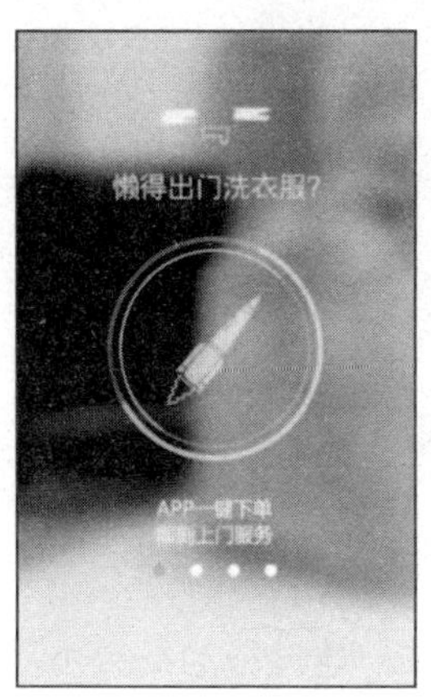

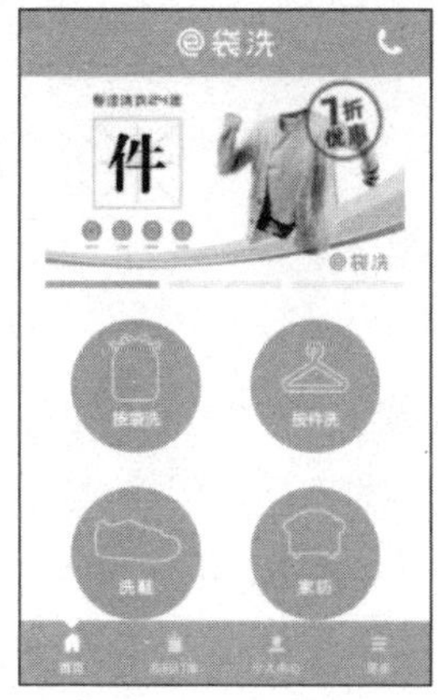

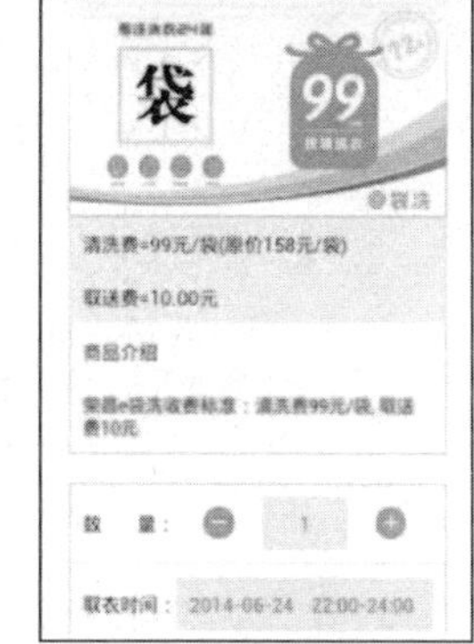

图 8-20　“e 袋洗”APP

另外，“e 袋洗”和微信还开展了战略合作，并让微信取代 APP 成为主要下单通道，如图 8-21 所示。

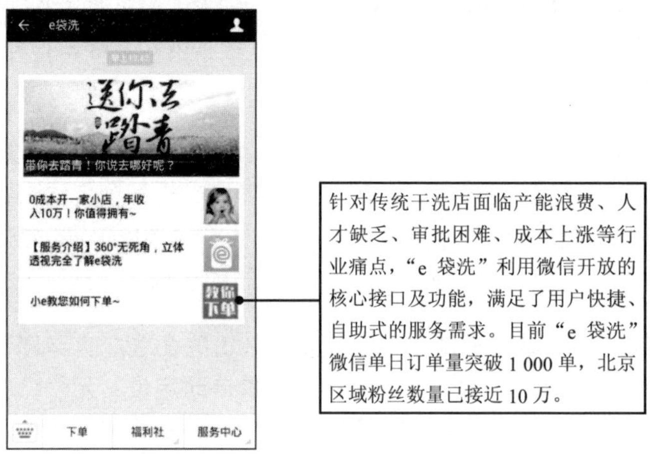

图 8-21 “e 袋洗”微信公众平台

“e 袋洗”布局“小区众包”的物流模式，即以社区为单位进行布点，每个社区点配备一个配送员，并以地推的形式加强推广力度，力求将洗衣模式标准化，并以线上线下结合的 O2O 模式改造洗衣行业。“e 袋洗”整体的服务背后其实是比较传统、本质的东西，即把衣服洗好这件事情是非常重要的，而且有稳定的供应商支撑和完善的供应商管控体系，如图 8-22 所示。

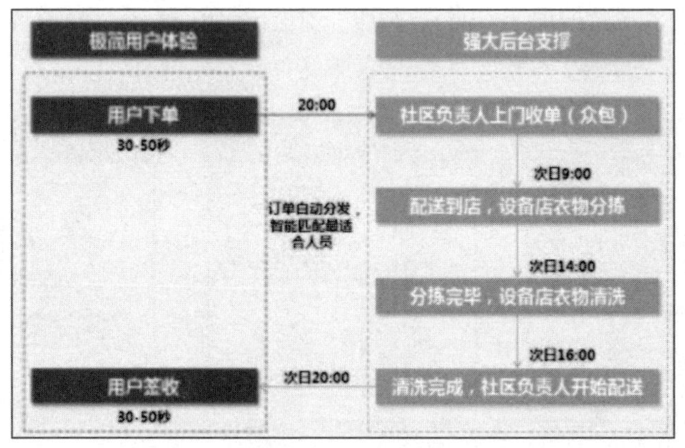

图 8-22 “e 袋洗”强大的后台服务系统

“e 袋洗”作为一种全新概念的 O2O 洗衣方式，通过移动终端下单，按袋计费，全天候上门服务，彻底省下了时间和金钱，解决了顾客到干洗店洗衣停车难、送洗衣物交接时间烦琐、店面营业时间不能满足顾客取送时间等系列洗衣痛点。据悉，“e 袋洗”的每日客单量在 1 000 单左右，用户突破 50 万，目前开通地区有北京、上海、深圳。

笔者认为，“e 袋洗”的核心是基于本地洗衣实体进行洗衣服务，本质上洗衣流程没有改变，但对消费者而言更加快捷，不失为传统企业在产品内注入移动互联网基因的转型成功案例。

8.2.8 【案例8】云家政：打造家政领域的淘宝

云家政网是国内领先的家政服务预订平台，有国内最多的实名认证家庭服务人员数据库，目标是帮助用户快速找到安心的家政服务，如图 8-23 所示。目前平台上有超过 200 000 名专业家政员、2 000 多家政服务商，遍布北京、上海、广州、深圳各个社区。

图 8-23 云家政主页

云家政是家政行业的“淘宝网”，用户可通过网站、APP、IPTV、微信、百度轻应用、百度直达号、支付宝钱包等入口登录云家政，通过业内首创的“按需选人”模式选择合适的家政人员，并可在线托管中介费、试工费、阿姨工资等。其中，“云家政”APP 是一款基于地理位置找钟点工的应用，主要提供室内清洁服务，快速响应，并可在线托管费用，如图 8-24 所示。

在商户方面，云家政为其合作家政公司提供了 SaaS 系统，设有一整套对门店的准入、管理、运营、激励、处罚甚至是退出机制。家政员管理可以非常方便地管理门店的家政员的信息，替代现有的纸笔记录，可以快速地筛选家政员、批量发送短信等，如图 8-25 所示。

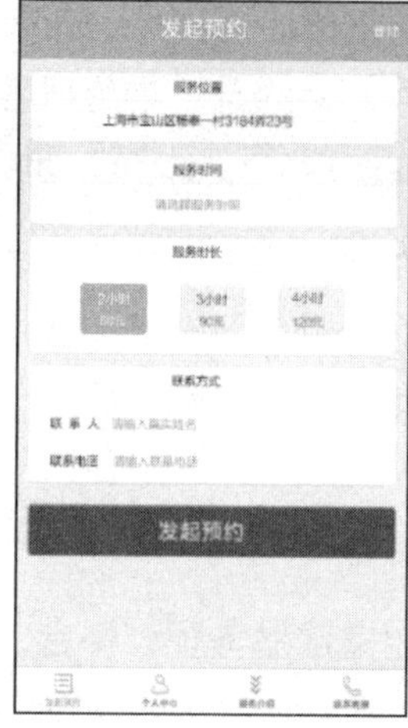

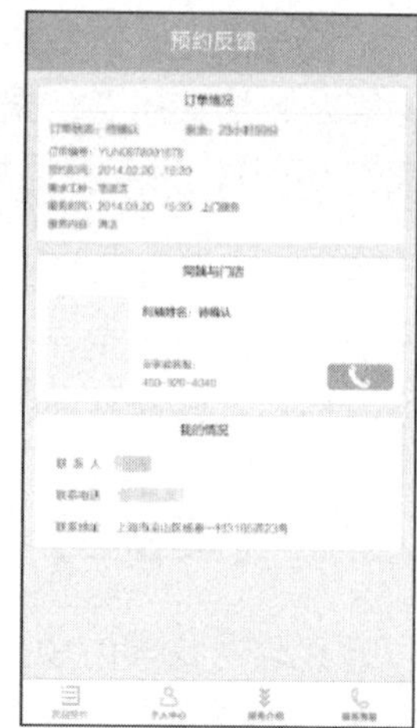

图 8-24 “云家政”APP

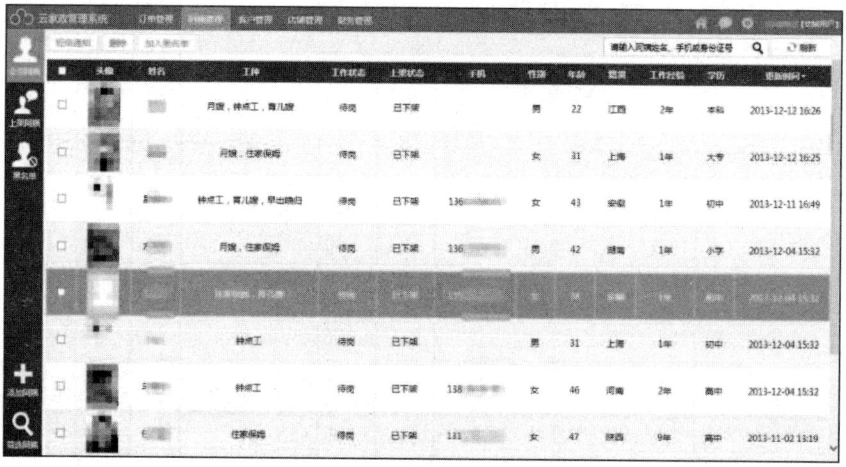

图 8-25 “云家政管理系统”界面

“云家政”和淘宝网的运营模式相似，它本身并未拥有任何一家线下的家政公司或者门店。与“e 家洁”不同的是，“云家政”并没有自己签约的阿姨。所以，如何监督家政服务人员、做好线下用户体验，应该是所谓“淘宝家政平台”的发展方向。

第9章

用好O2O模式，想不赚钱都难

生鲜品类是整个电商业目前正在发掘的蓝海市场，国内也有不少创业者尝试在生鲜电商发力，无数的资本在这两年杀入这个领域。京东、苏宁都宣布了生鲜频道的上线，淘宝更是众多农户竞相发力的平台。对于生鲜电商来说，O2O模式既能够解决老百姓渴求原生态产品，同时又是降低交易和配送成本的一个极佳模式。

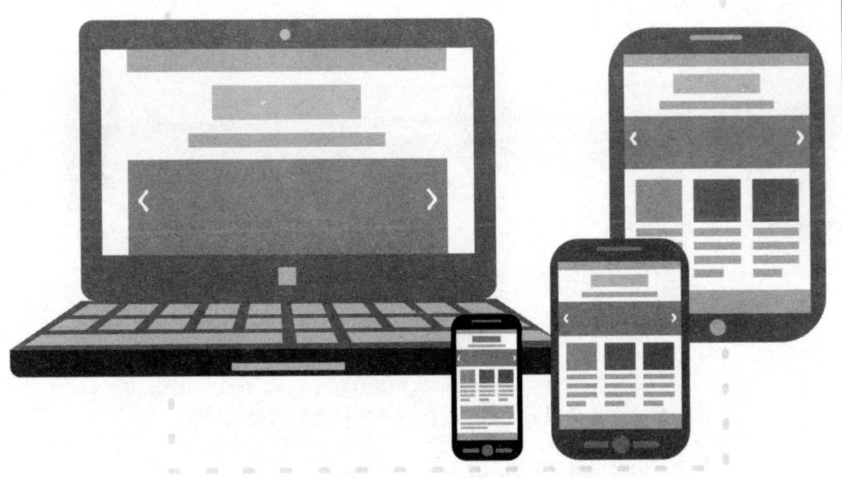

◇ 解析社区生鲜O2O及其3大模式

◇ “社区O2O＋生鲜O2O”应用案例

◇ “社区O2O＋餐饮O2O”应用案例

9.1 解析社区生鲜O2O及其三大模式

虽然目前社区生鲜 O2O 市场还未出现比较明朗的、成功的模式，但不乏有一些正在探索、而且做得比较好的品牌。

9.1.1 生鲜电商和生鲜O2O

生鲜电商其实就是网上卖菜，包括水果、蔬菜、肉类、海鲜等新鲜的农产品。以往，生鲜类的产品主要通过传统的菜场、超市到千家万户的百姓篮子中；分销渠道主要通过大型批发市场进行批发中转。

这样做的弊端是，这些生鲜食品从原产地到老百姓手中，可能会经历 3～4 个加价环节，长途的运输和保存，环节众多不透明，冷链缺失，老百姓往往吃不到最新鲜的食物。然而，电子商务产生后，农产品就有可能从原产地直发到老百姓家中，甚至很多蔬菜水果都是绿色无公害，也没有用任何化学试剂进行保存，全程冷链，放心并安全。不过，生鲜电商仍然存在一些问题，如图 9-1 所示。

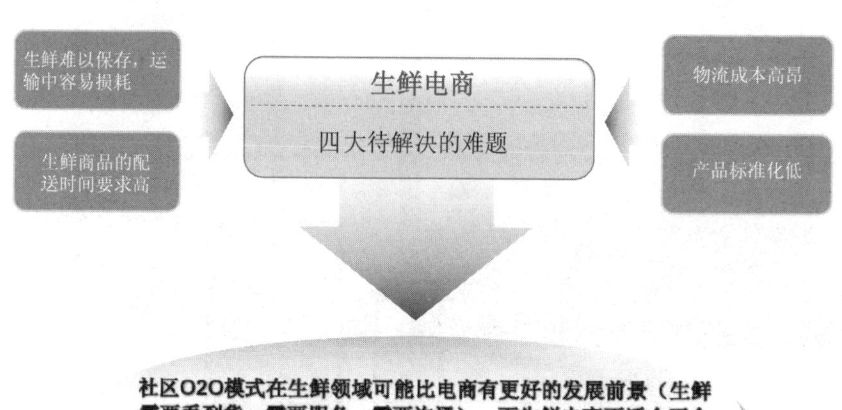

图 9-1　用社区 O2O 模式解决生鲜电商的难题

社区生鲜O2O捆在一起似乎比较难以理解，但拆开来看就要清晰很多，它实际是“社区＋ O2O ＋生鲜”有机结构的组合体，如图 9-2 所示。而且，社区、生鲜、O2O 三者缺一不可，只有将三者有效有机结合、统一起来才能找到出路。

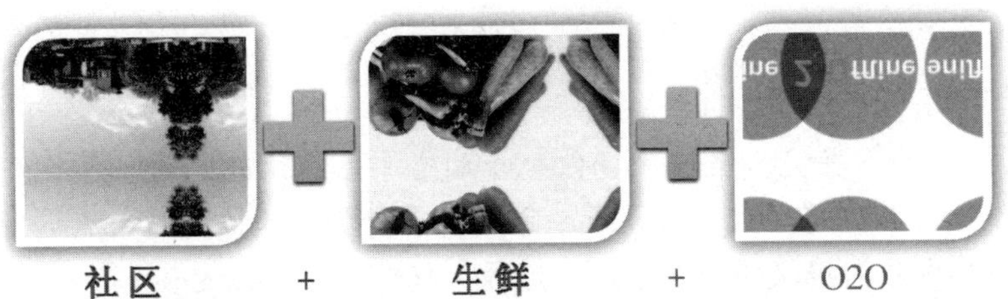

（1）成本更低，时间灵活。
从分散配送到集中配送，在网上下订单，线下取货。对经营者来讲，成本降低。采购的货只需要集中配送到社区的一个地点，而不需要挨家挨户配送，节约了成本（最后成本都是消费者埋单）。另外，顾客上门取货的时间也可以很灵活。

（2）本地化服务，质量可靠。
客户如果对某个商品不满意时，可以当面和店内服务人员指出来，而电商中货品出现的问题有时候都搞不清楚是快递的问题还是发货的问题，最后只有消费者接受损失。

图 9-2 “社区＋ O2O ＋生鲜”的优势

9.1.2　“会员＋直配”模式

会员是指某些团体或组织的成员，而直配是指由生产商直接送达零售市场或顾客手中。“会员＋直配”模式是指通过会员定制的方式，将农民最新生产的新鲜食材通过冷链物流直接配送到顾客家中，如图 9-3 所示。例如，一亩田、多利农庄、正谷都是这一模式的积极探索者。

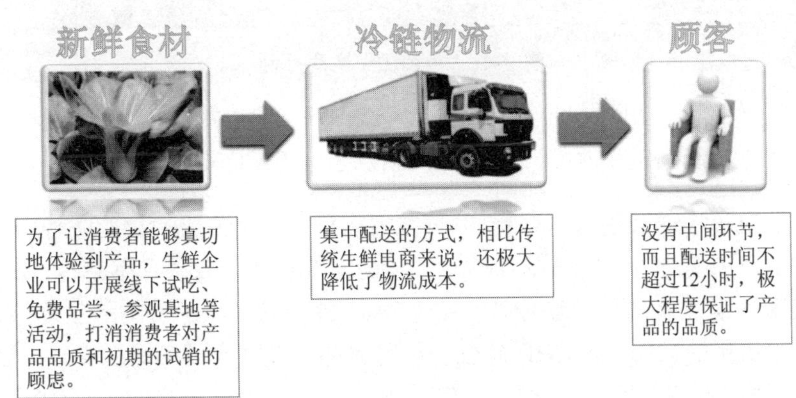

图 9-3 “会员＋直配”模式

【案例1】一亩田：农产品贸易生意圈

“一亩田”是以一家互联网团队为背景的技术公司，创办于2011年8月，以“为人们找到每一亩田地上的农产品”为使命，专为全国从事农产品生产、流通、批发销售的人士提供包括信息服务、贸易撮合服务、资金担保服务

等内容，让农产品买卖双方可以通过网站、手机客户端、百度直达号等多种方式来进行农产品贸易。

“一亩田”在充分发挥市场化电子商务平台作用的同时，还将在巩固完善采购环节的基础上，实现不断创新，提升服务质量通过大数据分析和全国性的贸易对接改善中国农产品流通，其电商平台如图 9-4 所示。

图 9-4 “一亩田”电商平台

据悉，“一亩田”线上注册用户达 520 万，通过网站和手机 APP 多种渠道提供农产品贸易对接、价格行情和供求信息发布等专业服务。

顺应了移动互联网的崛起，“一亩田”推出的找货版和卖货版 APP 进一步提升了信息流通的效率和质量，如图 9-5 所示。每天日活超过 10 万，不仅帮助从业者高效地获取和发布信息，也提高了内部员工的工作效率，配合手机版的 CRM 和 ERP 软件，能随时随地掌握全国各地的实时行情和采购、供应信息。

例如，2014 年 12 月 9 日，“乡村基”餐饮管理有限公司与“一亩田”集团开展战略合作：“乡村基”借助“一亩田”设立于全国的门店及办事处网络优势和电子商务大数据资源，加上“乡村基”现已建成的大型中央加工厨房和高效的物流配送体系，以此来打造“从农场到餐桌”（From farms to tables）采购供应新模式，实现降低运营成本、优化采购周期、把实惠让给顾客、让顾客吃到安全餐放心的目的。

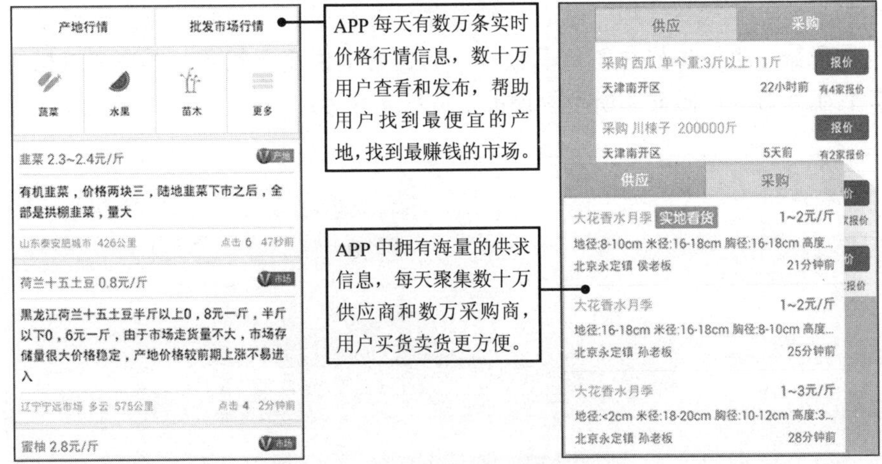

图 9-5 “一亩田”APP

9.1.3 “门店+平台”模式

在“门店+平台”模式中，商家拥有自己的电商平台和社区门店，消费者可以选择到店购买，也可以通过网络购买后，到店提取或送货上门，如图 9-6 所示。例如，上海的康品汇、日照的农夫田歌、广州的鲜素达都是该模式的践行者。

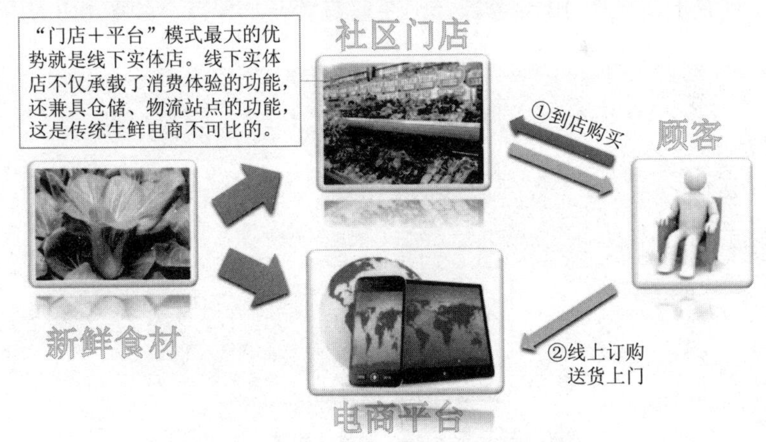

图 9-6 “门店＋平台”模式

【案例2】康品汇：店网联合、平台运作

康品汇（上海磐康网络科技有限公司）以“成为中国最可信赖的社区

生鲜平台”为愿景，以“让百姓饮食生活更轻松”为使命，致力于借助互联网思维，创新中国生鲜经营业态，为百姓提供真正安全、健康和轻松的饮食生活方式。图 9-7 所示为康品汇的线上平台。

图 9-7 “康品汇”线上平台

与生鲜行业常见的传统菜场和互联网 B2C 经营不同，康品汇创新性地采用“店网联合、平台运作”的 O2O 经营模式，以中高端社区实体店作为客户体验中心，以电商技术实现便捷的线上下单及“一小时送菜到家”服务，现在上海拥有 10 余家康品汇生鲜直营及加盟店，如图 9-8 所示。

图 9-8 “康品汇”社区实体店

康品汇为了保证食材的质量，生鲜产品都是通过自有及合作基地直供、长期订单生产和品牌联营等模式，打造了完整的高品质生鲜食材供应链。更值得一提的是，康品汇社区实体店不仅拥有堪比商场超市的购物环境，还别具匠心地设置了客户体验区，并处处融入了颇具未来感的互联网元素。在客户体验区，人们可以近距离看到食材加工的过程，体会“先尝后买”的乐趣。另外，消费者不仅可以在互联网区的电脑上实现网络下单，还可以通过手机扫描产品二维码轻松完成微信订菜。

据悉，康品汇计划在 2015 年开设 10～15 家面积在 300～1 000 平方米的社区生鲜超市以外，还将尝试推出四代店，利用互联网，尤其是移动互联网技术为更多市民提供更优的产品和服务，让老百姓都能享受到高品质的生鲜食材。

9.1.4　“物流＋终端”模式

“物流＋终端”模式是一种合作的模式，主要依托平台自有的物流渠道，并借助遍布社区的连锁便利店来完成整个配送流程，如图 9-9 所示。

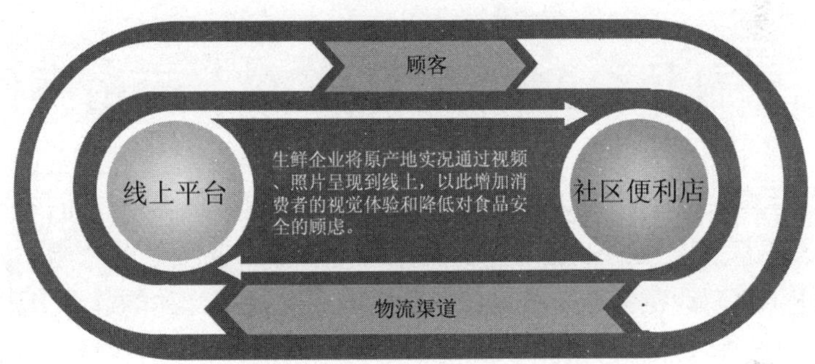

图 9-9　“物流＋终端”模式

【案例3】顺丰冷运：顺丰优选＋“嘿客”门店

2014 年 9 月 25 日，顺丰速运有限公司在上海发布“顺丰冷运”品牌，如图 9-10 所示。据悉，“顺丰冷运”是在整合顺丰现有物流、电商、门店等资源的基础上，为生鲜食品行业客户提供冷运仓储、冷运干线、冷运宅配、生鲜食品销售、供应链金融等一站式解决方案，其针对的客户包括食品企业、生鲜食材市场、餐饮企业、生鲜电商等。

目前，“顺丰冷运”的主要服务对象仍是顺丰优选，但公司已逐渐引入其他电商客户，如易果网、冰天美帝冰淇淋等。据悉，在顺丰优选，生鲜商品可以覆盖全国 54 个城市；易果网在上海仓库的生鲜商品也可以被多批次、小批量地送至其北京仓库。

图 9-10 顺丰冷运

在此基础上，顺丰速运此前布局的“嘿客”门店成为“顺丰冷运”的又一关键环节。在公司管理者看来，由于生鲜食品不能脱温，当顾客无法及时收取货物时，“顺丰冷运”可以将“嘿客”作为商品的“缓存”区域，由顾客上门自取，或由“嘿客”员工送货上门。此外，由于生鲜食品的物料包装比较复杂，“嘿客”还可以承担物料回收的功能。

9.2 “社区O2O＋生鲜O2O”应用案例

社区生鲜 O2O 无论以哪种方式做，最终要做的其实是和用户建立信任关系，信任怎么建立，就是对企业的服务体验和产品质量的考验了。总之，社区生鲜 O2O 的机会还是很大的，但企业不管是在产品的选择上还是在运营的模式上一定要做出特色，每个环节都要想清楚，切不可仅凭一时的冲动。

9.2.1 【案例4】Farmigo：典型的“轻”O2O模式

Farmigo 是 2011 年美国 TechCrunch 举办的 Disrupt 创业者大会进入最后一轮的项目。Farmigo 名字起得特别好，由 farm、I 和 go 三个单词组成，意思是网站是连接农场和用户的平台，当然也可以理解为 farm（农场）和 amigo（朋友）的缩合。

凭借独特的商业模式，Farmigo 被很多媒体誉为“创新在线农产品销售平台”。从模式上判断，Farmigo 属于典型的“轻”模式，Farmigo 是连接消费者和农场的中介。对于农民而言，Farmigo 则是一个在线平台、一个新的销售渠道，农民通过它可以管理自己农产品的生产、销售及配送。对于消费者而言，Farmigo 是一个在线的市集，消费者通过它可以直接从农民的手中购买优质新鲜农产品，如图 9-11 所示。

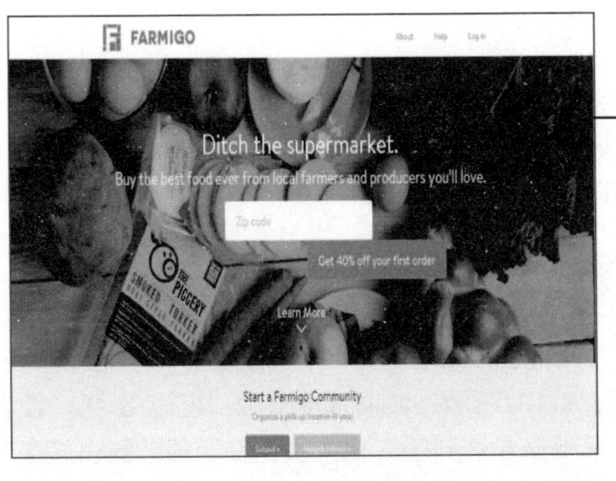

Farmigo 目前正打造全美最大的农产品在线交易平台：

- Farmigo 自身并不销售农产品，仅做平台；
- 以卖新鲜食材为核心；
- 48 小时送货上门，社区支持型农业（CSA），区域供应为主；
- 价格优势比超市便宜 20%～30%。

图 9-11 Farmigo 主页

Farmigo 与众不同的地方是跳出了商品思维，是以人为核心的真正的社会化电商思维，这种思维可以总结为“私人定制”。Farmigo 期待构建一个社区导向的食物体系，在这里，同一个地理区域的消费者和农夫能够连接起来，而每个人都能够购买到新鲜健康的食物。因此，Farmigo 采用了新的营销模式——将消费者以“食物社区”为单位和当地小农场连接起来。如图 9-12 所示，每一个红色标记点为一个食物社区。

“食物社区”可以是一所学校、一座办公楼、一片住宅区里的一部分人，这些人每周都可以各自在其社区专属的 Farmigo 网页上“点菜”，当地农场则会每周将来自同一个“食物社区”的单个的订单汇总，每周都要给每个食物社区定点配送一次，随后由消费者自己取回各自订购的食物。

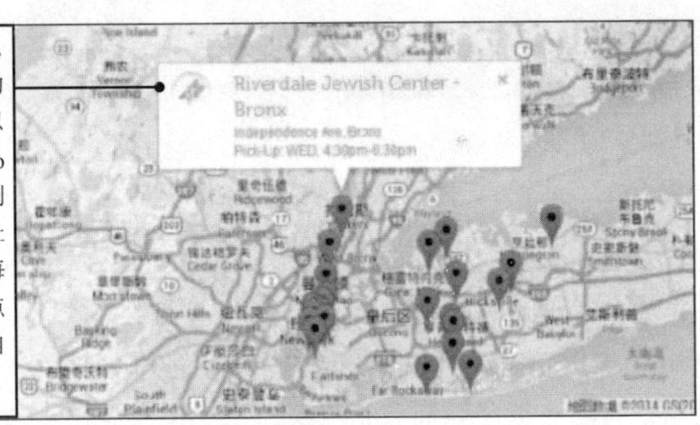

图 9-12 Farmigo 的“食物社区”

Farmigo 的“食物社区”有点类似消费者合作社，但是同一“食物社区”的人需要在邻近的地点居住或工作。加入 Farmigo 的“食物社区”后，用户就每周都可以吃到来自自己住所 100 英里范围以内的、48 小时内收获的新鲜食物了。

据国外媒体报道，Farmigo 已完成 B 轮融资回合，获得 800 万美元风险投资。现在，Farmigo 和美国 25 个州的超过 300 个农场合作，而每天还

有平均约 4 个农场新加入进来。

Farmigo 这种新颖模式的出现，可以说是美国“本地食物”运动的又一个重要的里程碑。虽然还是在起点，但是他们的创意模式无疑让每一个关注健康食品、健康社区的人都感到振奋和欣慰。

9.2.2 【案例5】聚土地：“互联网私人定制农场”

2014 年 3 月，淘宝聚划算平台推出了一个叫作“互联网私人定制农场”的项目——“聚土地”，如图 9-13 所示。该项目推出后，短短 3 天，便有 34 万人次的浏览量，项目总曝光量达到了 5 亿人次，在全国范围引起轰动效应。

“聚土地”通过把农村闲置的土地流转到电子商务公司名下，电子商务公司再把土地流转给消费者，消费者可以获得土地上的产出，并且能够获得农地旅游免门票和免住宿的待遇；同时，农民可以从每亩地上获得流转资金，并且农民可以再次获得劳动报酬。

图 9-13 “聚土地”电商平台

在“聚土地”一期的探索中，摸索出一套聚合大量资金和海量消费需求来实现农业电商的新思路。第二期全国有更多的城市加入进来，品类也更加丰富，“聚土地”在不断提升服务能力的同时，以更简单的玩法让全国消费者能够更多地参与到帮农、惠农中来。

例如，2014 年 8 月 18 日，由“聚土地”团队联合阿里巴巴集团聚划算平台、绩溪县庙山果蔬专业合作社等单位在安徽省绩溪县实施了一个名为“聚土地”的项目，将土地流转与电子商务结合起来。农民将土地流转至电子商务公司名下，电子商务公司将土地交予当地合作社生产管理，淘宝用户通过网上预约（见图 9-14），对土地使用权进行认购，并获得实际农作物产出。值得注意的是，除获得土地租金外，参与项目生产环节的农民还能获得工资。

图 9-14 淘宝用户通过网上订购

很多长期生活在都市的人都有一个“田园农夫梦”，如果不能亲手种植，哪怕亲眼看看自己吃的果蔬是怎么生长出来的也是好的，而“聚土地”提供的就是这样一种新鲜、真实和放心的体验。

“聚土地”可以将农村资源更好地整合在一起，商家和消费者均可以在平台上展示或获取相关农村农业信息、农业物联网等。尤其是在土地流转政策颁布后，农村土地资源将来可以通过互联网实现更多可能性。

TIPS:

2014 年 9 月 22 日，阿里巴巴集团总裁金建杭在接受媒体采访时表示：涉农电商、大数据业务和跨境电商服务将成为阿里巴巴集团未来的三大发展方向。阿里巴巴布局涉农电商，运用互联网金融的模式开发农业市场，弥补了传统农业在资金、人才、技术等方面的短板，这将深刻地重构未来中国农民的生活方式。

9.2.3 【案例6】日日鲜：社区生鲜厨房的一站式服务

鲜易股份是国内较早尝试线上销售农鲜产品的企业，2015 年 1 月 10 日，鲜易股份在郑州设立的3家“日日鲜”O2O实体店将盛大开业，“日日鲜”许昌店、长葛店也将同期开业，如图 9-15 所示。

“日日鲜”实体店是一种线下线上融合的O2O社区生鲜电商，推行“线上预订+现场购买”消费新模式，缩短了新鲜食材“从源头到餐桌”的距离，并严格确保产品全程健康品质。消费者可通过到店选购、登录网站预订（见图 9-16）等方式购买日日鲜商城内的各种生鲜商品，既免去了排队挑选的烦恼，也为消费者提供了更多样的产品选择。

图 9-15 “日日鲜”O2O 实体店

图 9-16 “日日鲜”线上商城

笔者认为，传统的生鲜产品消费基本是在农贸市场、超市或大小商铺中进行的，产品种类单调稀少，消费者可选购的物品极其有限；而随着网络出现所衍生的 O2O 购物模式，却大大打破了产品的地域局限性，丰富多彩的生鲜产品都可通过线上渠道去购买。

“日日鲜”生鲜店正是通过线上线下的无缝对接，打造“社区生鲜大厨房”的一站式服务，满足更多消费者对生鲜食品的需求，引导消费者体验生鲜行业多元化的销售模式，让消费者生活更加便捷、美好。

9.2.4 【案例7】爱鲜蜂：以众包微物流配送为核心模式

“爱鲜蜂”于 2014 年 5 月上线，是以众包微物流配送为核心模式，基于移动终端定位的技术解决方案提供 OTO 运营服务的公司。“爱鲜蜂”专注于社区生鲜最后一公里配送，定位人群为年轻白领，主打一小时闪电送达，如图 9-17 所示。"爱鲜蜂"的"鲜"强调的就是食品的新鲜以及多样性，而"蜂"则代表配送人员的数量多、速度快。

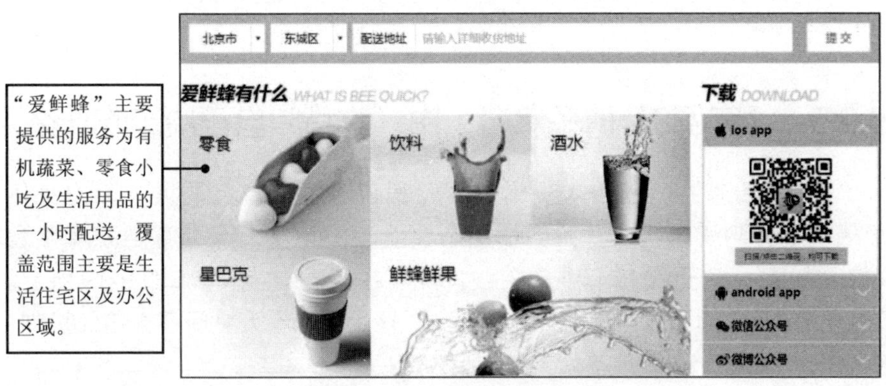

图 9-17　"爱鲜蜂"的主要产品

笔者认为，"爱鲜蜂"是一个典型的利用闲置资源组建最后一公里配送能力的案例。简单说，"爱鲜蜂"搭建了一个平台，连接了上游的供应商，下游有送货时间的社区商店，以及有需求的消费者，如图 9-18 所示。

"爱鲜蜂"依托社区小店，为消费者提供一小时内的零售和配送服务，它锁定都市"懒人"，主打那些撬动人味蕾的东西，配送时间从早晨 10 点持续到凌晨 2 点，以便及时满足他们各种突如其来的消费意愿。"爱鲜蜂"保证速度的主要方式一方面是比较科学的布点，另一方面则是对社区店主的经济激励。经济激励则包括配送费，以及店主销售自家商品的收益。

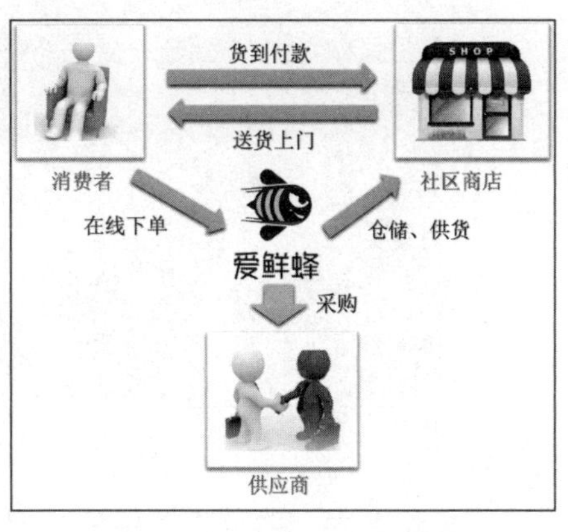

图 9-18　"爱鲜蜂"的运营模式

目前，"爱鲜蜂"已与北京、上海、广州、深圳等 1 万多家社区小店建立合作关系，全国每日订单量已经超过 3 万单。据悉，"爱鲜蜂"正在逐个与社区小店对接，还将向店主提供统一的配送车、服装、包装袋等，并对他们进行一定的服务培训。

TIPS:

社区，按照社会学的理解是“聚居在一定地域范围内的人们所组成的社会生活共同体”，从营销的角度来看社区就是一种渠道，直接通向消费者的终端渠道，它的载体就是社区里的门店或员工，是拉客、留客和转客的重要支撑。

9.2.5 【案例8】梅子淘源：由“吃货”自己决定吃什么

“梅子淘源”的创始人王梅是原阿里巴巴搜索产品总监，因为身体原因，离开阿里巴巴，开始尝试生态农业。2014 年开始搭建自媒体平台“梅子淘源”，并于 2015 年 1 月上线官方平台“淘源生活”，如图 9-19 所示。“梅子淘源”应用互联网思维和众筹模式，在用户和农人之间建立信任机制，缩短供应渠道，让消费者决定生产什么产品。

图 9-19 “淘源生活”主页

“淘源生活”平台主要服务于对健康和品质有要求的消费者，同时也服务于从事绿色种植的农人和生产者。王梅建立“淘源生活”的目的就是要带着消费者和“吃货”们，前往源产地，寻找绿色健康的美食。

在“淘源生活”平台上，消费者可以通过 C2B 的方式来决定农人们生产符合绿色标准的产品，同时农人在消费者互动的过程中建立经营绿色种植的信心，了解用户的消费习惯，提升自主经营的效率，如图 9-20 所示。

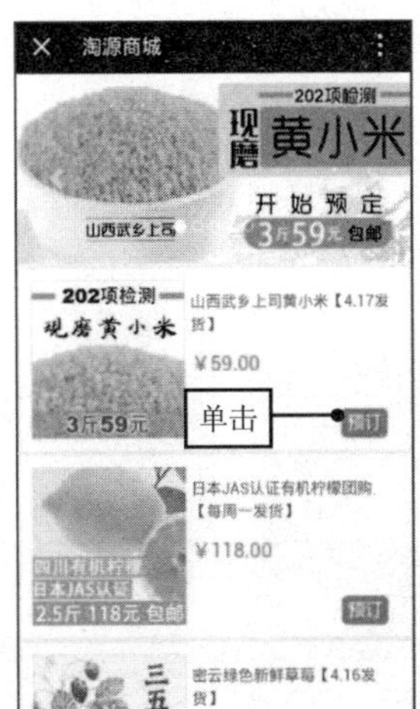

图 9-20 “淘源生活”的 C2B 模式

“梅子淘源”采用众筹农业模式，将消费者和农人聚集在自己的平台上，以订单农业的模式满足双方的需求。即消费者预先支付，让农人根据订单生产用户所需要的产品，农产品成熟后直接送到消费者手里。

这样，农人可以根据订单决定生产，并直接对接有需求的消费者，不仅给消费者带去可信任的农产品，还改造了传统农业的生产方式，给新一代农人带去信心。不过，如何让消费者接受这种模式，尤其是未来更深度的参与，还需要观念的引导和市场的培育。

9.3 “社区O2O＋餐饮O2O”应用案例

2014 年，各类餐饮 O2O 已开始全面涉水，电商平台落地化、实体企业电商化，多方创新，逐步落地，摸索前行，线上线下双向呈现融合趋势。本节将与大家分享一些社区餐饮 O2O 案例的创新节奏。

9.3.1 【案例9】青年菜君：方便的半成品净菜

“青年菜君”创立于 2014 年 3 月 3 日，是以售卖半成品净菜为主的 O2O 企业，第一家实体店回龙观店于当天开始营业，如图 9-21 所示。

用户可以提前一天在网站或者微信公共账号上下单（见图 9-22），网上支付，第二天下班后在回家的地铁站出站口的自提店面将菜取走。用户

到家后只需简单地加热煮熟，半个小时之内就能吃上可口的晚餐。

图 9-21 “青年菜君”社区实体店与半成品净菜

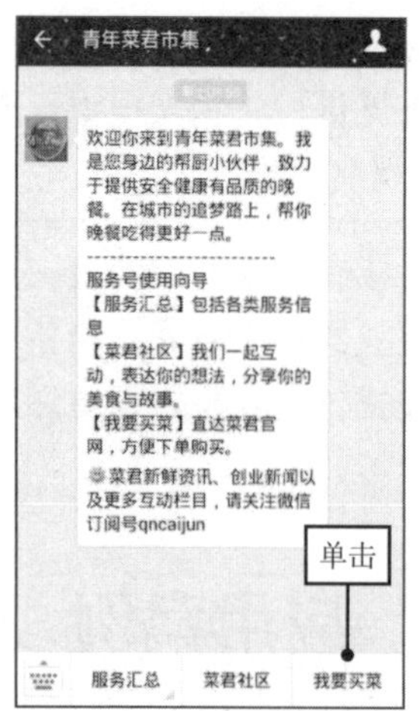

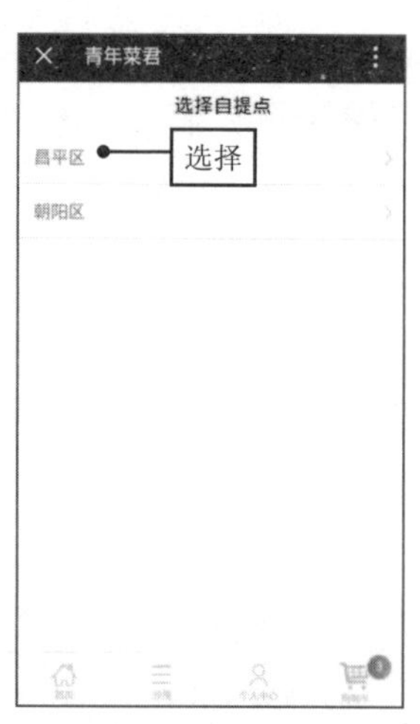

图 9-22 通过微信下单

据悉，由任牧、陈文、黄炽威创办的“青年菜君”在初期就获得了创业工厂麦刚百万级的天使投资；2014 年 8 月中旬，“青年菜君”获得了梅花天使创始合伙人吴世春与九合创投创始合伙人王啸联合提供的千万元级 A 轮投资；在首届“盐商杯”中国青年创新创业大赛中获得正式创业组一等奖，收获 100 万元创业奖金。目前，“青年菜君”回龙观店的日提货量达到了 200 个。

“青年菜君”这种通过线上预订、线下提货、线上反馈互动的方式，符合时代热潮，非常精确地击中了现代都市白领的生活痛点。虽然目前店面很小，但如果将这种模式规范化和标准化，复制更多的这种分店将不成问题。

9.3.2 【案例10】楼下100：烘焙O2O里的配送专家

“楼下 100”是国内首家集订购与配送的甜品预订服务平台，不自营糕饼店，仅作为流量、配送渠道存在，以其对 C 端的便利性扩大线下店铺的生产能力。2014 年 10 月，“楼下 100”APP 上线，如图 9-23 所示，全平台覆盖诺心、Mcake、红宝石、元祖、蔡嘉、布歌东京、西树泡芙等 50 多个品牌的人气甜品及下午茶套餐。用户可通过手机 APP 轻松下单，并由“楼下 100”的专业物流配送团队亲自送到用户手中。

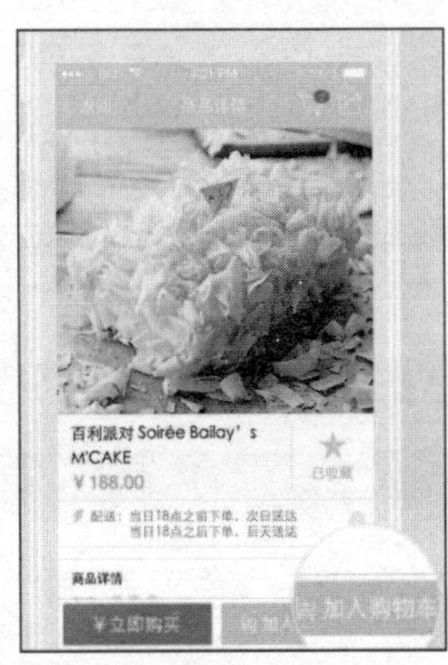

图 9-23 “楼下 100”APP

在物流方面，“楼下 100”采用“自建物流＋冷链配送”模式，实行配送员（全职＋兼职）抢单制。2014 年，在“楼下 100”平台交易总订单量每个月环比增加 80%，日订单峰值为 3 500 单，市场占比 60%；覆盖 3 个城市，2 200 多个下午茶商家，移动端交易额占比超过 70%。

据悉，“楼下 100”已拿到梅花天使基金近千万元天使投资。目前，“楼下 100”共有 53 个品牌，超过 1 300 种产品，其 APP 装机量已有 10 万。

笔者认为，烘焙这一极度传统化的行业在互联网大潮里的突破与变革，依然需要通过 O2O 电商化的手段来解决订购、配送、大数据三大行业难题。像“楼下 100”这种不自己经营产品，重在配送的垂直平台模式，将生产商和消费者对接，一举击破了烘培行业的三个难题：订购、配送和大数据。

当然，也不仅仅是烘焙 O2O，订购、配送和大数据服务，已成为 O2O 模式的标配三种动力。据悉，国内的烘焙行业形成规模化是从 20 世纪 80 年代开始的，到目前已有 30 年行业历史，线下一直是烘焙行业的主力战场，这几年 O2O 的发展推动着整个行业不断向线上转移，“楼下 100”也是抓住关键的时机。或许，“楼下 100”可以成功构建起一个烘培行业的聚美优品。

9.3.3 【案例11】饿了么：在线外卖订餐平台

“饿了么（ele.me）”是中国知名的在线外卖订餐平台，已覆盖中国数百个城市，数千万用户，聚集了数十万家餐饮商户。“饿了么”为中国广泛地区的用户提供丰富多样、简单快捷的在线订餐服务；并为不同类型的餐饮商户提供基于互联网技术的一体化运营解决方案。

作为餐饮 O2O 专业化平台，“饿了么”可分成网站系统、移动端应用、在线支付系统、业务后台系统、餐厅管理系统、统一的系统数据库平台、统一的系统服务集成接口。进入“饿了么”官网后，用户可以单击地图直接定位，查找该地址附近的餐厅，如图 9-24 所示。

图 9-24 “饿了么”官网

“饿了么”并不是简单的线下和线上相互转移模式，而是完整的服务链条。目前“饿了么”实现日订单 10 万～100 万，覆盖城市也已从 2014 年初的不到 20 个增加到了年底的 250 个，移动端交易占比从 30% 上升至 70%。

即便 O2O 市场因为已迎来高速发展而备受投资人追捧，“饿了么”的成长速度也仍令人吃惊：2014 年 5 月，饿了么拿到大众点评 8 000 万美元战略投资，2015 年 1 月 18 日 E 轮融资则跃升至 3.5 亿美元，仅半年多，“饿了么”估值已从 5 亿美元暴涨至 10 亿美金以上。

很显然，“饿了么”平台不仅仅是单纯餐饮平台的导流模式，它在前端聚合信息的基础上，重在通过“业务后台系统”和“餐厅管理系统”线下扩展到实体餐饮企业日常运营管理中，在诸多餐饮商家意识、人财物等方面不健全或不具备 O2O 条件下，“饿了么”深耕实体，在传统企业电商化改造方面应该颇具实际意义。

9.3.4 【案例12】觅厨：为食客与大厨搭建平台

半成品生鲜配送已不是一个新鲜的概念了，从西餐到中餐，从上门配送到地铁口自提，不少创业公司都在这个领域探索着更适合都市人的餐饮服务。但用户往往比你想象中还要懒，很大一部分人都不会烧菜，即使会烧，一天工作下来往往到家都晚了，也没兴致做了。

“觅厨”针对这群人推出了新的解决方案：“觅厨”通过联合数家西餐厅厨师长，将他们烹饪的菜品真空分装，最后以包裹的形式冷链送达用户。用户需提前一天通过网站预订菜品（见图 9-25），“觅厨”根据订单购买新鲜食材当日制作次日送达，收到后进行十分钟加热即可食用。

厨师是餐饮行业的幕后英雄，貌似与各位食客经常性绝缘，二者之间无法形成直接的关联。而“觅厨”则突破传统，将厨师从幕后推到台前，为厨师提供了展示的平台，并让厨师与食客的互动更多元化。

图 9-25 通过“觅厨”预订菜品

“觅厨”敢于打破传统产业链规则，搭建平台，让厨师能够跨越餐厅壁垒，每道菜品都附有厨师自己的理念，真正做到让厨师与食客互动，使消费者享受到的不仅仅是食物，而是真正的料理。

盈利模式上，“觅厨”有以下三个方向。

（1）面对终端用户，食客们直接通过 PC 端进行订购。

（2）面向企业级客户，包括公司午餐、团体聚会派对以及给一些有餐饮需求的咖啡厅进行西式简餐的配送，为他们节约了雇用厨师的成本，也保证了菜品的美味。

（3）和餐厅合作，引流量。例如，食客在“觅厨”上认可某位厨师的手艺，很有可能会线下跑去他所在餐厅尝一尝。

笔者认为，在“觅厨”这种O2O模式下，厨师们不再只是为餐厅“卖艺”，更能将一身的“好厨艺”市场化，最大化开垦厨师的劳动力，这本身就是一种非常好的创新。

9.3.5 【案例13】金百万：打造“社区中央厨房”

“金百万”全称为北京金百万餐饮管理有限责任公司，以经营正宗北京烤鸭、精品京菜为主体，辅以各地特色菜的推陈出新，形成绿色健康“家常菜”研发管理体系，创造出了全新的社区餐饮模式。

“金百万”以会员为基础，以大数据为支撑，通过“门店辐射＋会员服务＋线上营销”的方式去扩大市场，以更亲民的价格去接近用户，以烤鸭立足品牌传播点，并用传统烤鸭以外的方式去拓展新的盈利途径。

目前，“金百万”的大型直营门店总数有 30 多家，如图 9-26 所示。“金百万”在全面打造社区餐饮布局的同时，还成功开辟了金百万社区中央厨房平台，倾全力打造服务于大众餐饮的社区中央厨房理念，并成功推出准成品，以优质的菜肴和便捷的服务深入民心。

图 9-26 “金百万”大型直营门店

早在2008年初，“金百万”就大手笔地引入餐饮CRM客户管理系统。2010年，开始在餐饮行业大胆进行电子商务和O2O的尝试。目前，“金百万”已经沉淀了一百多万活跃会员，并且可以利用PC网站、微博、微信、APP等O2O手段，对消费者进行精准营销。如图9-27所示，为“金百万”的微信公众平台。

图9-27 “金百万”微信公众平台

值得一提的是，“金百万”还提出“准成品”概念。“准成品”介于成品和半成品之间，比如宫保鸡丁，金百万提前把这道菜所需要的食材和调料都预制好，打包成份。消费者下单后，直接配送到消费者家中，消费者只需要按说明加热烹制即可，省去了消费者去菜市场买菜、洗菜、切菜、配料等既耗时又烦琐的体力劳动。而“金百万”依托其规模化采购平台和遍布北京各大社区的门店，供应的价格要比消费者自行去菜市场买菜还要便宜。

另外，金百万之前已经建设好强大的成品电商平台，无论是网站还是手机客户端，顾客都能方便地选购各种准成品。

笔者认为，“金百万”以开放心态拥抱互联网，前瞻性的商业视野，深刻认知大数据的无穷价值，借助线上营销实时对接，能够迅速地完成信息分发和消费回流，对于许多优质的餐饮企业不无具有非常大的借鉴意义。

第10章

利用O2O模式重构出租体系

在租赁服务行业，企业选用社区O2O模式将会使传统的租赁业更具有明显的优势，其将会更加注重线上产品的体验和线下产品与服务的整合以及标准化，对信息的处理也会更加完整与结构化。总之，社区O2O模式将成为租赁业发展的主流方向之一。

- ◇ 社区O2O模式改造传统租赁行业
- ◇ “社区O2O＋租房O2O”应用案例
- ◇ “社区O2O＋租车O2O”应用案例

10.1 社区O2O模式改造传统租赁行业

租赁是一种以一定费用借贷实物的经济行为，出租人将自己所拥有的某种物品交予承租人使用，承租人由此获得在一段时期内使用该物品的权利，但物品的所有权仍保留在出租人手中。租赁属于典型的传统行业，当传统行业一个个被互联网颠覆，也催生了很多新的商业模式和思维，互联网正在颠覆传统方式寻找租赁的市场。社区 O2O 与租赁行业链条的结合，最大的优势是提供了足够多的便利。

10.1.1 租房O2O：传统租房市场的搅局者

在社区生活服务当中，互联网巨头们最为关注的 6 个 O2O 领域为：租房、餐饮、旅游、婚恋、二手交易、租车。各个领域都有极大的改造及颠覆空间，其中尤以租房为甚。长期以来，租房市场线下用户体验差、痛点多、信息不对称等问题十分严重，对于广大白领们来说，租房是一件麻烦且痛苦的事情。

随着移动互联网的不断渗透，传统房产中介也开始面临变革，租房 O2O 商业模式的诞生，不仅解决了白领们找房难、租房难的问题，也成就了一大批创业者和投资人，如图 10-1 所示。另外，革命性的租房 O2O 产品正不断涌现，整个租房市场即将井喷。

图 10-1　租房 O2O 的特点

笔者认为，租房 O2O 的最大意义在于，对用户而言，找房效率有明显提升；对于租房网站来说，没有了线下门店，渠道成本也大大降低了。

10.1.2　租车O2O：租车行业变革与O2O发展

相关数据显示，中国汽车短租市场规模从 2008 年的 10 亿元增至 2013 年的 60 亿元，年复合增长率 32%，预计到 2018 年，中国汽车短租市场规模将达到 180 亿元，年复合增长率约 27%。

专业短期的主流汽车租赁公司看似风光，实际上也因竞争激烈，陷入价格战泥潭，比如市场上名头最响的神州、一嗨、至尊等。相关调研报告显示，目前整体市场仍然高度分散，前 10 家汽车租赁公司的市场占有率仅为 12%。从品类细分的角度来看，短租公司由于需要大量的资金和车辆、网络的支持，汽车数量最多。

汽车租赁行业的困局，促使了互联网与汽车服务的融合。租车行业的存在种种弊端：高成本的呼叫中心，低效沟通导致爽约问题，多个城市的电话叫车号码不统一等，而用基于移动互联网的 O2O 模式可以解决这些弊端，如图 10-2 所示。

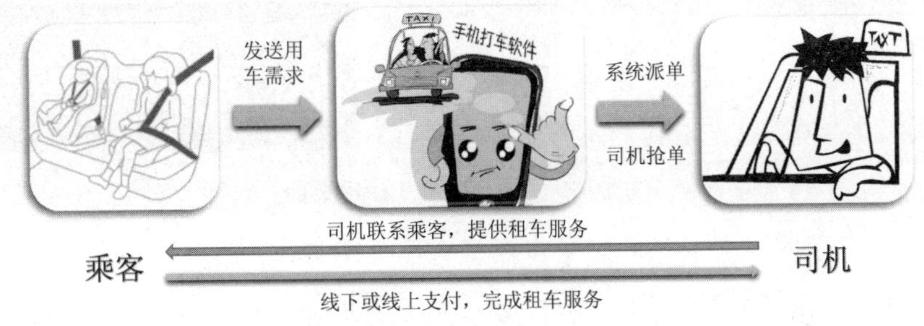

图 10-2　O2O 租车模式

目前，中国的汽车短租市场还处于早期阶段。但随着休闲商务旅游需求的提升，及持有驾照人数增加，市场将进入高成长阶段。同时，各地的限牌政策客观上促进了汽车租赁市场的发展。

10.2　“社区O2O＋租房O2O”应用案例

国内多家社区租房平台上线，也反映了租房市场的火热，而租房并不是这一两年才产生的事物，其实在线下长久以来都是存在的。但目前很多租房平台只是在做比较纯粹的复制前人的模式，最后剩下来的一定是有自身特色的社区租房平台。

10.2.1 【案例1】蘑菇公寓：丰富的线上线下活动

2014 年初，“蘑菇公寓”一经面世，就立即引来沪上白领人群的追捧及关注。由平安投资创立的“蘑菇公寓”，作为沪上首家单身白领合租公寓，专注为沪上都市白领创造高品质居住生活。蘑菇公寓 O2O 模式则是通过在线官网，展现真实房源、透明公开底价，让用户高效选房、看房，如图 10-3 所示。

图 10-3 “蘑菇公寓”找房页面

“蘑菇公寓”是一家主打单身白领合租公寓 O2O 服务平台，依靠“房屋托管＋标准化装修＋租后服务”为消费者打造品质租住生活。“蘑菇公寓”的商业模式是租下大面积成套公寓，装修升级更换诸如全部配置宜家的家具、品牌电器等使之达到白领公寓标准然后出租。“蘑菇公寓”运营半年多，便实现从 0 到 4 000 套公寓的井喷式增长。

“蘑菇公寓”打破传统租房市场格局，利用社区 O2O 模式重构租房体系。同时，“蘑菇公寓”通过线上线下活动建立趣味“蘑菇圈”，让远在异乡的都市男女相遇，彼此分享、互相成长，如图 10-4 所示，打造社交圈。

另外，“蘑菇公寓”正在研发一套智能门锁系统，类似酒店门卡体系，与其中央管理系统打通后，可以给租住客户带来更好的入住体验，比传统的门锁更加安全，更方便。

2014 年 12 月 17 日，“蘑菇公寓”宣布获得由海通开元基金领投，

IDG、平安创投跟投的 2 500 万美元 B 轮融资。此前“蘑菇公寓”于 2014 年 2 月获得了由平安创投、IDG 的数千万人民币 A 轮融资。

图 10-4 “蘑菇圈”中会经常为租客推出各种线下活动

10.2.2 【案例2】小猪短租：国内分享经济的代表

“小猪短租”成立于2012年8月，隶属于北京快跑信息科技有限公司。“小猪短租”网是专业的日租、短租房在线预订网站，如图 10-5 所示。“小猪短租”在北京、上海等全国 13 个城市设有分公司，房源覆盖国内 130 多个城市。

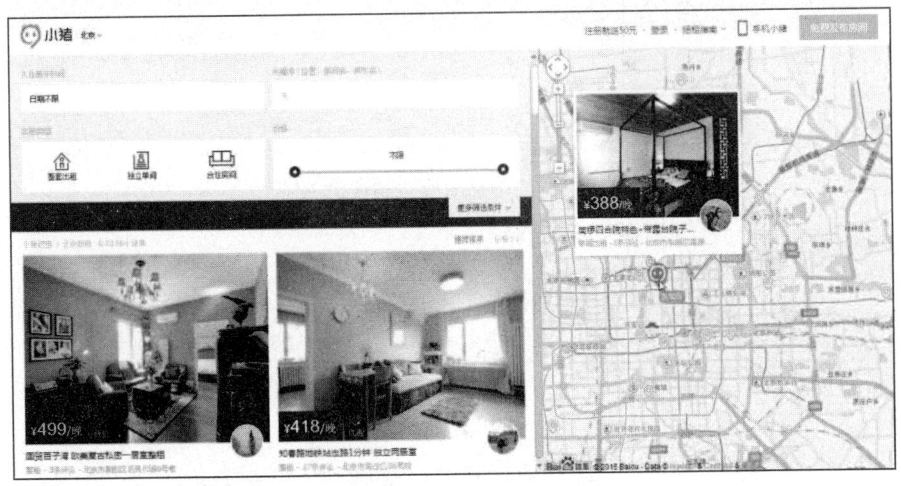

图 10-5 “小猪短租”网

“小猪短租”CEO 陈驰之前在赶集网旗下的蚂蚁短租任总经理，再之前是酷讯网管机票、酒店销售的副总裁。“小猪短租”在过去的运营中一直强调住宿过程中的社交关系，并积极培养发展个人种子房东，希望为拥有闲置房间的个人房东提供一个洽谈沟通的在线预订平台。

“小猪短租”为用户提供高性价比的短租房、日租房住宿服务，作为国内分享经济的代表，能帮租客和房东结交更多的朋友，并从他们那里了解到当地的交通旅游和美食信息，比住酒店更有趣；同时，在“小猪短租”上用户还可以通过分享闲置的房源、房间或是沙发、帐篷，进行短租并获得可观的收益。

“小猪短租”不但为房东和房客搭建了一个诚信、有保障的在线沟通和交易平台，并通过财产、人身安全保障方案及身份识别等机制建立绿色平台生态系统，如图 10-6 所示。

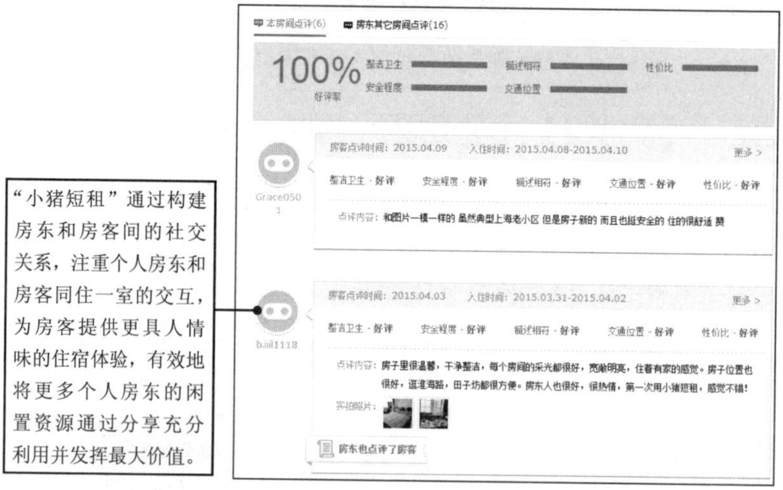

“小猪短租”通过构建房东和房客间的社交关系，注重个人房东和房客同住一室的交互，为房客提供更具人情味的住宿体验，有效地将更多个人房东的闲置资源通过分享充分利用并发挥最大价值。

图 10-6 “小猪短租”的评价系统

TIPS:

短租已经不仅仅是一种住宿方式，也是一种新的生活理念与理财方式。在“小猪短租”的房源中，一些短租房是个人房东所有及自主出租，而个人房东将房间或公寓进行短租主要目的可分为“以租养租”“以租养老”“以租养贷”“以租养游”等。

2013 年 1 月，“小猪短租”网完成晨兴创投近千万美元 A 轮融资。2014 年 6 月 14 日，“小猪短租”完成 1 500 万美元 B 轮融资，重新把社区短租 O2O 带回公众视野。作为社区短租 O2O 的“剩者”，融资后的“小猪短租”需要承担规范和教育行业的更大责任，也需要在消费变化升级后实时调整自我，等巨头入侵时做好充分应对挑战的准备。据悉，以“小猪短租”现在 50 人左右的团队，每月公司营收 60 万～70 万元，支付订单 8 000～9 000 单，客单价 700～900 元，这已经是一个很不错的成绩了。

10.2.3　【案例3】爱屋吉屋：靠谱的全站式租房服务

“爱屋吉屋”于 2014 年 8 月由邓薇、黎勇劲、吴铮联合创立，他们分别是土豆网的前高级副总裁、CFO（Chief Financial Officer，首席财务官）和无线副总裁。“爱屋吉屋”的 O2O 模式为不设门店、线上拥有 PC 网站（见图 10-7）和移动客户端信息平台、线下建立自属经纪人团队的轻中介 O2O 服务模式，以租房流程透明化、用户体验优化、效率提高为目标。

图 10-7　“爱屋吉屋”租房页面

“爱屋吉屋”除了互联网租房网站外，还建立了经纪人队伍和地推队伍。原因在于，“爱屋吉屋”团队认为，互联网发展到今天，仅做一个信息分发平台已经没有机会。房子是个非标准品，使用频次低，租房的影响因素很多，因此要保证房东和房客的服务体验统一稳定，需要自建一个从信息发掘到服务成交全流程打通的专业服务。

在“爱屋吉屋”，维护房源和交易这两方面是分开的：做房源的人就做房源，主要和房东打交道；经纪人就是经纪人，主要和租客打交道。例如，“爱屋吉屋”以互联网思维和全新服务体系，自建上海及北京经纪人团队，以全新服务为用户找到满意的“家”。

10.2.4 【案例4】YOU＋公寓：打造所有年轻人的家

YOU ＋国际青年社区创办于中国广州，是一个面向现代都市青年的连锁生活社区，如图 10-8 所示。YOU ＋国际青年社区汇集了真诚、快乐、分享、奉献等社会生活急需的正能量元素，让生活于此的都市青年找到灵魂休息的温暖港湾。

YOU ＋国际青年社区将以北京、上海、广州、深圳为主要城市，快速进行连锁扩张。2015 年 4 月前后，YOU ＋国际青年社区将同时在广州、上海、北京三地开业 10 家门店，并将定位于两大主题：青年生活和青年创业。

图 10-8　YOU ＋国际青年社区主页

YOU ＋公寓的商业模式是租房，租下整栋楼，通过“互联网思维”重新改造之后向青年人出租，主要针对参加工作不久的年轻人。卖点是和谐的公共空间和紧密的社区氛围，让年轻人之间更好地交流。

YOU ＋公寓于 2014 年 9 月获得小米科技联合创始人、董事长兼 CEO 雷军旗下顺为资本领投的 1 亿元人民币 A 轮融资。YOU ＋国际青年公寓成立于 2011 年 1 月，据公开报道称，雷军只花了 5 分钟便敲定了领投 A 轮融资的决定，并愿意担任 YOU ＋的顾问。

YOU ＋公寓创始人刘昕表示 YOU ＋一直在做一个正能量的事情，打造一个互助的平台，打造所有年轻人的家，以及对 YOU ＋将要做的 YOU ＋国际创业社区的未来发展定位，主打线下社区概念。

10.2.5 【案例5】美澳居：带来海外投资理财的机会

美澳居于 2014 年 3 月 21 日正式上线，是北京美澳居商务有限公司旗下海外房产 O2O 电子商务平台，由拉手网创始人吴波创立。美澳居作为海外房产首个电子商务平台，为众多海外房产机构开辟专业的网上商城，如图 10-9 所示。同时，美澳居也为购房者提供市场分析，协助客户完成投资决策和购房手续。它先进的商业模式和便利的购房环境，同时也给用户带来高额的投资回报。

美澳居初期从海外房产的角度切入，通过智能化的方法对海外房产进行汇总和分析，同时向购房者推荐信息权威、投资回报率高的房产项目，并为众多海外房产机构开辟专业的网上商城。用户看到合适的投资项目，可以联系美澳居的工作人员进行后续的海外购房事宜。

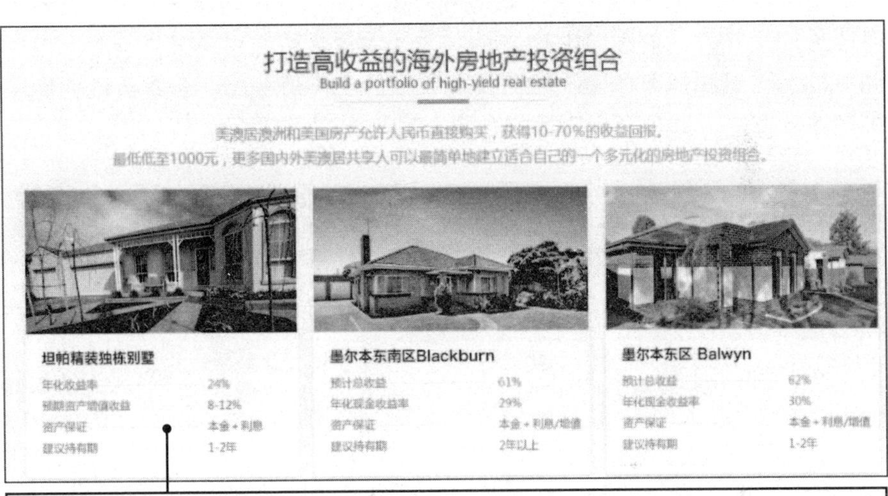

美澳居是一个基于 O2O 模式的海外房产投资众筹平台。众筹是指通过互联网方式发布筹款项目并募集资金，无论你的身份、职业、年龄、性别，只要是对这个项目感兴趣都可以参与进来。众筹不同于捐款的是，所有的支持者一定要有相应的回报。而房产众筹实际上是一类新商业模式，具有房地产、金融、互联网三个行业属性。房产众筹通过互联网平台线上线下互动的 O2O 模式，可以实现房地产商、潜在客户群、潜在投资者三方完美整合于一款众筹产品上。

图 10-9 美澳居 O2O 电商平台

2014 年 3 月 21 日，上线仅两周的海外房产电商 O2O 平台美澳居对外宣布，公司目前已完成 5 000 万元 A 轮融资，由美国风险投资机构 DCM 领投、徐小平真格基金和泰山兄弟基金参投。

近几年，伴随着互联网发展大潮，“互联网思维”也在影响着传统的房地产行业。时值房地产行业深度调整之机，纵使业界对房地产众筹项目争议较大，不可否认的是，这些项目都是房地产开发商互联网化的新尝试。笔者认为，互联网众筹与社区 O2O 是房地产开发商与互联网思维开展深度融合的产物。

10.3 “社区O2O+租车O2O”应用案例

汽车租赁业是 O2O 模式较为热门的一个行业，相比较国外特别是美国成熟的租车市场，国内的汽车租赁行业才刚刚起步。可以说，互联网为租车行业的发展开启了一扇窗，而移动互联网为租车行业打开了一扇门。

10.3.1 【案例6】天天用车：主打一对一顺风车模式

“天天用车”于 2014 年 7 月上线，8 月正式运营，是一款轻松、有趣的上下班车辆拼车 APP，有车的人既可以是租车服务的提供方也可以是租车服务的接收方，如图 10-10 所示。“天天用车”为用户提供一对一、点到点的上下班顺风车体验，只需要发布你的上下班线路，系统自动为你匹配顺路的车主，即可开启舒适安全的上下班新方式。

产品具体的使用流程：用户在上下班前通过“天天用车”发送出行需求，平台根据路线、车型来自动定价，顺路的车主会收到平台推送的消息并选择是否接单，接单后用户预付费用到平台，双方约定时间和上车地点，抵达目的地，最后由乘车用户确认，一次搭乘就完成了。

图 10-10 “天天用车”APP

从家到单位，从单位到家，在北京，每天上下班的路已经成为一种煎熬：公交等待时间不定、地铁挤成罐头、开车不环保、打车太贵……但无论如何，人们依然每天有着位移上的刚需，“天天用车”看到的就是这一点。曾是美团网创始团队成员、蚂蚁短租 CEO 的翟光龙，对 O2O 和 P2P 都有经验，而“天天用车”是他的第三次起航。“天天用车”是一个提供私家车车主和乘客之间的信息及交易平台，它瞄准的是上下班打得起出租车的人，平台上的用户基本都是有一定经济基础并且通勤距离较长的上班族，以及希望通过提供多余的车辆空间分担一些费用的私家车车主。

另外，“天天用车”的这种模式也具有成长和想象空间，从车主数量和汽车保有量上来说，“天天用车”比打车市场有更大的空间；从商业模式上来说，私家车会有一系列的汽车后市场，价值会更大。

10.3.2 【案例7】宝驾租车：打造全新汽车共享社区

“宝驾租车”于 2014 年 5 月正式上线，是一家基于 P2P 的自驾汽车租赁 O2O 平台。车主可以通过“宝驾租车”的网站和手机客户端，将闲置车辆租借给亟须用车的租客，并且获得额外收入；而租客则可以用比市场价低 30% 的价格租到需要的车型。

“宝驾租车”在租客和私家车主之间搭建了一个在线的通过地理位置就近找车、分享车辆座驾的平台，应用通过移动互联网技术即时地连接了有租车出行需求的租客以及附近分享的座驾及其车主。通过“宝驾租车”应用，租客可以随时随地搜索找到附近可供租用的私家车，通过手机即可完成车辆预订提交和预订沟通，并可以安全地完成预订支付，如图 10-11 所示。

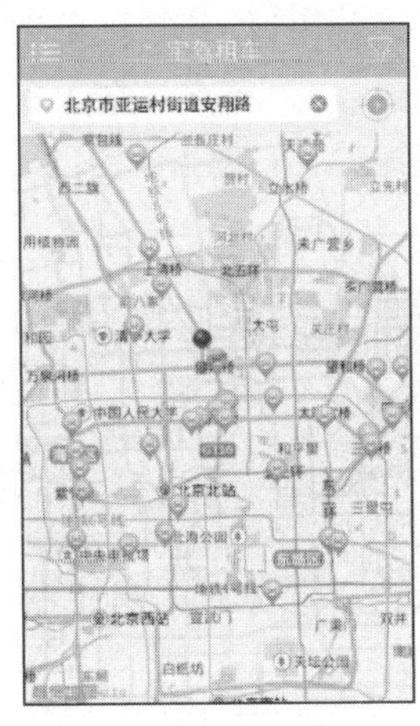

图 10-11 “宝驾租车”APP

据中国电子商务研究中心（100EC.CN）监测数据显示：自成立以来，“宝驾租车”平台上的订单量及注册用户数每月增长幅度超过 100%，目前已经覆盖北京、上海、广州、深圳、杭州、长沙等 35 个大中城市，注册的私家车已超过 2 万辆。

笔者认为，有了“宝驾租车”这样的应用，对于暂时没有座驾的用户或在自有座驾不可用时，就可以方便、快捷预约社区周边分享的私家车，既满足了更加便捷的驾车出行需求，又提高了城市汽车资源的利用效率。

另外，“宝驾租车”通过移动互联网的技术，一方面提供了比传统租车服务提供商更多的可靠车源，另一方面大大缩短了租车流程所花费的时间，三者让租车可以随时随地进行，这是租车行业的创新发展，也在日益火热的社会分享经济领域开创了新的经济产业模式。

> **TIPS:**
>
> 目前，国内租车市场是一块巨大的蛋糕，P2P 为代表的汽车共享社区模式在国内的发展前景可观。“宝驾租车”所宣扬的私家车分享经济模式将有利于提高整个社会的资源利用率，受到资源、环境等各方面因素的影响，这种分享经济的理念必然将被倡导。

10.3.3 【案例8】一嗨租车：重资产行业的社区O2O

“一嗨租车”是中国最大的连锁租车服务提供商，在全国 80 多座城市开设了 500 多个服务网点，现拥有 100 多种车型的一万多台车，主要为个人和企业用户提供短租、长租，以及个性化定制等综合租车服务，支持网上预订、电话预订、手机终端预订、门店预订等多种预订方式，和现金支付、刷卡支付、线上支付、储值卡支付等多种支付方式。图 10-12 所示为“一嗨租车”的线上平台。

图 10-12 “一嗨租车”的线上平台

随着个人自驾市场的迅速发展，“一嗨租车”又在全国范围内大力推广针对大众市场的个人自驾服务。同时，也根据用户的实际需求，定制个性化租车服务。灵活的租车方式、送车上门服务，采用网络租车的战略让“一嗨租车”能够有效控制成本。

“一嗨租车”率先推出的 WAP 预订系统、手机客户端、手机触屏版等，无疑使得消费者租车更为便捷。用户只需免费下载安装手机终端软件即可预订用车，如图 10-13 所示。

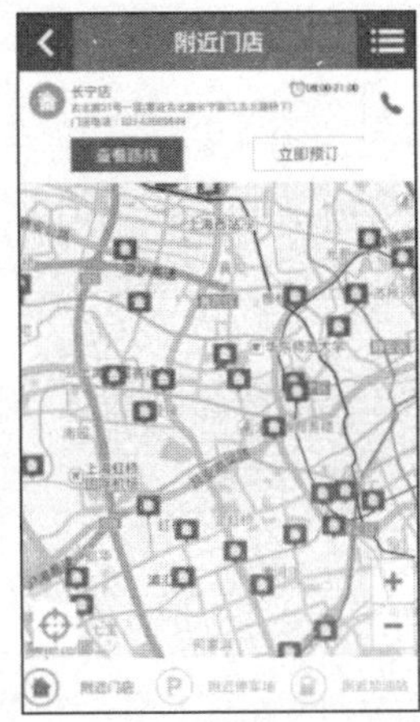

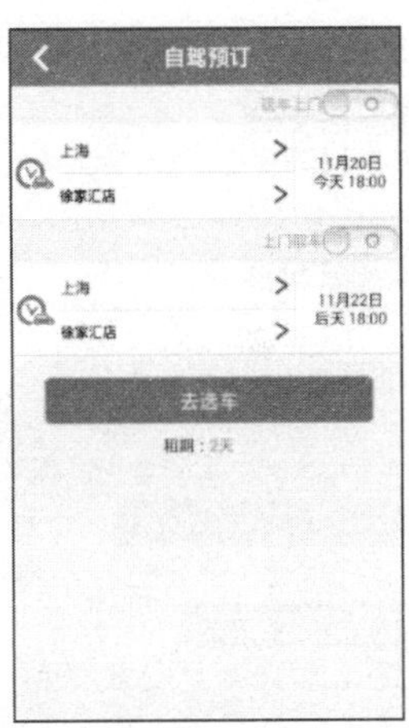

图 10-13 “一嗨租车”手机客户端

“一嗨租车”社区 O2O 电商的核心，首先是将车辆使用时段当作产品销售，提高出租效率和资产使用率；然后则是注入了“数据驱动”理念，车辆资源能得到有效的控制和合理的调度，从而节省成本和提高利润率。

在重资产的负担下，“一嗨租车”的“B2C + O2O”模式的优势在于对资产的管控力极强，由于门店和车辆都是自己的，在服务品质上更容易有保证，可以为租客提供更高端更标准化的服务。通过支付相对高一些的租金，获得可靠的服务和后续保障，仍然是大多数租客能够认可的租车方式。

TIPS:

例如，国外的 ZIPCAR、GETAROUD 和 RELAYRIDES-P2P 都是最为火爆的点对点的自驾汽车租赁网站。这种模式是在平台上搜索本地信息，个人对个人服务，类似淘宝的 C2C 模式。GETAROUD 提供了一个“邻居到邻居”的社区汽车租赁服务，网站旨在为车主提供一个值得信赖的能够安全出租爱车的汽车共享平台。此模式都是将个人闲置的汽车出租出去，不过目前在国内政策法规都有限制。

读者意见反馈表

亲爱的读者：

感谢您对中国铁道出版社的支持，您的建议是我们不断改进工作的信息来源，您的需求是我们不断开拓创新的基础。为了更好地服务读者，出版更多的精品图书，希望您能在百忙之中抽出时间填写这份意见反馈表发给我们。随书纸制表格请在填好后剪下寄到：北京市西城区右安门西街8号中国铁道出版社综合编辑部 张亚慧 收（邮编：100054）。或者采用传真（010-63549458）方式发送。此外，读者也可以直接通过电子邮件把意见反馈给我们，E-mail地址是：lampard@vip.163.com。我们将选出意见中肯的热心读者，赠送本社的其他图书作为奖励。同时，我们将充分考虑您的意见和建议，并尽可能地给您满意的答复。谢谢！

所购书名：________________

个人资料：

姓名：__________性别：__________年龄：__________文化程度：__________

职业：__________电话：__________E-mail：__________

通信地址：____________________邮编：__________

您是如何得知本书的：

□书店宣传 □网络宣传 □展会促销 □出版社图书目录 □老师指定 □杂志、报纸等的介绍 □别人推荐 □其他（请指明）__________

您从何处得到本书的：

□书店 □邮购 □商场、超市等卖场 □图书销售的网站 □培训学校 □其他

影响您购买本书的因素（可多选）：

□内容实用 □价格合理 □装帧设计精美 □带多媒体教学光盘 □优惠促销 □书评广告 □出版社知名度 □作者名气 □工作、生活和学习的需要 □其他

您对本书封面设计的满意程度：

□很满意 □比较满意 □一般 □不满意 □改进建议

您对本书的总体满意程度：

从文字的角度 □很满意 □比较满意 □一般 □不满意

从技术的角度 □很满意 □比较满意 □一般 □不满意

您希望书中图的比例是多少：

□少量的图片辅以大量的文字 □图文比例相当 □大量的图片辅以少量的文字

您希望本书的定价是多少：

本书最令您满意的是：

1.

2.

您在使用本书时遇到哪些困难：

1.

2.

您希望本书在哪些方面进行改进：

1.

2.

您需要购买哪些方面的图书？对我社现有图书有什么好的建议？

您更喜欢阅读哪些类型和层次的理财类书籍（可多选）？

□入门类 □精通类 □综合类 □问答类 □图解类 □查询手册类

您在学习计算机的过程中有什么困难？

您的其他要求：